中国城镇职工基本养老保险制度的研究

张慧霞 著

中国商业出版社

图书在版编目（CIP）数据

中国城镇职工基本养老保险制度的研究 / 张慧霞著
. -- 北京 ：中国商业出版社，2023. 7
ISBN 978-7-5208-2492-7

Ⅰ. ①中… Ⅱ. ①张… Ⅲ. ①养老保险制度-研究-中国 Ⅳ. ①F842.612

中国国家版本馆 CIP 数据核字（2023）第 113579 号

责任编辑：李　飞
（策划编辑：蔡　凯）

中国商业出版社出版发行
（www. zgsycb. com　100053　北京广安门内报国寺 1 号）
总编室：010-63180647　　编辑室：010-83114579
发行部：010-83120835/8286
新华书店经销
安徽中皖佰朗印务有限公司印刷

787 毫米×1092 毫米　16 开　10. 25 印张　220 千字
2023 年 7 月第 1 版　2023 年 7 月第 1 次印刷
定价：58. 00 元

*　*　*　*

前 言

现代社会保障制度产生于工业社会早期的劳资冲突，发展于政府、资本和劳方的长期博弈。经济全球化使多个国家都迈上了工业化社会的进程，这促使多国建立了与工业社会相适应的现代社会保障制度，其中社会养老保险制度为所有保障制度中最为普遍的一种。因国情不同，各国的社会养老保险制度的具体内容就存在差异。我国社会养老保障制度的形成和发展也具有中国特色，值得进行系统的剖析或研究。

我国现代意义上的城镇职工养老保险制度起源于何时？因何而建立？又在何时因何而改变？可以立足于我国的社会经济状况来追溯社会养老保险制度的发展历程来回答以上问题。我国属于后工业化的国家，城镇职工养老保险制度的建立和发展不同于西方工业化国家。中华人民共和国成立初期，在国民经济发展还没有稳定、中央财政收入十分有限的情况下，国家就颁布城镇企业职工的养老保险政策和机关事业单位职工的养老保障政策来保障职工退休后的生活。当时颁布这些政策不是迫于劳资冲突的压力，而是国家政策的一种体现。随后，城镇企业职工养老保险的政策虽受到批判，组织机构遭受冲击，但相关政策却没有直接废除，只是执行效果被打了折扣。改革开放之后，城镇企业职工的养老保险政策因发展经济、国有企业改革和用工方式变化等因素而发生改变。此时，城镇企业职工养老保险政策的改变也并非缘于劳动冲突，而是围绕着市场经济的发展规律自发地由下向上进行的一种政策创新，这种创新既是对国外的学习或模仿，也是城镇企业职工或管理者发挥主体能动性的一种体现。因起源于基层的创新，故城镇企业职工养老保险政策在企业职工中推行得比较顺利。

城镇职工养老保险政策多次变化意味着什么？社会保障制度常被作为经济发展的衍生物或附属品，即当国民经济发展迅速时，社会保障制度就能够快速发展；反之就受到抑制。我国城镇职工养老保险政策从条例颁布到成为一种深入人心的个人必需品，这与国家近年来取得的显著经济成就分不开。市场经济发展会产生不平等和不公平，我国城镇职工养老保险政策立足于社会主义市场经济，其发展过程中是否存在不公平？对社会结构的影响又是什么呢？养老保险如今成为普通百姓关心的重要问题之一，养老保险的公平性更被关注。社会养老保险制度的公平性体现得如何呢？假如存在不公平，这种不公平是如何形成的？又是如何被逐渐削弱的？本书主要从基本政策内容和实施效果两个维度进行撰写，发展历程从新中国成立至2015年，分析的具体内容涉及现代社会养老保险政策的覆盖范围、责任主体、待遇水平和管理机构等方面，分析目标为政策向公平性制度转化的演变过程，即研究社会养老保险政策如何从文字内容逐步转变为社会事实，如何从少数人的福利待遇转化为全体城镇职工的工作福利，即养老保险制度公平性的形成过程。

我国社会养老保障体系的基金来源有家庭、政府、养老保险基金和社会捐赠等，随着社会老龄化、家庭少子化和工业化的发展，城镇职工养老保险基金成为目前约1.3亿人的主要基金来源，另外有约1.6亿人依赖于城乡居民养老保险基金。两者养老金水平的差异也被作为养老保险基金不公平性的重要体现。当前，国家一方面要解决城镇职工养老保险基金有些地区收不抵支的运行困境，另一方面又要逐渐缩小城镇职工与城乡居民养老保险待遇存在的差异。国家在对退休职工养老保险待遇水平进行历年调整的同时，还要通过降低用人单位的缴费费率以减轻企业负担，保证我国良好的营商环境以促进就业。与此同时，还要面临接下来每年2 000多万名城镇职工退休。规模日益庞大的共享经济用工、新业态用工或非正规就业群体的养老保险待遇也需要关注，非正规就业群体冲击着整个劳动力市场，使正规就业群体人群或收入均受到抑制，从而影响着城镇职工养老保险基金的整体收入。这一系列新旧问题叠加在一起，国家在对养老保险政策进行改革时要对各方利益进行平衡，在保证公平性的基础上缩小各群体间的待遇差距，在不影响社会稳定性的基础上又要提升城镇职工养老保险政策的效率。只有对我国的养老保险制度建设过程有系统深入的了解，才能深刻理解城镇职工养老保险政策的改革不是一种纯粹的福利政策的改革，它是混合着多重社会经济因素的系统性改革。

本书以时间为线索，共分六章，分别从当时的经济基础、劳动力市场状况、政策变化和实施效果四个方面进行论述和剖析，从而能够看到相关政策只有在经济发展到一定水平时才能走向更公平和更合理。从本书可以看出，政策的制定者曾经确定了很理想的目标，但却受制于中国文化、经济环境和政治体制等因素，并不能立即实现。当经济发展迅速时，劳动力市场就变得活跃，从而使群体间的流动性增强，城镇职工的养老保险制度也因此发生变化，群体对公平性的改革就更能接受。

本书由北京劳动保障职业学院劳动经济管理学院教师张慧霞独立撰写完成。由于编者水平有限，书中难免有不当和疏漏之处，敬请广大读者对内容的不足之处提成批评和建议，以便我们不断改进和完善。

目 录

第一章 社会结构中的社会养老保险制度

研究社会养老保险制度涉及一些概念，这些概念的内涵与外延在不同学科体系中存在不确定性。因精确概念难以确定，即便确定也难以用来描述完全符合其内涵与外延的社会事实，即“试图使政治词汇变得太精确便有可能使之变得无用”。同样，若研究者不确定概念便难以进行分析归纳，即“让词的用法宽泛到超出了必要的程度，对真理也是无益的”。此次研究仅采用其中一些理论流派的某些概念进行研究，主要是为了便于对社会现象（不同于社会事实）进行描述、理论观点的阐述和价值理论的评判。为了保证研究所使用概念的相对统一，在此对一些经常使用的关键概念进行阐述。

第一节 现代国家与政治制度

一、国家与制度

国家是什么？定义有多种，此处采用自然国家说的定义。亚里士多德认为，国家是因人为了追求生存欲望而集结成的共同体。共同体成员最高之善表现为参与共同体的生活，其个人的技艺或成就通过参与共同体活动而获得，可称为共同体的技艺或成就。共同体成员参与制定的法律或制度是一种以“和谐”生活为目的的“生活模式”。“人生来就是政治的动物”意味着人人必须参与到对共同生活的管理中，否则，就成为共同生活中的无用或有害之人。国家的共同体性质决定了它的民主本质。由此演绎，民主国家的制度是由共同成员参与而形成的，涉及每一个成员的生活。共同体成员与国家的经济关系可用权利与义务进行描述。国民通过从事生产、纳税、服兵役等为国家运行提供供给义务，国家组建武装力量以维护国家安全，制定法律或政策来确保社会经济的正常运转，保证国民可持续性地生存与发展。

现代意义的民主国家管理体制与传统皇权、教权或封建国家不同的是，治理者无须打着上帝或上天赋予的权力进行统治，多以代表国民的名义和实现国民和国家的整体利益来治理，国家与国民之间不再单纯地被规定为所有关系，而是共同体的关系。“几乎所有新的国家政权都宣称代表了人民的主权意志建立了自己的国家。比如，新国家采取行动宣布独立通常会声称其独立是基于特定的人民有权利建立自己的国家。”国家经人民同意从而代表人民。

国家为国民提供的服务或产品一般包括国防、公共安全、环保、科技教育、公安司法、社会保障等，这些产品和服务一般被归为公共产品或类公共产品。国家提供的公共产品或类公共产品随着经济发展不断增长，保障全体国民基本能够享受，保证国家是为国民利益服务的特性，国家福祉与国民幸福能够实现统一，这也是现代国家政权合法性的显性体现。

二、制度与政策

在一个国家中，大家形成共同的约定，约定在长期践行后成为制度。制度是一种相对持久的被定型的社会关系。一个共同体的制度一般包括道德观念、伦理规范、风俗习惯、家庭传统、政策条例、法律法规等。多数制度之间相互融合、相辅相成，个体依制度行为或形成一致行动，实现制度确定的目标。

制度从形式上可分为正式制度和非正式制度。在现实生活中，个体行为是由正式制度在起作用还是非正式制度在起作用往往难以精确判定。可以明确的是，现代国家治理必须要有正式制度。以经济学的视角分析，现代国家一般都存在复杂的经济关系，制度是现代经济顺畅运行的要件，即市场经济要以法治（正式制度的重要内容）为重要条件，否则交易行为将不可持续。国家为法治推行的重要主体，作为交易双方的中间人——国家颁布法律法规、政策条例等正式制度，由政府、公安、司法等机构来执行，保证社会分工和市场交易的正常运行。

但正式制度一旦成文被颁布实施就极易成为不合时宜的规定，制度的具体执行者在执行过程中只能采取变通策略，以尽可能地接近制度目标。当正式制度运行的环境发生较大变化时，正式制度将会面临被变革或废除，重新形成新的制度。正式制度不可能与社会现实完全符合，当正式制度覆盖的人群越大，涉及的关系越复杂，制度被变通执行的可能性就越大，执行效果偏离制度目标的概率就越高。但不能因为正式制度无法在社会环境中被完全执行就抛弃正式制度，正式制度建设的目标可立足现实环境，指导主体行为来改造社会现实，实现国家的治理目标，保证全体成员的共同利益。

制度与政策的区别难以清楚阐述，其中比较主流的一种理解为政策是制度众多表现形式中的一种形式。美国学者霍巴特·伯奇提出："政策不是存在于真空之中，它是一系列相关活动构成的集合中的重要组成部分。"在霍巴特·伯奇看来，政策是制度的一部分，是指一个实体、一个人、一个团体或单位以审慎的行为对待另一个实体、个人和单位的依据或原则。其执行过程包含行动目标、价值和策略，具有改变各种处境、制度、习惯和行为的特性。政策被执行的过程中往往存在对实体之间相互冲突的利益和价值的优先权的确定，政策为国家利用权力来调整各个群体的利益分配，呈现一种价值理念，并起到改变制度的功能。制度是一种社会事实，政策则是社会事实的一种表现。

作为制度经济学派的一种代表看法，凡勃伦认为，制度是"一种自然习俗，由于被习惯化和被人们广泛接受，成为一种公理或不可缺少的东西"。萨姆纳认为，制度包含民俗、民德(道德)。凡勃伦和萨姆纳的制度可被理解为真实存在的，并被社会成员遵守的规则，它会以有形的法律政策条文被颁布出来，也可能潜藏于社会中，由社会成员通过社会行动表现出来。政策与制度的关系就如同法律条文和道德的关系。法律条文一般与社会道德相一致，是社会道德的体现，只有这样才可能被社会成员所遵守，但有时也会出现与社会道德不一致的情况。政策与法律一样，它是统治者或当政者意志的体现，是政府分配社会资源的依据，并需要国家权力作为后盾。制度则是所有社会成员意志的体现，它既存在于国家的法律、法规、政策、规定等政治条文中，也存在于社会的道德、习俗、习惯等社会规则中，它是社会成员互动的依据。库利和戴维斯则强调有形的社会制度，社会观念、意识形态是制度的理论基础，是制度产生及施行的合理性根据；规范或政策，包括成文的(往往指的是政策、法律等内容)和不成文的规范，则是制度的基本内容；组织与个人则是制度实施的主体。与政策的显性和不稳定性特征相比，制度镶嵌于社会中，是一种真实存在的主体，具有内在的强制性、稳定性和复合性。

制度与政策在执行主体上存在差别。首先，社会生活中主体行为受制度的制约，政策与制度相比缺少执行主体的内在认可性，它的外在强制性色彩更浓些。其次，在制度演变与政策变化上二者的地位与关系是不同的。制度能够以重要的方式形成和限制政策，但它们自身也是深谋远虑的政策和选择的(有意识和无意识的)结果。有些学者把制度分为两部分。尚未付诸实施的制度规定(政策)称作制度形式，已被相关的各方行动者认可和接受的、在实践中起着约束相关行动者行为作用的制度规定(制度)称作制度规范。

本书的研究立足于政策。政策指的是由政府在一定时空条件下颁布的成文的法律、法规、规定、决定和通知等，可以在官方文件中找到相应的文本。由于政策表现为一种文本，社会成员根据自身的情况和处境有可能全部执行、变通执行或完全不执行。政策研究可从以下四个层次进行：第一个层次，政策如何被制定的；第二个层次，政策如何被执行的；第三个层次，政策执行的效果如何；第四个层次，政策如何继续发挥作用或是如何消亡的。按照政策条文是否被遵守和政策目标是否被实现来分析政策的实施过程，一般分为四个维度：第一维度是社会成员遵守政策的规定，完全实现了政策的目标；第二维度是社会成员虽然实施了政策，但实施的结果与原有的政策目标存在偏离；第三维度是社会成员虽然实施了政策，但却根本没有实现政策的目标；第四维度是社会成员遵守了社会政策，但执行的结果却与政策目标相背离。政策目标与执行结果在完全“遵守”与完全“背离”之间还存在两个“过渡”状态。

三、政治与国家

正式制度的实施目标就是共同体成员的共同利益，现代国家常以代表全体国民通过民主或其他方式被赋予权力，实施正式制度，实现共同体利益，此过程可谓国家治理或政治。在政治学家哈罗德·拉斯维尔看来，国家政治就是确定“谁得到了什么，什么时候和怎么获得的”。虽然国家颁布的政策表现国家、部分人民或全体人民的意愿，但由于无法与社会现实完全融合，政治过程也就无法根据政策规定进行推演，它是一种实践过程，在发生中形成。约翰·洛克曾在《人类理解论》中说过：“我怀疑，是否能够像在数学中那样，从自明的命题出发，推出无可置疑的判断对错的标准。”政治由于众多人员参与无法进行符合逻辑的演绎，人类行动的价值判断总是存在偏见，对人类行为的总结时常带有自身的感情色彩，很难得到对行为的客观评价。A.J. 艾耶尔也曾在《语言、真理与逻辑》中提出：“说一类特定行动是对的或错的时候，我并不是陈述事实，也不是陈述我自己的心灵状态，而只是表达了特定的道德情感。而且那些自称反对我的人，实际上也只是在表达他的道德情感。因此，询问我们之中谁为正确是没有意义的。因为我们两人都不是在陈述一个真命题。”当政治成为一种研究者的价值判断或道德情感表达，其研究就变得很难标准统一，研究结论也无法推广或以理服人。在一切变得不确定时，构建模糊概念，借用局部数据或某类现象的事实作为论据，并对结论尽可能不作价值判断或道德审判，似乎成为政治研究一种退而求其次的研究方法，这也是本书所采用的主要研究方法。

政治颁布政策通过官僚来实现治理目标。现代国家发展状况各有不同，重要原因之一是政治的构建和落实政策的能力不同。福山提出了三个维度来评价国家政府的治理能力。这三个维度分别为国家能力、法治和问责。其中，国家建构表现为国家能力，国家能力是指在其被赋予的治理范围内颁布政策，政策被无限接近目标地实施的表现程度。法治则为共同体成员的共同意志被国家制定为政策并被作为践行政治的相对不变的依据。问责表现为当国家无法落实法治时被共同体成员追究责任或补偿，是民主的重要体现。在福山看来，成功的政治模式是三者之间的平衡。国家制定政策、对能够实现并根据落实政策目标的情况进行评估和追责，此为国家治理或政治水平的体现。

国家能力水平、法治范围和问责程度的平衡是一个有难度的建设。在发展中国家，若国家能力薄弱，法治范围无论宽窄，问责都无法落实，社会常由此失序，国家处于混乱状态，共同体成员利益很难保证。在经济发达、政治制度相对成熟的国家，三者的关系有时也会失衡。追求过度的自由、民主和市场，国家干预能力被不断削弱，市场角逐中少数获胜者的利益不断增长，国家内部多数人的利益则难以得到保证。正如福山所言：“现代民主制的失败有各种情况，但 21 世纪初这一失败的主要原因恐怕是国家能力的薄弱：当代民主制太容易被捆住手脚和陷入僵局，因此无法做出困难的决定以确保其经济与政治的长期生存。”若国家能力过强，没有法治和问责，则为专制国家。“一个没有法治和问责制的国家相当于专制。它越现代化和制度化，其专制就越有效。”

福山对国家能力的强调是情境性的，是一种因时因地制宜的政治建构处方。他指出，在转型国家中，若国家能力欠缺将导致诸多政治问题，政治应当首先强化国家能力，但不应忽视法治和问责。“推断有问责体制的社会最终战胜那些没有它的社会，有一个重要原因：政治问责给制度的适应性变迁提供了一个和平的路径。在王朝阶段，中国的政治体系始终无法解决一个问题，即‘坏皇帝’的问题。”王朝里的中国缺乏上下制衡的严格问责制度，皇帝与大臣之间交替出现不负责任的治理行为。国家有能力实施法治，并被国民对其法治目标进行问责，这样就构建了完善的治理评价或激励机制。这种治理评价或激励机制将改变传统的对上不对下的治理模式，实现信息的对称性，评价的客观性。法治原则体现为平等与公正统一标准精神，问责制度体现自治和参与精神，国家能力体现为“工具价值”，几乎不会有人认为不顾及民众死活的“强大政府”是令人尊敬的。

无论治理不良的国家现状，以理想的现代国家作为政治目标，现代国家的政治应立足本国国情，以尽可能地满足本国人民的最大利益为发展原则，制定政策，构建政治问责制，推进制度完善，实现社会的整体和谐。政策内容表现国家权力实施范围，政策的实施体现国家能力强弱，政策的完善和变革在某种程度上呈现了问责。现代国家的政治目标若要体现共同体成员的利益，就必须保障社会成员的生存权和发展权。“德国 1949 年 5 月通过的《基本法》即德国宪法，虽没有明文规定国家是选择资本主义制度还是社会主义制度，也没有明文规定国家是选择走盎格鲁—撒克逊模式道路还是欧洲大陆道路，更没有明文规定国家必须遵循哪种主义，但德国宪法十分明晰且坚定地规定了立国的四大原则。《基本法》第 1 条，要求将尊重人的尊严作为宪法体制的最高准则，另外三个原则是民主法治、联邦制和社会福利国家。”德国以共同体成员的生存和发展利益为原则并非自由原则，而是社会市场经济制度，即个体成员的自由并非绝对的自由，政治目标是保障共同体成员的自由。当个人行为目标与共同体成员的目标相冲突时，国家的政治治理就是公开协调二者的矛盾，以共同体成员的目标为主要目标。此种国家与政治的关系同亚里士多德对国家的定义相一致。

四、公平与正义

国家在协调个体与整体、国家与市场目标的冲突时，所应遵循的原则是公平与正义，此处简称公正。公正是什么？俞可平指出，公正是国家善治的关键要素。善治就是使公共利益最大化的社会管理过程和管理活动。公正在善治过程中体现为全体社会成员能够平等地享受政治、经济和其他方面的利益。市场经济应在政治过程中实现资源分配的公平正义。

接踵而至的是，政策如何分配政治、经济和其他方面的利益才算实现公正呢？分配方式根据是否强制可分为强制性和非强制性两种。强制性分配意味着国家以全体国民作为分配对象，在不同群体之间进行平均。其中之一的强制分配的政治道德依据是：你口袋里的东西不都是你自己的。美国的伊丽莎白·沃伦在自己参加选举时曾指出：“在这个国家（美国），所有富人的发展都不是单凭一人之力完成的。无一例外，假设你开了一家工厂，这很棒。但我需要提醒你，当你将货物运向市场时，你使用的公路是我们所有人出钱修建的；你雇用的工人是靠我们所有人出钱完成学业的；你在工厂里十分安全，这是因为我们所有人出钱设立了公共安全和消防部门，你不必担心会有抢劫团伙把工厂洗劫一空……看，你开了一家工厂可它变成了一个庞然大物——愿主保佑！当然，工厂的绝大部分都属于你。但默认的社会规则是：你可以占有绝大部分，但作为回报，你需要出资帮助后来者。”国家不是由一个人建成的，每一个人的成就均立足于社会和集体成员共同建设的基础，因此个人除了要缴纳政府所提供的公共安全服务税外，还应拿出一部分为社会成员分享。其中之二的强制分配的政治道德依据是：你口袋里的东西不能是你自己的。例如：“在只要粮食连续两年歉收就会发生饥馑的社会中，需要明确富人对穷人的责任。我粮仓里的粮食是我的，但如果你在挨饿，我却仓廪充足，仓里的粮食难道还都是我的吗？还是说你活下去的权利减少了我对仓里粮食的所有权？”当部分社会成员由于天灾人祸或个人短视等原因导致其身临绝境，社会中的富人能够任其自生自灭吗？富人在同类成员濒临绝境时还不伸出援助之手，这也是不正义的。其中之三的强制分配的政治道德依据是：假如富人任穷人自生自灭，那么身临绝境的穷人就有可能进行鱼死网破的追求生存的本能抢劫，用暴力进行强制分配，从而使富人利益受到绝对的损失。其中之四的强制分配的政治道德依据则是：来自竞争市场中的剥削理论，即当大量的被剥削者无经济能力去消费产品时，剥削阶级也就失去了生产利润的动力，从而发生经济危机。此时，无法用个体之间的公正来进行绝对标准的评判。

非强制性的分配政治道德依据则有两个。第一个依据源自自由原则：个人的成就应该被承认和奖励，而不应被无限地免费分享。这符合西方自启蒙主义以来所推崇的个人主义和自由精神，这种精神对整个社会的进步和利益最大化有较强的推动作用。20世纪60年代奥地利经济学家哈耶克重提个人追求私利的正义性。哈耶克认为：一个人在不干涉别人的情况下有实现自己目标的权利，是一种过程性的自由；社会公正包含目的论，即以应得或需求的标准来确定行为结果的分配标准，是一种前置性的价值认知。第二个依据则源自效率原则：追求个人私利的最大化，最早由亚当·斯密在《国富论》中提出，每个人都以私利最大化为动机进行生产活动，市场就在每个人追求私利的过程中实现资源的最佳配置，这只“看不见的手”将激发市场活力，提升生产力，实现社会利益最大化。曾有学者从全球多个国家的发展过程与现状来分析，认为只有承认自由精神并激励个人追求私利才能实现社会富强，整个社会由于这种自由追求私利产生社会资源的不断增加，最终实现“涓滴效应”，从而提升社会全体成员的利益。

强制与非强制性分配成为政府设计政策的重要原则，实施强制性分配或再分配原则的政府强调了财富的社会性；采取非强制性分配或再分配原则的政府重视财富的个人性。二者均体现一定程度的公平正义的特征。一个国家到底应该采取何种原则，没有绝对统一的标准，但无论偏重于那一种，均应兼顾另一种则是善治的关键。

第二节　社会结构与国家制度

一、社会结构

若以政治为边界把国家作为一个整体，社会结构假设社会的各个组成部分或基本要素呈现一种相对稳定的组合状态，社会结构成为认识社会的一种视角。社会结构可被指称为一个国家、部落、部族或地区占有一定资源、机会的社会成员的组成方式及其关系格局，包含种群数量结构、家庭结构、社会组织结构、城乡结构、区域结构、就业或分工结构、收入分配结构、消费结构、社会分层结构等若干重要子结构。依据不同人群数量所占社会资源的多寡，社会结构被确定为金字塔形、橄榄形或其他类型。理想的现代社会结构应具有公正性、合理性、开放性的重要特征。

对社会结构进行研究有宏观和微观两种视角。微观视角研究个人在社会互动过程中所形成的社会关系或社会网络，强调个人对社会结构改变的能动性。宏观视角研究偏向于社会群体在宏观社会结构中的分布状态，国家对社会结构具有影响作用。以分层来研究社会结构重在研究社会群体之间的异质性和不平等性，社会学常用的概念有：人口规模、社会地位、社会整合、社会流动和社会冲突等。本研究的分析角度偏重于宏观。

社会分层结构的研究起源于对阶级的研究。阶级最早见于亚当·弗格森在1767年的《论公民社会的历史》，对阶级的界定是中性的，特指对公民社会的一种认知概念或分类，重在描述社会结构的异质性；它没有政治视角上的不平等内涵，也无阶级意识和阶级行动。后来，英国的一些哲学家再用此词时，阶级就与财产、地位相关，是立足于财产或地位从而有社会高低的差别。研究者通过测量社会成员财产的多少和社会地位的高低来确定其所属的阶级。阶级成为描述社会成员在社会结构中不平等分布的概念。社会立足于异质性而形成了不平等分布的状态，分布在不平等的各部分中的群体的总称就是阶级，即有差别并不平等的各群体的总称。

二、相关的社会理论

随着社会的发展，阶级概念的内涵也随之复杂起来。立足于社会的不平等产生了有关分层理论的流派，即关系学派、分配学派和制度学派。

关系学派重在分析为什么会产生这种不平等或者社会关系中的不平等。关系学派的代表人物是马克思，但他在《资本论》中并没有明确地提出阶级的一般性定义，只是指出阶级产生的基础就是私有制，产生于生产过程中而非仅仅收入与分配领域。这一学派的继承者一般模糊地定义阶级：拥有生产资料的资本家通过购买无生产资料的劳动者的劳动力获取利润，在生产过程中产生剥削，由此形成了无产阶级与有产阶级。劳动者通过生产只能获取维持其自身生存的价值，不能公平地获取自身所创造的利润，由于劳动者劳动一生也仅仅只有劳动力可以出售，被马克思主义学派称为无产阶级。拥有生产资料或提供资本的社会成员则被称为资产阶级。处于中间拥有生产资料、自身也参加生产、不完全依靠剥削他人劳动来获取利润的小生产者可暂定为中间阶级或小资产阶级，他们最终可能会转化为资产阶级或无产阶级。阶级对生产资料的拥有是不平等的，并改变着社会结构，无产阶级拥有改变社会不平等状况的使命或阶级冲动。逐渐阶级从最初简单地对社会不同群体的描述，到后来转变为争取各自权益而处于对立斗争的群体，这种内涵的转变不仅是一种对社会结构的描述，还带有政治与权力色彩，是一种政治追求。阶级研究被定义为对权力和财富分配的研究，即阶级研究既存在经济意义上的剥削，还有权力方面的控制与被控制，即政治。阶级研究的最终目标应是社会平等结构，生产资料或财富和权力的平均分配。

随着资本主义的发展，人们根据时代的变化对阶级进行了重新定义。由于资本主义社会并没有完全遵循马克思的理论而发展，社会群体完全被分化为两大不可调和的阶级。工人阶级自身发生变化，其不但没有变得一无所有，生活水平还得到不断提高，逐渐获得了相对平等的公民权利，分享了有产阶级的文化，这一切弱化了资产阶级与无产阶级之间的对立与冲突。劳动力商品的性质发生了变化，体力劳动不再是无产阶级的主体，脑力劳动者充斥其中，无产阶级与有产阶级之间似乎出现了中间阶级。“正如达伦多夫所指出的，由工匠和小商人所构成的旧中产阶级的相对规模确实已经下降了，由管理人员、专业技术人员和脑力劳动者所组成的新中产阶级填补了他们留下的空缺。”工业和科学技术发展，现代公司股份制和管理制度的变革，使以资本所有制作为定义阶级的视角变得困难。针对这种变化，人们在重视资本的同时，强化了权力指标衡量阶级的价值。新的阶级的定义与传统的定义相比已有了变化。E.O. 赖特和他的同事认为：“阶级不能被简单地定义为某种职业分类，而是一种控制资本、决策、他人工作和自己工作的社会关系。他们根据社会关系和权力重新定义了阶级。”确定个体在制度中的地位依据在关系互动过程中是否参与决策制定，是否拥有权威等，阶级被定义为一种序列，资产阶级为一头，无产阶级为另一头，根据对资本的控制和分配、权力的拥有来确定是更加资产阶级化或更加无产阶级化，处于中间的则为中间阶级。“专业技术人员由于能够控制自己的工作过程而被归为本质上的‘半自治阶级’，上层管理人员由于具有对工人的权威而被归为‘管理阶级’。”在此，权力被“权威”替代。

分配学派重在描述这种不平等表现在社会结构中的那些方面或者社会资源在社会成员和社会群体之间的不平等分配状况。“分配”学派的代表人物是马克斯·韦伯，又被称为多元社会分层派。韦伯重在对社会资源不平等分布状况的描述。社会资源是多样性的，韦伯把其分为经济、权力与声誉三个类别。经济分配主要体现在市场中，即劳动分工后所形成的市场交易，以货币为媒介进行资源交易最终产生不平等，一般用金钱来衡量。权力表现为国家政府，国家通过制度来维护阶层权力和阶级意识，保证社会互动得以进行，拥有资源配置的绝对控制权。声誉来自社会，社会成员内部通过互动形成关系资源，即社会声誉，存在于群体中并为群体所肯定，表现形式往往是地位。三种资源在一般社会中都存在稀缺性，由于先赋或后天的个人能力不同、社会竞争规则和国家制度的不同，资源一般不能均匀分配给每一个个体，社会经常处在资源不平等分配的状态。拥有最多资源的群体处在社会结构的最上层，拥有资源最少的群体处在社会结构的最下层，而其他群体则处在社会结构的中间偏上、中间或中间偏下，即所谓的中产阶级。

马克思与韦伯均对社会结构进行阶级或分层的研究，但二者存在差别。韦伯的阶级研究偏重于社会分工对个人在社会结构的影响。在市场经济中，资源的分配方式主要依据社会分工，社会分工表现为职业，职业承载着收入、权力和声誉的分配，从而形成个人的社会地位，同等社会地位的群体形成一个共同的阶层。处于相同或接近相同阶层的群体其言行举止或价值态度就可能越一致，但在韦伯看来这并不意味着一定会产生源于阶层利益的共同体行动或者阶级行动。

除关系学派、分配学派之外，还有制度学派。制度学派则强调个人的社会行为、获取社会资源的方式是社会制度本身的产物，同时也强调作为个体的行动者也不是完全被制度所约束的，“他会在制度范围内或某些制度边缘，采用某些非正式的运作手段来获取社会资源。这不同于结构主义范式，将个人视作外部结构性因素的玩物”。“制度主义者考察不平等问题是把不平等现象放入到具体的制度环境中，考察不平等的形成机制，因此，它对‘过程’较为敏感，关注制度安排和演进背后的政治逻辑、权力的作用、统治阶级的意识形态、各种组织力量、社会文化力量、地方利益、路径依赖等因素对资源分配的影响。”社会阶层的形成深受社会制度的影响，制度决定着阶层的形成和变化。

对现代国家用制度视角研究社会结构，在经济全球化的背景下，关注国家和市场对不平等的影响就变得具有建设意义。一个社会若能够稳定发展，社会资源就可能增加，公民社会就可能得到发展，不平等将隐藏在看似平等合法的社会制度下。除了存在初次分配的不平等外，再次分配的不平等以合法身份扩大了社会的不平等，国家制度在其中发挥着越来越重要的作用。另外，国家制度和政策在社会资源分配中的地位和作用随着环境的变化也将发生不同的变化。

总之，三种理论流派并非适用于解释每一个国家。当国家有关资源分配的决策被某种强大力量过多干预时，关系学派理论对社会结构的特征就比较具有解释力；当市场对资源分配起决定性作用时，分配学派理论对社会结构的特征就比较有解释力；当国家对资源分配的权力呈现绝对优势地位时，制度学派就比关系学派或分配学派更具有解释力。这意味着研究当前中国的社会结构时不能只用一个学派来解释。

三、中国社会结构的研究

对中国社会结构的研究可分为两个阶段，改革开放以前的研究往往以阶级观点占主导地位；改革开放以后，分层理论被引入。

改革开放前，社会结构的分析以马克思主义的关系视角为主。最早的清政府、官僚、地主、帝国主义等为剥削阶级，广大无权、无钱、无社会地位的普通老百姓为被剥削阶级。社会革命的目的就是改变社会结构，推翻剥削阶级，建立人民当家做主的中华人民共和国。中华人民共和国成立初期，被剥削阶级的代表——工人阶级成了领导阶级，人民（以被剥削阶级为主）成为国家的主人。但在私人资本主义企业内，仍然存在“克扣工人工资，勒索财礼，对工人进行超经济剥削”的现象，资产阶级仍以传统的方式管理工人，对本企业的工人任意打骂或随意解雇。因此，中华人民共和国成立初期，党在对国营企业实行民主改革的同时，对私人资本主义企业也进行了民主改革。从 1955 年下半年起，国家加快了对资本主义工商业的社会主义改造，到 1956 年第一季度末，除西藏少数民族地区外，全国各地基本上实现了全行业公私合营。

社会主义改造改变了中华人民共和国成立后混合的社会结构。工人阶级队伍壮大，农民——无产阶级最可靠的同盟军被归到社会主义阵营中，同工人阶级一起发展工业。小资产阶级、资产阶级被改造为工人阶级。当时社会群体不再依据是否占有生产资料，而是根据职业进行划分。1959—1979 年，中国社会可划分为三层结构。其中有一千万左右的国家干部处于上层，三四千万的国有或集体企业工人处在中间，两亿农民处在下层。处于上层的干部主要分布在城镇机关事业单位或国有、集体企业，是被归为广义的工人阶级队伍。狭义的工人主要指处在国有、集体和少数私营企事业单位的工人。工人因为所处的单位性质、经济类型、规模大小的不同会产生待遇和社会地位的不同。如国有单位工人工资待遇和社会地位一般要比集体单位的工人高；重工业工人的工资待遇和社会地位比轻工业工人的高。

改革开放后，学者对社会结构的描述逐渐不再使用阶级，而开始采用“社会分层”一词，组织、权力、制度、关系网络等要素均被用来解释社会结构。

对改革开放初期的社会结构，研究者偏重于国家政治对个人的作用，其中组织—单位——在社会结构的研究中被重视。例如，1986 年，安德鲁 · 沃德提出了“单位依附理论”，从个人、单位与上级主管部门之间的层次关系论述社会分层。林南和边燕杰在《中国城市中的就业与地位获得》中强调，个人所在的单位能够体现出个人社会地位的高低、资源分配的差别，社会主义国家的社会结构指标不仅应使用职业指标，更应使用社会成员所属的组织。

改革开放后，国家明确建立社会主义市场经济体制，研究者开始注重社会结构中市场和个人对社会结构变化的影响。李强提出：改革开放之后，个人所拥有的经济资源开始产生差异，其对个人社会地位的影响力超越了政治地位，中国社会结构开始受市场力量的影响。李强提出了“政治”与“经济”的双重影响说，认为改革开放以后社会逐渐由经济上的不平等取代了政治上的不平等。1989 年，维克托 · 尼在《市场转型论：国家社会主义从再分配向市场过渡》中提出市场权力、市场刺激和市场机会的论题，市场转型对社会分层的影响被关注。

对市场转型论公开质疑的是罗纳·塔斯。他认为，在向市场经济的转型中，分配权力只是转化成了社会网络资源，社会网络资源又被转化为私有财产，由此形成了他的权力变形论。边燕杰和约翰·罗根认为，权力在社会结构中固化着中华人民共和国成立初期就已形成的社会阶层。中国的改革开放是在两大制度未发生动摇的前提下进行的，一是共产党的领导地位未受到动摇，二是城市单位制度未发生根本的变化。在市场化转型过程中，政治权力之所以得到维续，是因为市场是在政治权力的影响下崛起的，拥有政治权力的人可以优先获得市场体制的实惠。中国的市场经济并非纯粹自由化的市场经济，国家和政府在市场中仍起主导性作用，社会结构的研究应关注国家制度的重要作用力。随着市场经济的不断发展，社会财富日益增多，处在统治精英地位的有权者会优先获取最大利益。边燕杰和约翰·罗根的权力维续说注意到了国家政治制度对市场经济的影响，即中国的市场并不是自发建立的，而是在国家和政府主导下确立并开展的，市场经济建设的主要目的是要把经济这块“蛋糕”做大。由于统治精英的权力地位未变，在如何分配不断增大的“蛋糕”的博弈中，位居社会上层的群体往往具有优先权。

为什么政治权力的优势地位被维持呢？这可以从国家制度的角度进行解释。任何一个国家或政府的决定都是为了解决特定历史条件下的社会问题而采取的有针对性的决策，单纯考察决策可能会发现它们之间似乎缺乏一定的连贯性和重复性，从而无法寻找政府的行为规律，但从制度的路径依赖过程来看，制度之间是存在一定的连贯性和重复性的。路径依赖原意指的是“制度演进中存在着一种自我强化的机制。这种机制使制度演进一旦走上某一条路径，就会在以后的发展中得到自我强化”。政治制度的“路径依赖的深层因素实际上是利益因素：一种制度形成以后总会产生一批该制度下的既得利益者和既得利益集团，这一集团会反对彻底偏离该制度的变迁，他们对现有制度有着强烈的需求。这样，制度变迁很容易演变为对现有制度的修修补补。”但制度的变迁往往遵循的是“保护带的调整，从而保证制度的内核处于一种相对稳定的状态。路径依赖是制度变迁中一个不可避免的行为惯性，意识形态及其连带的价值体系在制度变迁和社会化过程中拥有的重要地位和作用”。“由于制度的硬核具有隐含性、抗逆性和稳定性的特征，所以一般的改革所涉及的只是制度的表层，其内核常常被厚厚的一层保护带包裹着和维护着。制度的保护带主要是指围绕在特定制度周边的相关政策和措施以及由此引发的或直接对应的组织行为和规范。所谓保护带的调整，主要是指人们相应地改变政策、行为、规范以及局部的制度安排，以期达到保护制度的硬核不受外部变化或压力的影响，维护自身免被改变的目的。”中国市场经济体制的建立冲击了传统的社会结构，但这种冲击并不是由纯粹的市场力量发起，传统的计划经济所建立的体制也发挥了作用。

中国的改革开放采取的是“摸着石头过河”的模式循序渐进地进行，并非“休克疗法”。

改革过程中，资源配置仍受政治权力的约束，个人无法独立自发地进行改革，个体对领导干部、组织（单位）和政府均存在正式与非正式的依附关系。各级政府在推进改革的过程中，不仅是市场规则的制定者和合同执行的监督者，而且还有自身的利益需求，既是裁判，又是球员。这样的经济发展过程必然为有权者或明或暗的“寻租”行为提供大量机会。林南在《地方性市场社会主义：中国农村地方法团主义之实际运行》中以天津市大邱庄为例，指出市场改革使政治权力、家族亲属网络和市场经济相融共存，相互维续，社会结构不断被固化。

李路路则在《当代中国社会分层的制度化结构》中提出国家所确定的制度体系对社会分层起着决定性的作用。李路路指出，“由于国家对社会资源的分配是按照特定的制度规则有差异地进行的，因而造成了人们不同的社会地位，最终形成了具有中国特色的社会分层体系。这里特定的制度体系，主要是‘身份制’‘单位制’和‘行政制’，以及以此为基础的不同社会地位”。周雪光在《国家社会主义的分层动力机制：中国城市案例，1949—1993》中提出，国家和政治制度对社会主义国家的分层研究具有很重要的影响。“在国家社会主义中的政治过程，尤其是国家政策的改变，对个人生活机会的影响极为显著。国家政策变化能直接改变机会结构、结构位置的地位，以及改变政治和人力资本的本性和价值”。

安德鲁·沃德指出，中国市场改革中政府仍然拥有主导控制权，新生代的政府官员日益主导着市场改革而从中受益，并有可能处于社会结构中的上层。中国目前的市场改革实际上是一种产权改革，主要表现为政府的各级代理机构和公有化企业之间转让和确定产权，而不是产权向私人转让。政府实际上保留了对企业的各种主导控制权，从而扭曲了经济资源的市场配置效果，这种产权的改变过程给了官员将权力优势转化为经济利益的机会。孙立平等指出，在再分配体制内处于再分配位置的部门和个人将会继续保持自身的优势地位，并会不断强化自身的此种优势。从制度变迁的视角来看，传统的再分配体制仍然在起作用。那些传统体制内处于再分配位置的部门和个人仍然保持自己的优势地位，通过变通的机制获得最大利益，“原来的赢家仍是赢家”。李路路在《制度转型与分层结构的变迁——阶层相对关系模式的“双重再生产”》一文中提出，制度规则在社会分层中仍起重要作用。“市场机制的引入虽然可以在很大程度上改变资源分配的过程，但是由国家主导的改良式变迁以及一系列的制度性因素，决定了各层间相对关系模式并没有发生根本性的重组，原有以阶层再生产为主要特征的相对关系模式在制度转型过程中仍然被持续地再生产出来”。

总之，改革开放前与之后中国的社会结构变化受多重因素影响，国家政治、制度、权力和市场等方面的因素相互起作用，对社会结构起着维系或改变的作用。职工所在的单位、政治权力和制度对社会阶层的形成依然重要，传统力量通过市场在表现形式上有变化，但并没有消失，社会结构状态在中国受国家政治、制度和市场的共同影响。

第三节 社会保障制度与社会结构

在社会保障支出占国家财政支出的 30% ~ 40% 之时，社会保障制度与社会结构的关系就呈现一定的相关性。在现代国家所提供的公共产品或类公共产品中，社会保障制度是国家政治建设的重要内容。据统计，在全球 224 个国家和地区中超过 175 个国家和地区均设有社会保障制度，其中养老保障为社会保障制度的重要内容。

一、经济发展与保障制度

自 20 世纪以来，自由与平等理念深入民心，但自由与平等在发展中又不时面临内在冲突。自由被西方经济学家誉为个人能动性或创造性的重要体现，是市场资源得到合理配置的重要机制，也可谓平等的重要体现，怎么会与平等理念产生冲突呢？产生冲突的根源就是人不同于动物，除了自由、平等之外，人类社会还有博爱的需求。在自由构建的“丛林法则”之下，平等与博爱有时颠覆过度自由所产生的社会极度不平等。“饥肠辘辘的穷人才是富人粮仓里存粮的主人”，“洛克说穷人有权得到富人的盈余”，休谟讲到“因为如果发生饥荒，政府反正会要求富人开仓赈灾”。

通过激发富人的博爱之心使穷人得到慈善救济是一种补充制度。当社会结构呈现极度的不平等，经济生产的动力因消费力不足受到抑制，国家就需要诉诸制度来干预经济自由。社会保障制度是国家改变社会结构所经常使用的方法之一。

社会保障制度发展依赖于经济发展。庇古提出经济发展与社会保障水平的相关性，经济发展表现为国民收入增加、GDP 的不断增长和劳动力市场的变化，而这又与产业结构、经济构成相关。庇古提出，若要提高社会保障水平，就必须在生产方面扩大国民收入总量，在分配方面削除国民收入分配的不均等，进行收入均等化分配，把富人的一部分收入转移给穷人。这里分配涉及市场内的分配和市场外的再分配。市场内的分配主要通过生产活动进行，遵循相对自由原则。市场外的分配主要通过国家征税或收费，然后把税费分配给最需要增加收入的穷人，遵循的是相对平等原则。从经济“涓滴效应”来讲，当经济发展上去以后，作为一种经济资源的社会保障一定会得到相应的发展。用社会保障理论的话语结构来分析：当资本赢得巨额利润，为刺激劳动力的生产积极性、避免经济危机和减少社会冲突，资方就会相应提高劳动者的待遇，但这种提升不是无限的。穆怀中的研究表明，社会保障水平上升最快时期是在人均 GDP 达到 4000 ~ 10000 美元阶段；人均 GDP 超过 10000 美元以后社会保障水平放慢增长速度即进入倒置曲线第一个弯曲点；人均 GDP 超过 20000 美元后，社会保障水平在波动中开始回落。社会保障水平发展曲线轨迹，即先是上升较快，达到一定高度或超过适度水平上限后，开始放慢增长速度，持续一段时间后，将会逐渐回落并接近其适度水平。

二、社会保障影响社会结构

社会保障制度起源于经济和社会危机，建立目的是把社会资源分配给最弱势的阶层，从而缓解市场发展过程中所产生的经济危机和其带来的政治危机，维持原有社会结构。德国的俾斯麦政府1883年制定世界第一部《疾病保险法》、1884年颁布《工伤事故保险法》、1889年颁布《老年和残障保险法》，其目的是解决德国面临的劳资关系紧张带来的政治危机。从起源到现在，德国均把社会保障制度作为劳资矛盾的妥协产物或调和工具，由此德国对社会保障的定义：为竞争中不幸失败或失去竞争能力的人提供基本生活保障、具有互助性质的安全制度，起到维护社会公平和社会安全的作用。1935年，美国颁布了《社会保障法》，由联邦政府举办全国统一性的社会保障。美国将社会保障界定为社会安全网，对国民可能遭遇的各种风险如年老、失业、疾病等加以防护。

部分学者认为，社会保障制度并未从根本上改变社会结构，对资源再分配的能力有限，所以它被看作维护现存社会结构的合法外衣，减少社会冲突，保持社会稳定。庇维和克罗沃德等指出："社会福利在帮助维护现行社会规则的同时，实际上给不平等披上了合法的外衣。"威兰斯和兰伯斯把社会保障制度作为社会补缺，是对市场、家庭或个人正常功能失灵的修复，发挥着"安全网"的作用，在特殊环境下，它对个人或机构的失灵可起到暂时的替代作用。蒂特马斯认为"剩余性"的福利国家不愿意干预市场机制，他们只提供保证社会稳定的"安全网"，从而巩固了社会分层的市场生成机制。社会保障制度本身就具有社会不平等性，无论是解决资本主义社会的经济和社会危机，还是解决市场、个人和家庭的失灵，社会保障制度只是一个缓解危机、降低风险的工具，是通过政府来进行部分资源的再分配，而不是从根本上改变原有的社会分配方式，只是让原来的分配方式变得社会可以容忍或者合法，因此它不能改变社会结构。

三、社会保障促进公民权利的实现

关于社会保障是公民权利的保障可从英国福利制度的发展过程谈起。英国在1601年颁布《济贫法》，但有的学者认为，此法仅仅是减缓贫困、制止流浪、保障就业，在进行福利救济的同时兼有强迫劳动的功能。它最初的目的并不是要改变原有的社会结构，而是要维护当时的社会秩序。旧的《济贫法》在促进社会平等和公民权利实现上并没有什么突出贡献，其后对《济贫法》的补充——"斯宾汉兰德体系"却促使它拥有促进社会平等和保证公民拥有公民权利的功能。斯宾汉兰德体系规定向收入低于公认最低生活标准的工人提供补助，即"规定了最低工资保障和家庭津贴，以及工作和维持生活的权利"。低收入者应该获得社会整体收入的再分配，工人拥有工作和维持生活水平的权利，此体系确定了社会福利政策是公民权利实现的保障或政策依据。但在马歇尔看来，英国1834年推行的新《济贫法》是一种社会福利政策的倒退，因为它"宣布放弃一切侵犯工资领域以及强制干预自由市场的权利的要求，它只向那些由于年龄或疾病原因不能继续劳动的人以及那些放弃奋斗、承认失败并乞求怜悯的弱者提供援助。”接受救济的人属于社会边缘群体，是被抛出了社会公民的群体，不再被平等地对待。新《济贫法》类同于德美的社会保障政策，只是起到社会“安全网”的作用。“二战”后的“贝弗里奇报告”则与之前的济贫法有着本质不同，因为它确定国家应通过对国民收入再分配来促进社会的发展，社会保障制度应有统一的发放津贴或救济标准，参保者不应区分贫富。对于社会弱势群体如无收入、低收入或生活困难的人员，国家可通过公共援助法来发放统一的救济或津贴以维持正常生活。英国构建了福利性质的社会保障体系，它是一项以国家为主体的公共福利计划，是国民收入再分配的一种手段，遵循普遍性原则，对全体国民实施“从摇篮到坟墓”的全面的安全保障，是一种公民权利的体现。蒂特马斯和马歇尔等认为，社会福利政策就应该推进社会平等、改变社会结构。

威兰斯和兰伯斯认为，社会保障政策是一种公认的社会制度，扮演着和家庭、宗教、经济制度及政府一样的角色，“是永远存在的并对全体民众的安全和情感提供支持”。蒂特马斯认为，制度性福利国家是通过社会公共服务法规试图减少不同阶层或者地位不同的群体之间的差异，削弱市场对生活机会的作用力。

马歇尔从公民权利的角度研究社会保障政策与社会结构。他认为，现代社会保障政策是公民社会权利的具体体现。虽然有时社会保障政策与市场经济所追求的自由和效率会产生冲突，但却克服了纯粹自由市场所产生的经济危机，调整了市场初次分配而产生的不公，缩小了社会结构中各阶层之间的收入差距，最终增加了整个社会的福利水平，最终促进市场经济的长远稳定发展。社会权利是福利国家产生的标志，是对福利国家起源的诠释。社会保障政策最大限度地规避和降低工业化社会（与传统社会相比）为个人带来的各种社会风险，旨在维持资本主义的再生产。社会权利是保证企业竞争力和最大限度地适应经济发展过程中的一种生产性投资。社会成员享有社会权利的条件是公民资格而不是其能力，社会保障具有非商品化的性质。“判断社会权利的一个重要标准就是它在多大程度上允许人们依靠纯粹市场之外的力量去改善其生活水准”。社会保障是对市场过度发展的抑制或削弱因素。艾斯平－安德森描述了市场、福利制度和社会结构的关系，“当工作是出于自由选择而非生活所迫时，非商品化可能就等同于非无产阶级化了”。

社会保障制度不再单纯地被看作一种解除危机的工具，随着自身的发展和完善，更大程度地体现了社会的进步，是社会成员拥有公民权利、社会权利的体现。当国家把更多的资源分配给市场中受损的群体，社会保障支出占国民收入的比重越来越大时，它就具有改变社会结构，促进社会平等的功能。

四、国家政治体制决定社会保障模式

艾斯平－安德森将福利国家分为自由主义的福利体制（盎格鲁－撒克逊福利体制）、保守的合作主义的福利体制（欧洲大陆的合作主义福利模式）和社会民主主义的福利体制（斯堪的纳维亚福利模式）。在这三种模式中，自由主义模式采取选择性原则，只针对最需要的人进行救济，起到补救社会的功能，维持市场和社会结构。自由主义模式主要维持中产阶级的利益，容易产生社会的两极分化，因为国家推行自由主义后，维护“自由市场”成为首要的任务，被市场抛出的阶层、处于社会底层的人则由国家救济。保守主义模式依据社会地位、职业和收入而确定福利标准，社会地位高、工作稳定而收入高者，获取的利益就越多，被抛出劳动力市场的群体就永远处于社会底层。穷人在有限的社会福利资源救济下，只能得到最基本的生存需求，不可能获得更多的资源，也就不可能改变自身的社会地位。这种模式维持了市场结构和社会结构。社会民主主义模式以公民资格作为享受待遇的条件，普享型模式采用统一的再分配原则，国家把福利供给每一公民个体，缩小贫富差距，促进社会平等。艾斯平 – 安德森通过实证研究提出：具体的社会政策是拥有促进社会平等的功能还是拥有维持社会阶层结构的功能，关键是要看政策实施的范围和条件。若采取普遍主义的原则，以公民身份作为获取的条件，那么社会财富的二次分配将会有利于改变原有社会结构可能存在的不平等。若采取以阶级结构、社会地位或职业地位、收入等作为获取的条件，社会福利政策将会成为维护和推进社会阶层化的制度。

社会保障制度功能的发挥取决于国家。国家对国民收入再分配的能力越强，对公民的社会保障投入得就越多，市场对社会结构的影响就会越受限制，整个社会的公平性就越强，资源就更可能平均地被分配，整个社会结构就更稳定。国家对资源的掌控能力又由国家在整个市场中的能力决定的。国家对整个市场的宏观调控能力越强，获取资源的权力越大，其再分配的能力就可能越强；反之则越弱。

五、全球化对社会保障的影响

经济的全球化推动强势资本跨越国界，劳动力也跨越国界进行流动，这不仅对各国原有的社会保障政策产生了冲击，而且削弱了国家对市场的干预能力，国家在制定和实施社会政策方面受到限制。“以前资本家面临劳工谈判与政府的压力时，经常被迫做出相当的让步以维持企业的继续运作与发展；然而，随着经济全球化程度日益加剧，企业在面临政府与劳动所施加的成本压力时，可以选择出走以规避的可能性会越来越大。”企业“离国出走”将会影响国家的财政收入，从而冲击社会政策实施的物质基础。因此资本的全球化流动增强了市场的力量，国家的力量却被削弱。在此背景下，社会政策的变革不是促进社会结构向更加平等的方向发展，而是更加强化市场所产生的不平等，导致全球社会分化日益严重。

资本的全球化导致传统的福利国家模式再次受到资本的侵袭，资方成功地迫使国家改革社会保障制度，“实行有利于资本、违背工资收入者和社会弱势者利益的税收和社会政策”。

福利国家的当政者面对资本的压力，开始削减社会公共支出，弱化政府的社会责任、增进市场化和自由化。福利国家对社会政策的变革引起了社会结构的变化，“它用残酷的和反社会的方式侵犯社会福利网来加剧贫困，改变阶级关系的调节体系，加速社会的不平等和社会的两极分化”。“不断翻新的削减社会福利的暴行是一种有利于资本而不利于工资收入者的根本改变了的阶级力量对比。”资本主义国家面临沉重的社会保障基金的财政支出，不得不对原有相对慷慨的社会保障支出进行缩减，由此导致社会结构的两极分化严重，社会底层的利益得不到及时应有的保护。面对日益扩大的基金支出压力，劳动力市场中的弱势群体日渐不能得到保护。在经济发达的国家，不断增加的失业人群中不但有传统产业的蓝领工人，而且也有白领工人、文秘人员、公务人员、服务人员等，这些人员中女性和移民居多。女性和移民群体被迫从事稳定性差、收入低的工作，处于社会阶层的边缘或底端。收费型的社会养老保险政策使工作稳定性差、收入低和年龄大的群体无法参加，导致最终也无法享受到较高的养老金待遇。除此之外，失业大军中还有患重病的、重残的、年纪偏大的，技能或文化程度偏低的、瘾君子、心理障碍者、听天由命者等。由于后者被抛出劳动力市场，社会保障政策也无法惠及他们。

在资本主义生产全球化的发展过程中，资本嫌富爱贫的本质一览无余，有些国家的企业开始向拥有廉价劳动力的贫穷国家转移。“投资变得愈加困难和不断提高的劳动生产率迅速导致工人和职员大量失业。失业的原因在于工人只是在他们能够给资本带来足够的利润时才被雇用，人及其能力是次要的，资本的利润是主要的。”

强势资本的全球化对流入国的社会结构产生了严重的影响。资本外流导致发展中国家的大量规模较小的单个工厂或企业的崛起，这是因为资本在全球背景下采取了大量的生产或服务的外购或转包。生产或服务的外包增加了发展中国家的小企业对经济发达国家资本的依赖，资本的经济权力得到了强化，拥有了同本国和其他国政府进行谈判的能力。小工厂或企业工人的生产和服务受到资本控制，遭受双重剥削。但发展中国家劳动者的社会保障却在这些资本积聚和资本集中的进程之外，资本逃避了对发展中国家的劳动者应承担的社会保障责任。资本流动加剧了经济发达国家的资本家对贫困国家人员的剥削，社会保障制度难以在贫富国家之间统一执行，能够享受到社会保障制度保护的人数越来越少。

当前，我国在全球经济发展体系中占据重要地位，随着进一步深化市场经济体制改革，社会养老保障政策的发展也必然发生变化。从中华人民共和国成立至今，社会养老保险政策产生了一系列的变革，首先，国有企业对城镇企业职工建立了普适式的社会养老，然后变革为企业负责自己职工的养老。改革开放后，国家、企业与个人三方共同负责养老。目前社会养老保险政策还在不断完善中，完善的目标仍然是刺激经济发展，同时兼顾社会公平，但改革的结果可能不是促进社会养老保险资源以公平的原则进行再分配；相反，却是在各种力量的作用下，形成了与社会结构相契合的福利资源，而非再分配资源。

总之，国家的最主要任务是在各国竞争中“取得最高程度的独立和力量”。为此，国家才能够充分发展自己与生俱来的本性，所有的内政都必须服务于此目的。一国的社会保障制度立足于该国的政治体制和治国理念，后者确立了城镇职工养老保险政策的内容。若一国政府把社会养老保险政策作为社会的“安全网”，社会养老保险就是为了调整市场经济所产生的社会结构的不平等；若把社会养老作为一种社会化的分工即家庭功能转向家庭以外的社会组织，则是为了提高经济发展的效率。若是前者，社会养老保险的政策设计将会以解决社会冲突、追求社会稳定为契机，追求社会养老保险的非商品化；若是后者，社会养老保险的政策内容则会紧紧围绕着经济发展的速度，以劳动力市场的最大效率为目标，追求社会养老保险的“商品化”。我国的社会养老保险政策是如何产生的？在国家经济和社会结构发生变化时，它又进行了哪些方面的改变？依据上文确定的概念，本书将按照历史脉络对我国的社会养老保险政策进行分析论述，以期望最终得到我国社会养老保险政策发展特征或规律。

第二章　城镇职工养老保险政策的建立期（1951—1968 年）

中华人民共和国成立后到 1968 年，中国的城镇职工养老保险政策经历了两个时期，一个是过渡期，另一个是建立期。中华人民共和国成立后的社会养老保险政策建设受三个因素的影响，第一个因素是当时的经济和社会结构的状况；第二个因素是中华人民共和国成立前的企业养老保险政策；第三个因素就是苏联的养老保险政策。

第一节　中华人民共和国成立初期的经济结构和社会结构状况

一、社会主义改造时期的经济结构与社会结构状况（1951—1957 年）

在产业政策方面，《中国人民政治协商会议共同纲领》（1949 年 9 月 29 日中国人民政治协商会议第一届全体会议通过，以下简称《共同纲领》）第 3 条提出："中华人民共和国必须取消帝国主义国家在中国的一切特权，没收官僚资本归人民的国家所有，有步骤地将封建半封建的土地所有制改变为农民的土地所有制，保护国家的公共财产和合作社的财产，保护工人、农民、小资产阶级和民族资产阶级的经济利益及其私有财产，发展新民主主义的人民经济，稳步地变农业国为工业国。"依据此规定，中华人民共和国成立后官僚资本要被没收转化为国家所有；土地则转化为农民共同所有，同时保护民族工商业经济；内资性质的非官僚资本类的财产受到保护，即私营性质的经济形式可以存在，劳资关系也因此而存在。

在经济建设方式上，《共同纲领》规定"以公私兼顾、劳资两利、城乡互助、内外交流的政策，达到发展生产、繁荣经济之目的。国家应在经营范围、原料供给、销售市场、劳动条件、技术设备、财政政策、金融政策等方面，调剂国营经济、合作社经济、农民和手工业者的个体经济、私人资本主义经济和国家资本主义经济，使各种社会经济成分在国营经济领导之下，分工合作，各得其所，以促进整个社会经济的发展"。中华人民共和国成立后国营经济应占主导地位，与多种经济成分处于共存的状态。

国家确定发展工业，明确了工业内部各种工业的发展地位。《共同纲领》规定应以有计划、有步骤地恢复和发展重工业为重点，例如矿业、钢铁业、动力工业、机械制造业、电器工业和主要化学工业等，以创立国家工业化为基础。同时，应恢复和增加纺织业及其他有利于国计民生的轻工业的生产，以供应人民日常消费的需要。此规定确立了重工业的发展地位，此类企业及其职工的地位也必然与其他企业及其工人不同，即钢铁业工人应该比纺织工人的地位高。《共同纲领》确定了中华人民共和国成立后工人和农民的经济地位、各经济成分的关系、工业特别是重工业的重要性，这对中华人民共和国成立后第一个五年计划具有重要的指导意义。

虽然《共同纲领》确定了中华人民共和国成立后经济建设目标和发展路径，但很快就因当时各种国际形势和政治等影响因素而被调整。为了快速实现经济建设目标，解决国家所面临的社会问题，国家领导人采取模仿苏联的经济发展模式，在具体执行上虽然不是照搬照抄，但却大体相似。对此，毛泽东曾讲："我们搞了二十二年的根据地政权工作，积累了根据地管理经济的经验，培养了一批管理经济的干部，同农民建立了联盟，从他们那里得到了粮食和原料，在全国解放以后，很快完成了经济的恢复工作。接着，国家提出了过渡时期的总路线，把主要力量放在社会主义革命方面，同时开始了第一个五年计划的建设。由于我们没有管理全国经济的经验，所以第一个五年计划的建设，不能不基本上照抄苏联的办法。"苏联经济发展模式是以社会主义公有制为主体的高度集中统一的经济管理体制，对国民经济的宏观管理方式是以行政手段为主的高度集中的计划管理体制，中央掌握经济决策权，直接管理经营活动，政府主要靠行政手段调节国民经济的运行，人力、物力和财力由中央统配，企业隶属于行政，即由中央机关靠行政手段直接进行管理的计划经济。

（一）经济结构

1. 国内生产总值

从 1951—1957 年，国家的经济结构发生了较大的变化。在党的领导下，城市经济很快恢复发展，国家模仿苏联建立了以公有制为主体的社会主义经济。"在中华人民共和国成立头十年，国内的社会经济建设取得了巨大成就。到 1952 年，中国的经济恢复到 1937 年的水平。1952 年以后，GDP 和人均 GDP 快速增长。1956 年完成第一个五年计划。中国成功地开始了工业化，虽然是半现代化的工业化。"1952 年，国内生产总值为 679 亿元，人均国内生产总值为 119 元；1957 年则分别为 1068 亿元和 168 元。GDP 的平均增长速度为 9%，人均 GDP 的平均增长速度为 7%，经济在相对稳定的政治环境下以较快的速度恢复和发展。

2. 产业结构

在产业结构上，第二、第三产业恢复速度比第一产业要快，第二产业的发展速度最快。在第一个五年计划中，第二产业的平均增长速度为 17%；第三产业的平均增长速度为 11%，第一产业的速度最低，平均增长速度为 5%。图 2-1 反映了三大产业在这段时期内的发展情况。

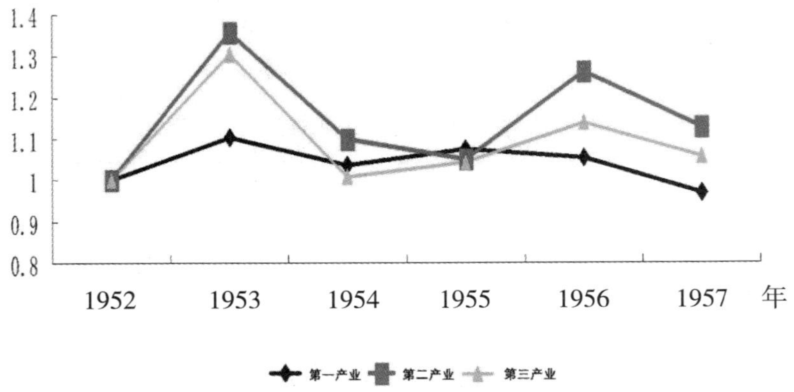

图 2-1 1952—1957 年三大产业国内生产总值的发展速度

第二、三产业的发展速度较快，其产值在整个 GDP 中的比重值逐年增高。到 1957 年，第三产业的产值达到 30.0%，第二产业则达到 29.7%。从图 2-2 可以看出，第二产业的比重增长速度最快，6 年间增长接近 9 个百分点。这与当时国家重视第二产业特别是重工业发展的经济政策直接相关。

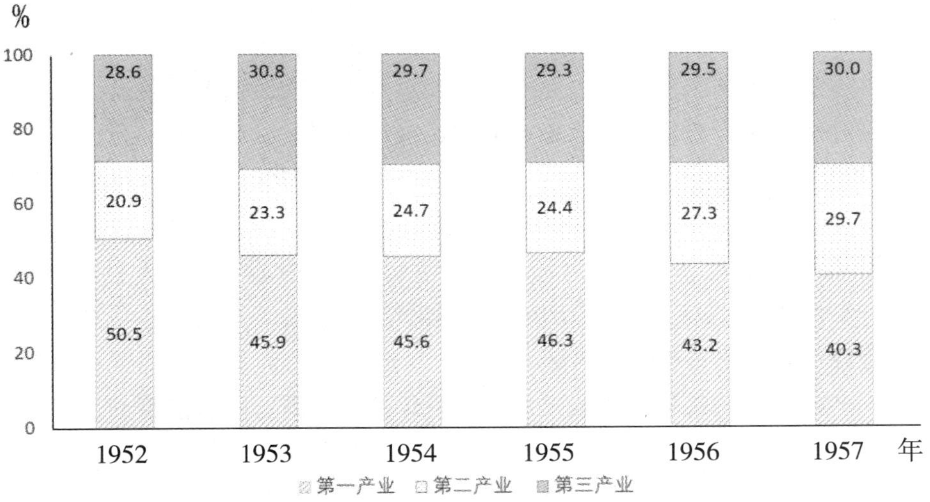

图 2-2 1952—1957 年三大产业的 GDP 占总 GDP 的比值

3. 经济成分

依据《共同纲领》，社会主义初期的经济成分应是国营经济为主各种社会经济成分共存，社会主义改造调整了此构成状态。中华人民共和国成立初期，国家接管了对国家或地区的经济发展起关键性作用的企业，并把其改造为国营企业，在企业中建立相应的组织机构，如党组织和工会等。对其他行业如私营企业和手工业则允许其继续原有的生产和分配方式，并不对其进行彻底改造。从表 2–1 可以看出，1949 年私营资本在整个工业总产值中的比值超过一半，1950 年其比值超过 1/3，而 1952 年以后就降到占工业总产值的 1/5 以下。1952 年是社会主义经济成分发生重大变化的一年。

表 2–1 国家资本主义在工业总产值中的比重 单位：%

年份	社会主义工业	资本主义工业（自产自销部分）	国家资本主义工业	其中	
				公私合营	加工订货
1949	34.7	55.8	9.5	2	7.5
1950	45.3	36.9	17.5	2.9	14.9
1951	45.9	28.7	25.4	4	21.4
1952	56	17.1	26.9	5	21.9

经济结构从 1952 年开始发生变化。1952 年 11 月，中央政府设立国家计划委员会，目的是为全国编制和执行中长期计划和年度计划，经济发展开始走向高度集中统一的计划管理体制。国家开始加强对整个城市的经济控制权，保证和促使城市生产事业的恢复和顺利发展。行政力量参与生产管理，为社会主义改造做准备。

1953 年 12 月，中共中央批准的《关于党在过渡时期总路线的学习和宣传提纲》提出："从中华人民共和国成立，到社会主义改造基本完成，这是一个过渡时期。党在这个过渡时期的总路线和总任务，是要在一个相当长的时期内，逐步实现国家的社会主义工业化，并逐步实现国家对农业、对手工业和对资本主义工商业的社会主义改造。"自此，公有制经济的生产总值占工业总产值的比值逐年提升，政府对私营经济的控制能力得到了增强。1957 年国营工业的产值占工业总产值的 61.3%，合作社营工业则为 4.4%，公私合营工业则为 22.1%，三种合计共占工业总产值的比重为 87.8%，私营工业的工业总产值则下降到 12.2%。

1949—1957 年，为什么经济结构发生了如此大的变化，私营资本的产值和地位呈不断下降的趋势？原因主要有以下两点。

第一，政府通过间接调控手段抑制了私营经济的发展。随着经济的恢复，政府对城市的控制能力增强，对经济发展影响越来越大。国家首先通过接收的方法接管了关键性的产业，建立了国营企业；然后通过国营企业、银行与私营资本进行合作，通过银行控制贷款、与私营企业加工订货、并统购统销、控制销售价格等方法，使私营经济的发展不得不紧紧地围绕着国营经济。

第二，政府通过行政手段直接对私营经济进行改造，改变其私有性质，成为社会主义公有制的一部分，实现单一制的公有制，进行统一的计划管理。政府强化行政手段对企业生产进行管理，其原因是在 1949—1952 年，地方政府在贯彻中央政府的指令时经常会发生歪曲，从而保护地方传统势力的利益，伤害国家和大众的利益。国家在发展工业的重心上，依照苏联模式要以重工业为主，并把沿海地区的工业向内地迁移。这些都需要国家具有较强的调控能力。随着国际形势的转变，国家为了巩固自身的统治，在 1951 年 2 月至 1953 年开始发动镇压反革命的运动，从 1951 年秋至 1952 年秋进行了“三反”“五反”运动。“三反”“五反”运动给当时的私营经济带来了较大的冲击。民族资产阶级若不在“五反”运动中进行自觉的改造，将可能被确定为存在经济犯罪，可能被强迫进行社会主义的改造。私营经济的管理者对企业的控制权被削弱，政府选派忠于党领导的新优秀干部替代原来的留用人员，在具有一定规模的企业中建立党支部，强化党对工会的领导，最终行政控制了公私经济。党通过发动一系列的社会运动，加强了对私营企业的控制，从某种意义上来讲，不但实现了经济上的内外控制；而且也实现了意识形态上的控制，这为后来社会主义改造的顺利进行奠定了基础。随着“三反”“五反”社会运动的结束，各大城市开始进行社会主义改造。在各城市政府的领导下，城市很快就完成了私营经济的公有化。1956 年 1 月底，全国在城市的社会主义改造完成。经济发展、产业结构的调整和经济成分的变化，对国家劳动力市场和单位职工都产生了影响。

（二）社会结构特征

在农村，农民成立互助组和生产合作社。在城市，为了解决劳资冲突与失业问题，从根本上改变资本家对工人阶级的剥削，党决定对私营经济进行社会主义改造，改造的目标是消灭私有制、消除差异，建立公有制度经济。社会主义改造完成后，城市就业人员增加，失业人员减少，国营企业就业的职工增多，职工工资和福利有所提高。

1. 城市就业人员增多

由于战乱和政权更替，中华人民共和国成立初期，许多企业停产，许多工人处于失业状态，1949 年的城市登记失业率达到 23.6%。为了解决失业问题和保持政权的稳定，国家尽可能地一切照旧，政府当时尊重私营经济自身的发展。在 1951 年之前，当时的中央人民政府对合理的解雇行为是允许的，并要求当时的工会和劳动局不应对私营企业的管理行为进行过分的限制，提倡对失业者进行救济和就业培训，促进其就业。

到 1951 年，城市管理群体中出现腐化现象，私营工商者萌生出不正当的商业行为。为此，国家开始了针对党政机关工作人员的“反贪污、反浪费、反官僚主义”的“三反”运动，在私营工商业者中开展“反行贿、反偷税漏税、反盗骗国家财产、反偷工减料、反盗窃国家经济情报”的“五反”斗争。“三反”“五反”斗争激化了劳资双方的矛盾，强化了工人的斗争意识，结果在一些地区出现了工人的过“左”行为。例如，汉口太古工人曾因劳资纠纷拘禁法籍经理，在企业答应工人要求后才给予释放。劳资矛盾的激化导致被解雇人员增加，失业人员增多。

社会主义改造完成之后，整个城市的私营经济被消解，国家对失业问题的解决成效显著，到 1952 年城市登记失业率已经降到 13.2%，社会主义改造完成之后的 1957 年，城市登记失业率降到 5.9%。图 2–3 反映了城市失业人数在 1949—1957 年呈现不断下降的特征。

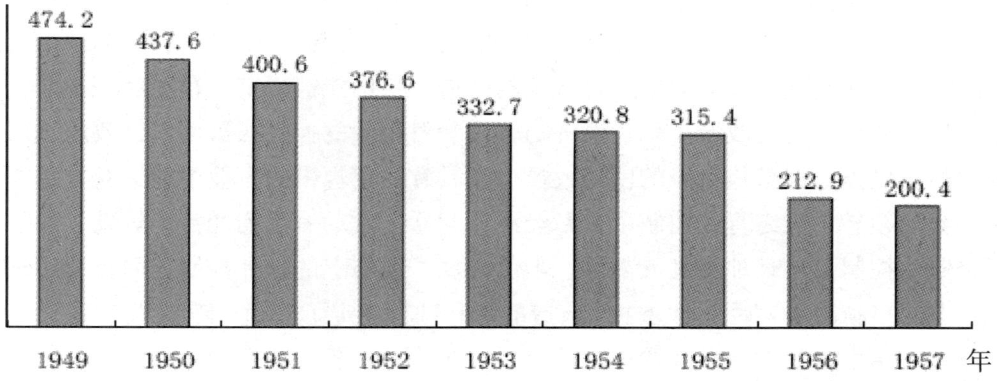

图 2–3 1949—1957 年中国的城镇失业人数

城市的就业人口有了大幅度的增加。1952 年，城市就业人员为 2486 万人，占全国就业人数的 12.0%。其中，国有单位和集体单位的职工有 1603 万人，占总体的 64.48%。到 1957 年底，城市就业人员有 3205 万人，占全国就业人数的 13.5%；而国有单位和集体单位的职工则达到了 3101 万人，占总体的 96.76%。城市国有单位的从业人员占全部城市就业人员的比值由 1952 年的 63.56% 上升到 1957 年的 76.47%。

庞大的工人队伍使福利支出也必须逐年增长，“全民所有制单位给职工支付的劳保福利费 1952 年为 9.5 亿元，1957 年增加到 27.9 亿元，相当于工资总额的 17.9%”。

随着城市新就业人口的不断增加，旧的失业人口还没有完全安排就业，新的就业压力就已经出现。在生产率提高有限的情况下，劳动力市场呈现出供大于求的状况。为了解决新增劳动力，团委组织了知识青年“上山下乡”的活动，把城市就业人口引向农村，从此拉开了城市劳动力向农村转移的序幕。

2. 企业职工流动

在进行社会主义经济改造的过程中，城市企业职工也发生了相应的流动。流动的方向由私营企业向国营企业流动，城市向农村流动，农村向城市的流动被限制。

为了更好地发展国营企业，吸引人才，国营企业的管理者充分利用了国家的相关政策，对国营企业生产条件进行改善，改变旧企业的工作条件、工资和福利待遇，形成了吸引人才的竞争优势。在工资待遇方面，国有企业提高职工工资，1952 年国有单位职工的平均工资比 1949 年提高了 60% ~ 120%。1957 年国有单位的职工平均工资又比 1952 年提高了 40%。国有企业实行按劳分配，有些部门和地区还实行了奖励制，通过降高调低来缩小企业内部职员和工人的工资差距，把职工工资高低与职责大小、工作繁简结合起来，改变不合理的待遇分配规定。在管理方式上，废除“把头制”和“包工制”等旧方式，对一些依靠裙带关系而取得职位的寄生分子进行清除或调低其高薪待遇。为保持生产的稳定性，避免企业之间相互“挖人”现象，劳动部出台限制职工流动的条例，规定企业若“擅自聘雇在业职工或以提高工资福利待遇为条件诱挖在业职工者，一经原工作单位提出追究，则聘雇方面，应负责赔偿原工作单位职工于离工期内在生产上所受之损失”。“对于私营企业的加工订货，各地应有统一管理机关，合理分配任务，避免私营企业的资方以提高工资招挖在业职工，防止发生由国营企业跳入私营企业的现象。”国家制度内外监控的管理规定保证了国营企业吸引优秀人才和使用人才的优势。

在国营企业大量吸引人才的同时，政府允许私营雇主合理解雇员工，并对失业人员进行相应的救济，此时许多私营企业主被迫或劳资双方协商来解雇工人。被迫是因为受国营工资福利规定的影响，不得不提高职工工资和福利待遇以留住人才，导致生产成本增高，需要通过解雇工人来降低成本。双方协商解除契约关系是由于“小厂雇工成本高，工人在小厂工作辛苦而收入低，相比之下，国营工厂待遇较高，又有新建宿舍、文娱活动福利待遇增多，因此愿意离开小厂到大厂。工人若一时找不到职业还可请求救济。结果是小厂工人不仅不反对解雇，而且要求解雇，个别的还帮助资方述说困难，以达到解雇目的”。经过一系列社会运动，到 1953 年，工人地位已经得到提高，私营的资方地位则在不断降低。私营资方为了不得罪工人，就满足工人所提出的种种要求。“有的（工资）提到原来的 4 倍，如北京裕厚布店学徒和副经理挣得一样多。新发针织厂为了追补工资，将机具、桌凳、掌柜行李等都卖了。”“工人们不但增加了收入，而且还拥有经营管理权，如大华五金号，店内建立了民主管理小组，劳方任组长，资方为副组长，账务、经营、制度、人事等问题，都得通过管理组。工人不再受资方管理，资方反而受工人的管理。”这种非正常的生产关系，导致许多私营企业无法继续正常生产，不得不停止生产或申请破产或被兼并，这反过来又推动工人向国营企业流动。

随着私营企业的逐渐萎缩，在国营吸纳职工的能力逐渐饱和的情况下，城市的就业机会开始变少。国营单位为增加自身的吸引力，多次工资改革导致生产成本上升，这就促使部分单位偷偷去农村招工。如“1955 年以来，建筑工程部西北工程管理总局所属西北三公司就不断严重地违反了国家劳动力统一调配政策法令，到处私招乱雇工人。……1955 年 11 月由于私招探墓工人，……经监察部门处理后，又于 1956 年 8、9 月正当各地大力遣送灾区农民返乡生产时，他们又私招了流入西安地区的灾民 600 多人……1957 年第三季度正当农村大力开展抗旱抢种时，又陆续私招了当地农民 1275 人”。城市企业在农村招用农民的现象并非个别或偶尔，多地多企业形成一种屡教不改、屡禁不止的特征。国营企业因工作环境和福利待遇好，这进一步加剧了城镇职工与农民之间的收入差距，一些农民想尽办法流入城市。“1957 年下半年以来，河北省有些县的乡人民委员会与农业社随便开证明信件，让农民盲目流入京西矿区寻找工作。”

为了解决生产问题和城市失业人员就业问题，政府加强了对整个劳动者的控制，具体举措如下：第一，出台限制令，禁止城市企业到农村招工。当时政务院规定“限制到农村招工，非要害部门或国防重工业部门，不得过分强调政治历史，以从速解决失业工人就业问题”。加重对企业私自到农村招工和用工的处罚。第二，在企业内部进行工资改革的同时，降低城市企业低级工的工资水平，以抑制农民盲目向城市流动。例如，降低粗壮工、勤杂工、农村的乡干部、小学教员的工资水平，让其与农民收入接近。第三，出台户籍政策，限制农村人口向城市流动，减少城市政府管理的压力。职工流动就变成了单向流动，即城市内由私营向国营流动、由城市向农村流动。

3. 职工工资

中华人民共和国成立初期，在国家的领导下，中华全国总工会和劳动部组织在全国范围内对企业职工工资进行调整和改革。

首先，国家确立统一工资计算标准。职工工资由中华人民共和国成立初期因地制宜的实物工资调整为统一的工资分。实物工资是为了应对中华人民共和国成立初期的货币贬值、物价飞涨而采取的措施。当物价稳定下来以后，国家就开始以工资分作为计发工资的基础。全国统一的工资分是通过抽样对部分地区职工的家计调查确定的，工资分折合成一定单位的粮、布、油、盐和煤，具体折合多少由当地主管机关或人民银行定期公布。“根据 1954 年 12 月的统计资料，全国约分为 288 个工资分值区。华北、华东、中南、西南、西北的广大地区其工资分值一般为 0.2 ～ 0.28 元，西北、西南的边远地区工资分值较高，最高达 1.2 元。” 1956 年全国取消工资分，采取货币工资。

其次，企业工人实行统一的等级工资制或计件工资制，推广奖励办法，对职员（干部）实行职务等级工资。1956 年 4 月，国家根据产业性质规定了不同的工资等级分配原则。一般工业工人实行八级工资制，建筑工人实行七级工资制，纺织工人实行岗位工资制，邮电实行职务工资制，商业部门售货员实行三类五级工资制，企业工人各级别之间的差别由原来的 2.8 倍扩大到 3.2 倍。当时确定工资率会考虑到职工所在产业的性质、企业的类别、企业所在地区、劳动条件、工资形式以及工人的技术熟练程度等，从而使在不同产业、不同企业类别、不同地区、不同劳动条件和工资形式下的不同技术熟练程度的工人在报酬上有所差别。其中，影响作用最明显的是职工所在企业所属的产业，这同国家的产业政策相契合。钢铁、煤矿等重工业工人的工资最高，其次为电力、机器和纺织等产业工人，最低的为生产消费品类轻工业的工人。企业的生产规模对工资的高低也有影响，如“目前等级工资制度中由于企业类别的不同就有好几个一级工资率，就我们地区的机器制造类而言，一级工资率有 31 元、33 元、33.5 元、34.5 元、35.5 元等数种，高低相差 4.5 元。最高工资率之间相差 20.6 元。这样不仅会使工人不乐于在小厂工作，产生向高处看齐的思想，而且也会给劳动力分配工作带来不少小阻力。”地区之间做同样工作的工人也会产生工资的差距，如青海、西藏、内蒙古等边远地区的工资要高于内地。

企业内部的工人、职员和专业技术人员，工资也有差别。职员的工资一般要高于工人的工资，管理人员的工资与其职务的高低相关。

最后，改革国家机关工资的分配方式。1955 年 7 月国家机关废除了供给制，统一实行货币工资制。机关干部人员的工资在 1950 年 1 月共 25 级，最高收入为最低的 28.33 倍。1951 年 12 月，工资由 25 级调到 29 级，最高收入为最低的 19 倍。在经过两次调整后，最高收入为最低收入的 22.64 倍。1955 年 7 月，工资又由 29 级增加到 30 级，最高收入为最低收入的 31.1 倍。相对企业工人不超过 2.5 ~ 3 倍的工资差距，机关干部的工资差距相对较大。若把当时工人与机关工作人员的工资进行比较会发现，国家机关工作人员的工资高于产业工人。例如，某地区钢铁公司的八级工的工资分为 363 分，假如以 1954 年 12 月的华北地区工资分与人民币之间的换算单位计算，一工资分为 0.2 ~ 0.28 元，钢铁工人的八级工每月工资为 76.2 ~ 101.64 元，一级工每月工资为 27.6 ~ 38.64 元。同地区的机关工作人员的最低工资为 20.88 元，最高为 649.6 元。钢铁工人的最低标准是机关工作人员的最低工资的 1 ~ 2 倍，机关工作人员的最高工资标准则是钢铁公司的最高标准的 6 ~ 8 倍。钢铁工业属于重工业，是企业工人中收入最高的。1956 年 4 月，国家统一了企业职员（俗称干部或领导，主要是指管理人员和技术人员）、事业单位专业技术人员和国家机关工作人员的职务等级工资，虽然是三条线分别进行改革，但都把工资高低与其职务、责任、工作繁简、技术复杂程度等因素结合起来。企业职员又因所在地区、产业和职务的高低不同而形成不同的工资标准。机关和事业单位的工作人员有地区和职务高低的差别。

在全国统一的工资制实行不到一年，国家开始针对工资改革中出现的问题制定新的改进措施。首先，降低 1956 年调整过高的部分工作人员的工资，以减少全国工资总额的支出。调低学徒工和粗壮工的工资标准，把大学毕业生的工资级别由 21 级降为 22 级，缩小企业内部职员和工人的工资差距。

1956 年的工资改革主要针对国营单位，接下来国家又对公私合营和集体企业职工的工资进行了改革。在社会主义改造之前，私营企业职工的工资由劳资双方进行协商，但工资福利要与同一地区、性质相同、规模相近的国营企业相同或相近。通过改革，许多地方的公私合营企业职工的工资都有增长，增加工资的人数占总职工人数的 70% 以上，职工的生产和生活都有所改善。

城市集体企业的工资改革在国营、公私合营企业工资改革之后，改革原则为集体企业低于全民企业和统一标准，原因是集体企业主要由原来的个体手工业构成，工人的技术水平和文化程度一般低于国营和公私合营企业。城市集体企业职工工资改革后，职工月平均收入有所增长，但因为这次集体企业工资改革标准低于国营企业，所以改革的最终结果就是城市集体企业的工资不但低于国营企业职工的工资，而且还低于同行业的地方国营企业职工的工资。

随着经济的发展，工人队伍逐步壮大，企事业单位的管理者替代原资本家成为精英，专业技术人员和高级知识分子的地位和收入仅次于这些精英。工人内部也有分化，其所在单位的所有制性质和产业类型影响其地位和收入，同样都是公有制性质，国有企业的工人地位和收入一般要高于集体企业。由此形成的社会结构为：党政干部、军人、国有企事业单位的职员（干部）在经济地位上占有优势，知识分子或专业技术人员位居中间，为数众多的工人位居下面，工人内部存在差异。城镇职工中还有一些无业人员、贫困人员和被剥夺了政治权利的反动分子等，他们处在当时社会结构的最底层。

二、国民经济调整时期的经济结构与社会结构特征（1958—1968 年）

从中华人民共和国成立到第一个五年计划圆满完成，国家在经济建设上取得了优异的成绩，这给国家管理者以较大的鼓舞，但过后又遇到一定的挫折。在第一个五年计划时期，经济发展主要仿照苏联模式，发展重心在重工业，相对轻视轻工业、手工业和农业的发展，重城市而轻农村。在第一个五年计划完成以后，因经济恢复较快，国家决定加快发展速度，提前进入工业化国家，快速发展经济的要求就在全国范围内铺开，这对当时经济发展和社会结构产生了较大的影响。

（一）经济结构特征

1. 国内生产总值

国民经济发展在此时可分为两个发展阶段（见图 2-4），一个是快速发展阶段，另一个是恢复阶段。在经济快速发展阶段，即 1957—1960 年，国内生产总值以年 10.9% 的速度增长，比第一个五年计划时期的增长速度提高了将近 2 个百分点。1957 年国内生产总值为 1068 亿元，到 1960 年则达到了 1457 亿元。工业上的大量投资和发展带动了劳动力的流动，最终影响了职工的流动和工资待遇。

在 1961—1968 年，国家恢复工业正常生产节奏。在 1963—1965 年，轻、重工业产量每年分别增长 27% 和 17%。到 1965 年，钢、电力、水泥和重型汽车等主要产品的产量是 1957 年的 2 倍多。到 1965 年，国家经济基本恢复正常，整个国民经济呈现较好的发展状态。

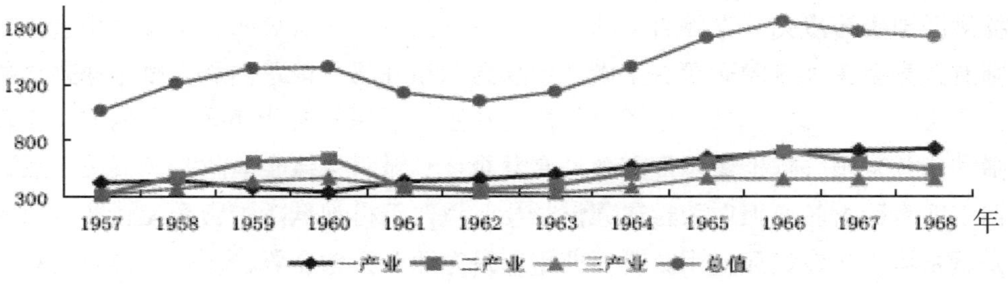

图 2-4 1957—1968 年三大产业的 GDP

2. 产业结构

国内生产总值虽逐年增长，但产业结构却变得更加不平衡，三个产业构成变化如图 2–5 所示。第一产业的总产值占 GDP 的比重不断下降，由 1957 年的 40.3% 下降到 1960 年的 23.4%；绝对值由 1957 年的 430 亿元下降到 1960 年的 340.7 亿元；粮食产量由 1957 年时 1.95 亿吨下降到 1960 年时的 1.44 亿吨。第二产业的总产值占 GDP 的比重则不断上升，由 1957 年的 29.7% 上升到 1960 年的 44.5%；绝对值由 1957 年的 317 亿元上升到 1960 年的 648.2 亿元。从 1960 年到 1965 年，全国 GDP 以平均 3% 的速度增长，这远远低于前期的发展速度（见图 2–6）。第一产业以平均 13% 的速度增长，第二、第三产业是负增长。1960 年第二产业的总产值占 GDP 的 44.5%，其后比值不断下降，最低时为 1962 年的 31.3%。第一产业的总产值在全国 GDP 中却不断升高，1963 年为 40.3%，在整个产业中的重要性再次体现出来。

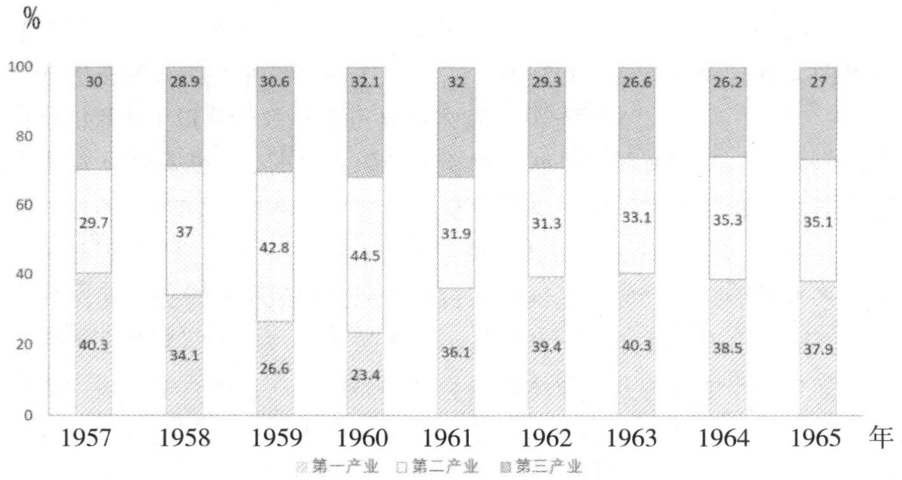

图 2–5 1957—1965 年三大产业占 GDP 的比值

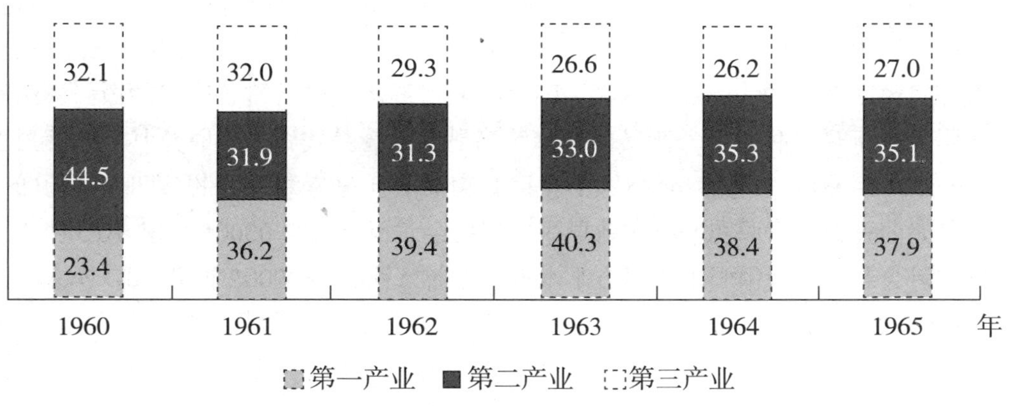

图 2–6 1960—1965 年三大产业的 GDP 占总 GDP 的比值

3. 经济成分

在“一五”期末，国营和合营工业的总产值占工业总产值的比重达到 87.8%，私营工业的总产值占工业总产值的比重为 12.2%。此阶段，城市人民公社除了发展重工业外，还兴办许多服务行业，如以消费为主的轻工业、饮食业、修理服务业、文化教育、卫生和社会福利事业等。这些行业大多是街道企业，被定性为集体企业。自 1960 年 9 月起，国家开始对城市人民公社的工业企业进行整顿，一部分办得比较好的转为城市的区办或街办的集体所有制企业，其他大多数则停办。

（二）社会结构特征

1. 劳动力人数

国家在对城市企业进行整顿的同时，不断要求国有企业精减和限招职工人数，减少城市人口，通过户籍制度把工业经济快速发展期所招用的农村人员精减下来，使其返回农村。

在工业经济追求快速发展的时期，城市许多工厂和企业为了完成高指标的生产任务，在 1958 年和 1959 年，大量招用农村劳动力，城市工人数快速增长。“国家单位的职工人数仅仅在 1958 年就几乎增加了 2100 万人，和 1957 年相比增加了 85%。1959 年和 1960 年另外又增加了 500 万人。1960 年结束时，国家单位就业的最高水平是 5044 万人，是 1957 年数字的两倍多。”1960 年全国城镇职工人数达到 6119 万人，比 1957 年的城镇职工人数增加了 2914 万人，另外还有将近 300 万的家属，具体就业人数的变化参见表 2–2。1959 年 6 月 1 日，中共中央发出紧急指示，要求控制企业职工人数和工资总额，年内减少县以上企业职工人数 800 万 ~ 1000 万人，要裁减新招的女职工，不准私自招工等，3 ~ 5 年内不从农村招收工人，对没有完成精减职工任务的地区暂停全合同工转为正式工人，城市只许减人而不许增人，对于 1958 年 1 月以来参加工作的来自农村的新职工，包括临时工、合同工、学徒和正式工均遣返回农村。1963 年 1 月，中央下令要求在上年已经减少职工 850 万人的基础上，在本年度再减少 600 万人左右，到年底，全国全民所有制职工要控制在 3100 万人左右。

自 1961 年之后，城市就业人数开始逐渐下降，到 1963 年达到就业人数最低点。“截至 1963 年中，城市居民减少 2600 万人，有权靠国家定量配给制度得到谷物的非农业人口减少 2800 万人。”城市就业人员的具体变动值及其占总就业人员中的比重如表 2–2 所示，城镇职工占全国就业人数的比值 1958 年为 19.9%，到 1968 年则为 17.6%。

表 2-2 1958—1968 年城市年末就业人数

年份	就业人员（万人）	城市 / 全国城乡（%）
1958	5300	19.9
1959	5389	20.6
1960	6119	23.6
1961	5336	20.9
1962	4537	17.5
1963	4603	17.3
1964	4828	17.4
1965	5136	17.9
1966	5354	18.0
1967	5446	17.7
1968	5630	17.6

2. 城镇职工流动

国民经济调整期的前一阶段，劳动力流动比较活跃，不但农村劳动力向城市流动，而且女性、无业居民也加入集体生产和社会服务活动中。集体企业的职工大多是国营单位职工的家属或女性，不属于企业的固定工。除此之外，职工在企业之间也进行非正式的流动。例如在哈尔滨，“有些单位还采用提升级别，抬高工资福利待遇等手法诱挖在业工人。……据哈尔滨市最近不完全统计，国营企业、基本建设、装卸部门跳厂的工人达 7000 名之多”。此时全国可利用的剩余劳动力都流向了第二产业。第二产业的就业人数在 1958 年达到全国就业人数的 26.6%，这个比重在改革开放 30 年后才被超过，具体数据变化见表 2-3。第二产业就业人数的激增给国家的财政支出带来了较大的负担。

表 2-3 1957—1966 年各产业就业人数占全部就业人数的比重

年份	占全部就业人数（%）		
	第一产业	第二产业	第三产业
1957	81.2	9.0	9.8
1958	58.2	26.6	15.2
1959	62.2	20.6	17.2
1960	65.7	15.9	18.4
1961	77.2	11.2	11.6
1962	82.1	8.0	9.9
1963	82.5	7.6	9.9
1964	82.2	7.9	9.9
1965	81.6	8.4	10.0
1966	81.5	8.7	9.8

3. 城镇职工的工资

为了完成工业生产目标，部分企业把1956年刚确定下来的工资分配方式转变成按需分配的供给制，主张取消等级工资制、计件和奖励制，恢复半供给制半工资制；在生产中主张精神激励，批判物质鼓励。1958年开始有学者批判职工的工资分配不合理，认为按劳分配原则下的工资制和奖励制是鼓励个人主义思想，不符合当时的生产精神。在这种工资分配的宣传下，许多国有企业纷纷取消了计件工资和奖励制。据统计，1958年实行计件工资制的工人占生产工人的比重由40%下降到14.1%。企业职工的工资都有不同程度的下降，引起了企业职工的不满。到1959年上半年，部分实行半供给制半工资制的企业又改回了工资制。此阶段职工工资是下降的，全民所有制单位职工的平均货币工资在“二五”期间下降了1.4%，实际平均工资下降了1.2%；平均值由1957年的637元下降到1962年的592元。其中，下降最多的是农林水利气象部门，由1957年的501元下降到1962年的392元；下降最少的是机关团体，由1957年的631元下降到1962年的626元。

在国家提出精减职工人数后，职工的工资在经济恢复期又有了提升。经济恢复期，国家对城镇职工开始增加工资，提供生活困难补助。“1963年3月3日，同意给部分职工增加工资。提升40%职工的工资级别，提出一些地区的工资类别，适当调整过分偏低的工人工资标准，适当扩大计件工资的范围。”“从1962年第四季度到1963年第三季度增拨4.5亿元的职工生活困难补助费。从1962年10月到1963年3月，全国得到补助的职工约有650万人，占生活比较困难职工的80%。”1963—1965年，全民所有制单位职工平均工资上升了3.3%，实际工资增长了7.2%。仍以1962年工资为基准，工资绝对额增加最多的产业工人分布在商业、饮食、服务业、物资供销行业，由原来的人均494元增加到1965年的579元；其次是工业，由原来人均652元增加到1965年的729元。

总之，国民经济调整期，国内生产总值、产业结构和职工流动都产生较大变化，此时期职工流动频繁，工资也受到影响发生了较大的变动，在恢复期，整个社会结构又恢复到“一五”计划完成时的状态。

第二节 中华人民共和国成立初期的城镇职工养老保险政策

中华人民共和国成立初期城镇职工养老保险政策的政治基础是社会主义国家，经济基础是公有制为主体，产业状况是以第二产业为主。

一、中国共产党早期的城镇职工养老保障政策（1951年之前）

中国共产党早在1922年8月就制定了《劳动立法原则》《劳动法案大纲》，其中提出工人应有社会保险，并通过法律来保障工人阶级的生活。1925年5月，在广州召开的第二次全国劳动大会通过的《经济斗争的决议案》中，明确提出应实行社会保险制度，在疾病失业年老时能得到救济。1926年5月，在广州召开的第三次全国劳动大会通过的《劳动法案大纲决议案》中，再次重申国家应设立劳动保险，保险费由雇主或国库支出，国家应该设立劳动局，并由工会代表参加，每一次党的劳动大会都会提及职工年老时的救济金或养老金，并明确费用由国家或雇主负责，党把职工的养老问题作为工人福利不可缺少的一部分。

1927年6月，在党的第四次全国劳动大会通过的《经济斗争决议案》中，为了保障工人的生活条件，对不可避免的疾病、死伤、失业、衰老等，实行社会劳动保险，向生产经营者提出养老保障的社会保险要求。大会通过的《产业工人经济斗争决议案》中提出“政府设立劳动保险局，由资本家每月缴纳工资总额3%为基金。此外，政府从预算中拨出若干，以充做工人失业救济及养老金”。“年老残废者，由劳动保险金中发给终身养老金”。1930年《劳动保护法》规定要实行养老保险。

在革命根据地，工农革命政府进行了立足于工人的社会保险立法的尝试。此时的社会保险立法只是作为劳动法中的某些章节出现，并没有独立出来。如中华苏维埃共和国成立后，于1931年12月颁布《中华苏维埃共和国劳动法》，共12章75条，在第10章中有关于社会保险的规定，具体内容为：“雇主每月拨出工资总额的10% ~ 15%作为保险金，为职工生老病死伤残的补助。”“年老、残废（包括因工和非因工）可以领取残废及老弱优恤金。”1933年10月，工农革命政府修改《劳动法》，降低了过高的保险标准，在第10章再次强调“社会保险，对于凡受雇佣的劳动者，不论他在国家企业、合作社企业、私人企业，以及在商店家庭内服务，不问他工作的性质及工作时间的久暂，与付给工资的形式如何均得施及之。各企业各机关各商店及私人雇工，于付给工人职员工资之外，支付全部工资总额5% ~ 20%的数目，交纳给社会保险局，作为社会保险基金；该项百分比例表，由中央劳动部以命令规定之。保险金不得向被保险人征收，亦不得从被保险人的工资内扣除。”雇主被确定为社会养老保险的主要责任主体，任何企业或雇主都应给工人参保，工人自身不用缴费。

1945年抗日战争胜利后，毛泽东在中国共产党第七次全国代表大会上所作的《论联合政府》中提出：“在新民主主义的国家制度下，将采取调节劳资间利害关系的政策。一方面，保护工人利益，根据情况的不同，实行8小时到10小时的工作制以及适当的失业救济和社会保险，保障工会的权利。”

1948年1月，中国共产党在哈尔滨召开了第六次全国劳动大会，通过了《关于职工运动当前任务的决议》，提出在工厂集中的城市或条件具备的地方，可以创办劳动者的社会保险。1948年12月颁布的《东北公营企业战时暂行劳动保险条例》和《东北公营企业战时暂行劳动保险条例试行细则》，规定在国营和公有企业中实行社会养老保险，但此规定当时不适用于企业中实行供给制的人员，具体内容见表 2-4。当时规定企业要缴纳工资支出总额的 3% 作为劳动保险金，对有一定工龄的老年工人应给予其生活补助金。生活补助金依据退休年龄、工龄和本企业工龄三个标准来核定，60 岁、工龄 25 年及以上、年迈尚能参加工作者，每月支付工资 10% ~ 20% 的补助金，年迈力衰不能工作的退职者，每月支付工资 30% ~ 60%。特殊工种是指下井之矿工、有害身体健康之化学工人，男性退休年龄为 55 岁，20 年及以上工龄；女性退休年龄为 50 岁，20 年及以上工龄。若职工没有加入工会，工伤保险无差别，但疾病、养老、死亡、丧葬、生育儿女等补助金则是加入工会者的一半。职工享受劳动保险基金要被工会批准，企业内部基金的使用受工会的监督。在基金管理职责方面，《东北保险条例》规定，劳动保险基金的 30% 由政府指定银行管理，70% 由企业负责。各企业均须设立由行政人员与工会共同组成的劳动保险委员会，决定劳动保险基金的支付项目和管理办法，劳动保险的工作由工会劳动保护部承担。各企业职工须设立劳动保险基金审核委员会，每月对劳动保险基金的收支账目审查一次并公布审查结果。各产业总工会劳动保护部有调剂使用各企业劳动保险基金的权力，有提出所属各企业剩余基金举办该产业职工集体劳动保险事业的权力，有审查所属企业劳动保险基金收支报告的职责。此条例中有关养老保险待遇的构成和基金管理办法与中华人民共和国成立后的劳动保险基金管理内容非常相似，因此，此条例可谓中华人民共和国成立后城镇职工养老保险政策的建设基础。

表 2-4 解放战争时期东北各类型企业养老的政策规定

公司类型		公营一	公营二（铁路）	私营	外资私营一（烟草）	外资私营二（煤矿）
老年补助金	退休条件	无规定	60 岁或工龄 40 年强制退休；55 岁工龄 15 年、45 岁工龄 25 年有条件退休	无规定	56 岁工龄 25 年	以工种确定退休年龄：井下工 55 岁，井上工 60 岁
	待遇标准	无规定	工龄满 10 年月工资 25%；工龄超 10 年每满一年增 2.5%，最终增至 100%	无规定	不超过一年工资的福利金	以服务时间确定退职金的高低；低级工 5 年工龄为起点，高级工 10 年工龄为起点；退职金的高低由工龄和人员类别来共同确定
	死后待遇	无规定	死亡后有一定额度的抚恤金	无规定	无	无

续表

公司类型		公营一	公营二（铁路）	私营	外资私营一（烟草）	外资私营二（煤矿）
因公残废	待遇标准	以有无过失确定领取抚恤金时间长短	无过失，终生有养老金	无规定	不超过一年工资的抚恤金	以服务时间确定退职金的高低；低级工 5 年工龄为起点，高级工 10 年工龄为起点；退职金的高低由工龄和人员类别高低来共同确定
	其他待遇	参加商业保险				
非因公残废	待遇标准	参加商业保险	由服务期确定退职金	无规定	不超过一年工资的抚恤金	以服务时间确定解雇金的高低；低级工 5 年工龄为起点，高级工 10 年工龄为起点；退职金的高低由工龄和人员类别来共同确定。工人无规定

表 2–4 是解放战争时期东北一些主要类型企业的养老政策内容，由表 2–4 中可知，企业类型、职工工龄是影响养老金待遇高低的重要因素；退休分自请（自己自愿申请）和强制两个类别；铁路公营企业的养老保险补助金的待遇高于其他公营和外资企业；外资企业的养老补助金规定相对详细具体，待遇水平好于私营企业。

公营的铁路系统对老年补助金制定了明确的标准，退休待遇高低主要受年龄和工龄影响。除铁路之外，公营的矿山、军需、纺织、邮电和电业等行业系统的养老保险政策规定是一样的，这些行业系统的养老保险政策影响了后来全国行业系统的养老保险。

1949 年 9 月，毛泽东提出要在全国推行劳动保险，他指出："全国解放了，农民分得了土地，享受到了革命胜利的果实。现在我们进城了，企业职工生活有困难怎么办？马上提高工资没有条件，当前主要任务是恢复生产，但是职工的生老病死、伤残问题还是可以解决或减轻的吧！东北地区实行劳动保险的效果很好，全国也可以实行。"在《共同纲领》第 32 条中提出要逐步实行劳动保险制度。养老保险在此时的治理理念是覆盖城镇企业职工，农民因有土地保障从而不在养老保险的覆盖范围内。

二、社会主义改造时期的社会养老保险政策（1951—1957 年）

中央人民政府劳动部与中华全国总工会共同起草了《中华人民共和国劳动保险条例》（以下简称《劳动保险条例》），并于 1951 年 2 月 26 日由政务院正式颁布。该条例是中华人民共和国成立后最早的一部社会保障法规，此条例可谓我国城镇职工养老保险政策正式建立的标志性文件。

（一）覆盖范围

《劳动保险条例》确定了城市企业职工为保障对象，机关事业单位的职工和农民不在覆盖范围内。农民没有被条例覆盖有两个原因。第一，农民的社会养老保险在全世界范围内都出现得比较晚。国民党政府统治时期的社会养老保险政策学习的是西方企业职工的养老保险，对农民的社会养老保险政策没有提到，中华人民共和国成立后也就缺少这方面的资料可以参考。第二，农民在革命中获得土地，通过土地和家庭就可以获得养老保障，故“无论是当时的中央政府还是工人都把《劳动保险条例》比作农民在土改时分得的土地，即中华人民共和国成立后，土改让农民得到了土地，有了生活保障。城镇职工应该得到劳动保险。”

机关事业单位的职工没被条例纳入城镇职工养老保险政策的覆盖范围，原因是机关事业单位的工资分配方式与企业不同。1950 年机关事业单位职工的工资主要是供给制，而条例规定的养老保险政策是立足于工资制。1955 年颁布的《国家机关工作人员退休处理暂行办法》和《国务院国家机关工作人员退职处理暂行办法》确定了机关事业单位职工的退休政策，之所以不执行企业的保险条例而出台不同的暂行办法是由于在工龄核算和工资标准上，国家机关工作人员与企业存在差异。各民主党派、各人民团体和国家机关所属的事业费开支的单位，执行与机关事业单位工作人员相同的退休政策，自此城镇职工养老保障政策就被分为两类，一类为企业职工的养老保险政策，另一类为机关事业的保障政策。

在进行社会主义改造完成之前，企业性质是多种经济成分并存。针对此种情况，条例的适用范围当时仅为有经济实力的企业，即雇用工人与职员人数在 100 人以上的国营、公私合营、私营及合作社经营的工厂、矿场及其附属单位与业务管理机构。对于一些中华人民共和国成立前就实行职工养老保险的行业如铁路、航运和邮电等，开始实施条例规定的养老保险政策。

随着城市公有性制的企业比重不断增加，1953 年 1 月 2 日，政务院进一步扩大了《劳动保险条例》的适用范围。除原已实行养老保险的铁路、邮电、航运及有职工 100 人以上的工厂、矿场外，工矿、交通事业的基本建设单位和国营建筑公司也要为其职工建立养老保险。对于暂不实行《劳动保险条例》的企业，其职工的养老保险待遇采取由行政或资方与工会组织双方根据《劳动保险条例》的原则与本企业的实际情况进行协商，通过签订集体劳动合同的办法解决。1956 年，城镇职工养老保险政策的覆盖范围又进一步扩大到商业、外贸、粮食、供销合作、金融、民航、石油、地质、水产、国营农牧场、造林等产业和部门。

（二）责任主体

《劳动保险条例》中规定养老保险基金来源于企业，职工不用缴纳。资方缴纳企业职工工资总额的3%。开始实行劳动保险的头两个月，企业缴纳的劳动保险金全归中华全国总工会。自第三个月起，所缴纳费用中的70%留在工会基层委员会，形成劳动保险基金，用于支付抚恤金、补助费和救济费。30%存入中华全国总工会，作为劳动保险总基金，其中一部分用于兴办集体劳动保险事业，如疗养院、休养所、养老院、孤儿保育院、残废院等。条例规定养老保险适用于企业，没有公私之分。在经过社会主义改造后，企业几乎全部为公有制和集体制，国有和集体企业的职工受国家集中管理，此时的城镇职工养老保险后被称为国家—企业的职工养老保险。

（三）待遇标准

《劳动保险条例》中有关职工养老保险的待遇在实施过程中进行了多次调整。在待遇支付上，除对符合退休养老条件每月发给退休金或一次性退职金外，还有一些特殊的政策。例如，对于被企业留用的人员，除照发工资外，还由劳动保险基金支付退职养老补助费和在职养老补助费。在职养老补助费在1958年被取消。1953年1月26日，政务院颁布了《劳动保险条例实施细则修正草案》，城镇职工养老保险待遇标准由原规定付给本人工资35% ~ 60%的标准调整为针对工龄已满15年及以上者付给本人工资的70%。

城镇企业退休职工除拥有养老金外，还附带其他待遇。例如，退休人员享有免费的医疗待遇和家庭经济照顾，即退休人员的家属也在保障范围内。1956年1月，劳动部发出了《关于年老体衰职工以其子女代替工作问题复轻工业部的函》，提出企业劳动力不足，按规定手续经批准从社会招用工人和职员时，可适当吸收退休后生活确有困难的职工子女参加工作，但不作为一项明确的政策规定。同年7月，劳动部又发出《关于企业单位招用职工家属问题的通知》，提出经批准从社会上招收人员的单位，可以吸收本单位适合工作要求条件的职工家属或有供养关系的家属。劳动者进入了实行《劳动保险条例》的企业，除自身有养老保障外，家庭成员的工作权利和福利也有相应的保障。

（四）管理机构

在组织机构上，企业按规定建立劳动保险组织并制定管理办法。劳动部、全国总工会、各级工会和各级劳动部门均为劳动保险事务的管理机构。在具体分工上，企业工会基层委员留用的劳动保险基金，每月结算一次，余额转入省、市工会组织或产业工会委员作为劳动保险调剂金；留用基金不足开支时，向上级工会组织申请调剂。省、市工会组织或产业工会委员会掌管的劳动保险调剂金，用于补助其他所属各基层工会组织开支的不足和兴办集体劳动保险事业，每年结算一次，余额上缴中华全国总工会；不足开支时则向中华全国总工会申请调剂。在中华全国总工会的调控下，劳保基金可以在不同级次的工会组织之间流动，具有风险共担、社会统筹的特点。这应该是社会保险全国统筹最早的举措。

三、国民经济调整时期的社会养老保险政策（1958—1968年）

（一）覆盖范围

国民经济调整时期，社会养老保险的覆盖范围不断扩大，首先是民族资产阶级，其次是集体企业的职工，最后是一些有特殊情况的人员。1956年，在全国劳工联合会上，周恩来总理提出养老保险的实施范围应该包括城市所有用人单位的职工，包括学校和人民团体。1960—1963年，中共中央连续发文，对资产阶级工商业者及其子女等群体退休或子女顶替工作做出规定，允许他们仿照国有企业职工的办法执行，允许其子女顶替本人工作，本人办理退休。1965年8月，国务院发布了《关于地、富、反、坏分子能否享受退休、退职待遇问题的批复》，对于没有戴帽子的地、富、反、坏分子，如果符合退休、退职条件的，可以做退休退职处理。1966年4月，当时负责集体经济事业的第二轻工业部和全国手工业合作总社，联合发布了《关于轻、手工业集体所有制企业职工、社员退休统筹暂行办法》《关于轻、手工业集体所有制企业职工、社员退休处理暂时办法》，对部分集体企业职工的养老保险做了具体的规定。

1965年底，城镇职工养老保险覆盖了国有、公私联营、集体、合作社等企业及其职工，与之前存在的不同是城镇企业职工养老保险政策不再以政治身份作为能否参保的重要条件，企业退休职工的待遇实现了统一。

（二）待遇标准

在企业职工参保不断统一的背景下，国务院开始统一机关事业单位职工与企业职工的待遇标准。1958年3月7日，国务院颁布了《关于工人、职员退休处理的暂行规定实施细则（草案）》和《关于工人、职员退职处理的暂行规定》。这两个文件首先统一了城镇职工的退休年龄、工龄和待遇标准。其次，调整了工人、职员的退休、退职条件和待遇，适当放宽了退休条件，将原规定的一般工龄由男25年女20年调整为男20年女15年。建立了因工、因病或非因工完全丧失劳动能力的退休办法，规定达到退休年龄应及时退出工作岗位；对不符合退休条件，因体弱多病不能工作的职工实行退职政策，统一了退职条件和退职费标准。另外，对退职者，其家庭生活有依靠者将发给退职补助费，家庭生活无依靠者由当地民政部门按月发给相当于本人原标准工资40%的救济费。最后，增加了对有特殊贡献职工的优待，取消了《劳动保险条例》中在职养老补助费的规定。当然也有例外，当时的手工业生产合作社、运输合作社、未定息的公私合营企业、民办学校、联合诊所以及其他不是由国家经费开支的事业单位的工人、职员则不执行新颁布的退休办法。

1958—1963年，国家对一小批情况特殊的老干部制定了待遇优厚的退休政策，被称为离职休养政策，简称离休。这批老干部一般是指第二次国内革命战争期间以及在此以前参加革命工作的老同志，现在做县委部长以下的工作，思想作风较好，但因年老体衰担负实际工作确有困难，执行离职休养的政策。后来，此政策又覆盖到处于同样情况的中央级机关正副部长和省委书记、候补书记一级领导干部。这一群体是享受最高养老保险待遇的群体。

除老干部外，国务院对此时期精减下放的老弱残职工生活安置做出规定，要求符合退休条件的可以做退休安置，不符合退休条件的做退职处理。对于 1945 年 8 月底以前参加革命而受公伤的干部和相当于副教授以上的高级知识分子，因年老、体弱不能工作又不宜做退休退职处理的列为编外，按照《国家机关工作人员病假期间生活待遇试行办法》的规定发给工资福利待遇。对于精减下来回乡、下乡的职工凡 1957 年底以前参加工作的应按规定发给退职补助费，对原来生活在城市自愿下乡落户的职工和因工部分丧失劳动能力、原来享受因工残疾补助费的回乡回家职工，除发给生产补助费或退职补助费外，另酌情一次加发 1 ～ 3 个月本人标准工资的安家补助费。养老待遇政策的调整对当时推行精减城镇职工 2000 万人的目标提供了支撑。此时，政府确立了集体所有制职工的退休基金在全市或全县进行统筹的政策。

（三）管理机构

1966 年以前，实行养老保障的单位从中央到地方及至基层均有比较健全的劳动保险管理机构，配有专兼职干部。全国总工会负责制定和颁布相应的管理制度，如 1960 年全国总工会制定了《关于享受长期劳动保险待遇的异地支付试行办法》，1963 年发布了《全国总工会关于享受长期劳动保险待遇的移地支付暂行办法》，针对异地居住的退休职工的待遇发放问题规定了相应的管理办法，从而减轻了基层支付成本和负担，减少了支付差错。

1966 年劳动保险管理机构发生变化。有些地方的工会组织被迫停止活动，劳动部门的行政管理权被削弱，管理国家机关工作人员生活保障业务的内务部被撤销。由于当时政府管理机构处于混乱状态，许多单位内的劳保福利政策不能正确地被贯彻执行，于是用人单位内的管理者任意放宽享受条件，提高养老待遇标准。管理机构不健全和人员的调离，导致职工享受相应保障的档案资料被丢失的现象增多，基础台账也变得残缺不全。用人单位的劳动保险和社会福利曾被当时革命生产委员会管理，后又被军队接管。管理机构不再是专人管理，而由临时组织接管，养老保险或退休管理此时处于非正常状态。

1958—1968 年，养老保险政策的覆盖范围在企业中不断扩大，机关事业单位职工与企业职工的待遇标准实现了统一，同时兼顾特殊人员，管理机构进行责任分工但后又遭到削弱。

第三节 中华人民共和国成立初期的社会养老保险的实施情况

中华人民共和国成立后，国家一方面颁布了劳动保险用以解决城镇职工的养老问题，另一方面，在面对严峻的经济状况和国际形势时，政策落实受到了多种因素制约，最终出现政策实施结果与预期目标的偏离。

一、社会主义改造时期的养老保险政策实施情况（1951—1957 年）

自 1951 年起，国家相继颁布和修订了城镇企业职工的养老保险政策，下面将对政策的实施情况进行论述。

（一）确定覆盖范围

养老保险政策的覆盖范围最先为百人以上的国营、公私合营、私营及合作社经营的工厂、矿场及其附属单位与业务管理机关。据国家统计局的数据显示，1951 年有 3927 个企业实行了城镇企业职工养老保险，1952 年增加到 4862 个，1953 年为 5145 个。参保人数也有相应增加，1952 年全国参保职工为 302 万人，连同他们的供养直系亲属在内，有 1000 万人左右。这 302 万人大部分为国有企业职工，占当时所有国有单位职工总数的 60.7%，占全部城市国有企业就业人数的 19%，占全部城市就业人数的 18.84%。1953 年 3 月底，全国参保职工人数达到 420 万人。1956 年，全国参保职工人数达到 1600 万人，其中国有企业的参保人数为 741 万人，占总参保职工人数的 46.3%，其他则为非国有企业的参保职工。从表 2-5 中可以看出，参保人数逐年增加的特征，国有企业职工的参保比率不断上升。

1949—1965 年，国有单位中养老保险政策具体覆盖范围人数的变化如表 2-5 所示。

表 2-5 1949—1965 年国有单位劳动保险条例的实施情况

年份	覆盖的职工人数（百万）	覆盖的职工人数和家庭人数（百万）	产业工人总人数（百万）	职工总人数（百万）	工会会员人数（百万）	劳动保险条例覆盖工人总数占（100）		
						产业工人	全部职工	所有工会会员
1949	0.6	—	3.004	8.004	2.737 或 2.8	20	7.5	25.3（21.4）
1950	0.63 或 0.80 或 1.4	1.5	—	10.239	5.17	—	6.2	12.2
1951	2.363 或 2.6	—	—	12.825	7.297 或 6.13	—	18.4	32.4
1952	3.0 或 3.207 或 3.3	10	4.939	15.804	10.2 或 7.3 或 8.5	60.7	19	29.4
1953	4.63 或 4.8 或 4.83	—	6.188	18.256	12.229	74.8	25.4	37.9

续表

年份	覆盖的职工人数（百万）	覆盖的职工人数和家庭人数（百万）	产业工人总人数（百万）	职工总人数（百万）	工会会员人数（百万）	劳动保险条例覆盖工人总数占（100）		
						产业工人	全部职工	所有工会会员
1955	5.7 或 5.71	约 13 或 15.7	6.477	19.076	12.5	88	29.9	45.6
1956	7.41 或 7.417	—	8.626	24.23	13.72	85.9	30.6	54
1957	11.5	—	9.008	24.506	16.3	127.7	46.9	70.6
1958	9,13 或 77,13.779	约 30	25.623	45.323,32	17.4	35.12（53.8）	19.9（30.4 或 43）	51.7（79.1）
1960	9	20	—	—	—	—	—	—
1965	20	—	—	—	20.8	—	—	96.2

注：“—”代表没有找到相关的数据。有些年份数据有多个是因为公布数据的年份不同、统计的单位不同而造成的，仅供对比和参考。

1951—1957 年，虽然劳动保险的覆盖人数不断增长，但与职工总人数的比值仍较低。甚至到 1956 年社会主义改造完成，能够享受到劳动保险福利待遇的人仍只占全部产业工人的 1/3。虽然政策覆盖范围不断扩大，但在实际实施中，此政策并没有得到所有企业和工人的支持。

条例执行细则中规定，对于《劳动保险条例》适用范围内的企业，因经济特殊困难、不易维持或尚未正式开工营业者，经企业行政方面或资方与工会基层委员会双方协商同意，并报请当地人民政府劳动行政机关批准后，可暂缓实行劳动保险条例。当时一些地方企业曾向当地政府申请推迟实施劳动保险条例，他们认为此条例是国家试图加强对他们企业的控制，从而不利于他们自身的独立，因此以困难为由暂缓执行条例的地方企业占有相当比重。铁路、矿山、军需、纺织、邮电、电业等国营企业及其附属单位则很认真地落实了《劳动保险条例》，他们本人和家属属于最早享受中华人民共和国养老保险待遇的一批人。

国家提出对于不适用《劳动保险条例》的企业可通过订立集体合同建立符合自身的养老规定，集体合同中有关养老保险的内容虽可自行确定，但不能超出《劳动保险条例》所规定的标准。在实施过程中，只有少数企业订立了集体合同。国营单位一般实行养老保险。在经过社会主义改造后转换成国营企业的职工都应在覆盖范围内，但实际执行得并不好。例如，北京市通州区张家湾铁业社转为张家湾农具修配厂以后，以当时低于地方国营企业标准的原则制定了职工的劳动工资和劳保福利，转厂前社员仅享有医药费和困难补助费，转厂后并没有完全实施国营企业的劳动保障待遇，职工只有疾病、工伤和生育福利待遇，没有其他。无论企业经营是否真有困难，集体劳动合同中是否真正涉及职工养老保险，改造后的非国营企业并非完全根据规定执行养老保险政策，其中一个重要原因就是企业还无法承受职工养老保险这部分支出，特别是在经济发展状况不稳定的情况下。

（二）建立待遇标准

1. 退休待遇标准

社会养老保险政策颁布后，随着职工人数和工资不断增长，退休人数也有变化。1952 年全国退休人员约有 2 万人，到 1956 年约有 6.3 万人，这些人数占当时在职职工总人数的 0.1%、0.2%。劳动保险基金的收入也不断上升，支出在有升有降中也呈现不断上升的特征，具体的数据参见表 2–6。

表 2–6 1951—1959 年劳动保险财政状况

单位：百万元

年份	劳保基金收入	国家用在工人福利上的支出（包括保险和医疗费用）	国家用在特别福利和退休费用上的支出
1951	—	80	62.69
1952	65.938	—	208.5
1953	92.313	—	278.1
1954	120	—	198.02
1955	—	500	213.97
1956	—	—	191.64
1957	—	2700	—
1958	—	100	—
1959	—	116	—

注：“—”代表没有找到相关的数据。

首先，随着国家退休人员的不断增多，养老保险支出费用应呈现不断上升的特征，但为什么在实际支出中有升有降呢？这同企业执行养老保险政策的状况有关。《劳动保险条例》颁布以后，职工退休并不是强制性的，企业可以根据需要继续留用本该退休的职工，并发给其养老补助金。依据表 2–6 的规定，职工退休是有条件的，达不到就只能办理退职，退职待遇远远低于退休金。于是一些企业的职工即便到了退休年龄也不愿意办理退休，企业不得不出台多种措施来动员他们退休。以天津丹华火柴厂为例，创建于 1910 年，因此老年职工较多。在工厂里工作了 30 ~ 40 年，年龄在 60 ~ 70 岁以上的就有几十人，白铁工于恩荣今年已 75 岁了，自建厂的第二年进厂后，一直工作到现在。对于这些老职工，厂里经常为他们担心，曾几次动员他们退休养老。但是经过一年多，只有四个职工退休，进展相当缓慢。

其次，劳动保险待遇的支付标准是以工人的实际需要与最低生活保障来确定的，以尽可能做到保护雇用劳动者的身体健康，并减轻其生活中的特殊困难为目的，以实现保基本并按需再分配。《劳动保险条例》规定的待遇标准为职工退休前工资的35% ~ 60%，退休职工的社会养老保险费用并不是很高。对于职工退休并没有做强制性规定，有些职工在达到退休年龄后还可以继续留用，并加发养老补助金。《关于工人、职员退休处理的替行规定（草案）》明确规定继续留用的符合退休条件的职工可加发养老补助费，此规定带来的影响就是企业职工在企业不需要时个人也不愿意退休。

此外，企业职工到了退休年龄仍不愿意退休是担心退休后就失去了一切保障。如有的认为这一规定（退休）是把年老职工推出不管；有的认为退休金的标准太低，应按工资的百分之百发放。

由于国家财力有限，政府无法把退休人员的待遇标准定得太高，再加上当时一个家庭中从业人员少，子女多，家庭负担重，多种因素结合在一起从而使企业职工按政策规定正常退休的人数并不多。1956 年周恩来在人民代表大会上就提出工人的福利待遇标准太高，导致当时许多地方的企业难以执行，提出应根据企业的实际经营情况进行调整。1957 年全国开展了有关职工福利待遇问题的大讨论，其中就包括养老保险。

2. 退休待遇差距

从政策规定来看，退休人员的待遇差距主要表现为工人和干部身份的差距和工人内部的差距。

我们来看企业职工和机关干部的退休、退职条件和待遇标准。

表 2-7 对 1951—1957 年用人单位养老保险待遇规定作了总结。通过比较可以看出，在退休待遇的标准上，企业职工的待遇标准是低的。从 1956 年的工资体制来看，机关事业单位实行的是职务工资。除国家主席、总理、最高人民法院院长和最高人民检察院检察长、中央各部部长外，机关的干部、军队的军官、大型国有企事业单位的管理人员和专业技术人员的工资月薪在 360 元（一类地区）或 468 元（十一类地区）至 96 元（一类地区）或 125 元（十一类地区）之间，企业工人和低级的专业技术人员的工资在 68 元（一类地区）或 89 元（十一类地区）至 24 元（一类地区）或 31 元（十一类地区）之间。当时，一般干部的最高级别工资分别是工人最低级别工资的 4.7 倍，而一般干部的最低级别工资分别是工人最低级别工资的 4 倍。虽然女干部的退休年龄要延长 5 年，但工人退休时对工龄的要求长、条件相对严格。在 1956 年的工资标准中，当时全国最高工资是月薪 560 元，最低的只有 20 元，相差 27 倍，因养老保险待遇依据本人退休前的工资作为计算标准，不同级别的退休人员其退休待遇就存在较大差距。

表 2-7 1951—1957 年用人单位养老保险待遇规定

	政策	《劳动保险条例》（1951 年）（1953 年）	《国家机关工作人员退休处理暂行办法》（1955 年）
正常退休	年龄	（1）一般企业　男：60 岁；女：50 岁； （2）井下矿工或低温（低于 32 华氏度）或高温（高于 100 华氏度）　男：55 岁；女：45 岁，工龄为一般企业的 1.3 倍	男：60 岁；女：55 岁
	工龄	25 年，本企业工龄：5 年	15 年
	待遇	养老补助费： （1）5 年≤本企业工龄＜10 年，本人工资的 50%； （2）10 年≤本企业工龄＜15 年，本人工资的 60%； （3）15 年≤本企业工龄，本人工资的 70%	退休金： （1）5 年≤工龄＜10 年，本人工资的 50%； （2）10 年≤工龄＜15 年，本人工资的 60%； （3）15 年≤工龄，本人工资的 70%
因残退休	标准	因工致残完全丧失劳动能力不能工作	因劳致疾或因公残疾丧失劳动能力
	待遇	工残疾抚恤费： （1）饮食起居不需要扶助者：本人工资的 60%； （2）饮食起居需要扶助者：本人工资的 75%	退休金： （1）10 年≤工龄＜15 年，本人工资的 70%； （2）15 年≤工龄，本人工资的 80%
退职	条件	身体衰弱不能工作而不合乎养老条件者	（1）年老或者病弱不能继续工作，又不符合退休条件的； （2）自愿退职的； （3）不适宜现职工作，又不愿接受其他工作的
	标准与待遇	（1）年龄：男≥ 50 岁或女≥ 45 岁；工龄：10 年≤本企业工龄；退职金 10 年＝6 个月原工资，每满 1 年，增发原工资半个月，但总额不得超过原工资 12 个月； （2）年龄：男＜ 50 岁或女＜ 40 岁；工龄：本企业工龄＜ 10 年；退职金 10 年＝5 个月原工资，每满 1 年，增发原工资半个月，但总额不得超过原工资 12 个月； （3）工龄：2 年≤本企业工龄＜ 10 年；退职金：2 年＝2 个月原工资，每满 1 年，增发原工资月收的 1/3，但总额不得超过原工资 12 个月	（1）工龄≤ 5 年，除了发给本人一个月的工资外，每满一年加发本人一个月的工资； （2）工龄≤ 10 年，退职金除按（1）项的规定发给外，从第 6 年起，每满一年加发本人一个半月的工资； （3）10 年＜工龄，退职金除分别按（1）、（2）两项的规定发给外，从第 11 年起，每满一年加发本人两个半月的工资

注：（1）机关事业单位中对革命有重大功绩或长期从事科技文教工作并对社会有特殊贡献的职工退休费可酌情提高。

（2）工龄一般是指工人职员以工资收入为生活资料之全部或主要来源的被雇用的年限。本企业工龄应以工人与职员在本企业中连续工作的年限计算。若是领导机关或资方调派所发生的工作变动，变动前后的企业工龄是可以合并计算。若中间有离职，则从最后一次在本企业工作之日起算起。若被派出学习，其学习期间及调派前后的本企业工龄应连续计算。若企业转让、改组或合并，原有的工人与职员仍留企业工作者，其转让、改组或合并前后的本企业工龄应连续计算。

另外，正如前文所述，同样的工人，因产业性质、企业类别、企业所在地区、劳动条件、工资形式以及工人的技术熟练程度等不同，其工资级别是不同的。当时工资级别一旦确定，较长时间内都不会有变动。在这种工资制度下，尽管养老保险政策规定：凡在实行劳动保险各企业内工作的工人与职员（包括学徒）不分民族、年龄、性别和国籍，均适用条例的规定，但在同一个企业内，工人与职员因身份有别而在养老保险待遇上存在差别。如最早在开滦煤矿中，中高级职员就比工人、低级职员的工资和养老待遇要高。当时开滦煤矿是一个外资企业，工人与职员都参保，但参保水平和待遇水平是不同的。另外，企业高龄人员在年老体衰时可能会调动到工作级别更低的岗位上，工资就会降低。这些因素都影响职工的退休行为，产生退休待遇的差距。

《劳动保险条例》对养老保险待遇做了比较详细的规定，但实际落实中，工人并不容易获得这些待遇。工人的户口、所在单位的性质、岗位性质、职工身份、社会身份、工龄、工作成绩和政治态度等因素都可能影响养老保险待遇。例如，1951—1957 年，规模相对小的国营企业、私营企业、集体企业的职工就享受不到《劳动保险条例》所规定的待遇。当时有资格享受劳动保险待遇的职工在获得待遇资格时，必须对其工龄、家庭出身、工作历史、政治态度等方面进行严格的审查，有时这些审查会公开进行，并进行公示。被保险人申请相应的待遇时会产生惭愧或犯罪感，因为追求物质待遇是不被提倡的，那是功利主义的表现。同样，若不努力投入生产、提前退休将更可能被指责。在此情况下，许多需要退休的人一方面可能因为条件不具备不能退休，另一方面相对严格的公开审查也让其不敢退休。许多工人甚至自愿放弃自己所应得的保险待遇，有的甚至只领取自己一部分工资。尽管劳动保险政策的覆盖范围在不断扩大，工人的退休费用却在减少。

（三）明确了管理机构

1. 工会的管理

《劳动保险条例》在 1952 年 3 月生效，企业工会开始执行此政策，5 月就有相应费用的支出。1952—1953 年，劳动保险工作归劳动部门管理。1954 年开始，国家决定劳动保险政策和业务不再由劳动部负责，转由全国总工会负责。工会独立行使权力，这样可以不必受政府组织的制约，能代表工人利益同资方谈判，从而更好地保护工人的利益，但由工会负责的决定并没有持续太久。

1955 年，社会养老保险的管理氛围发生了变化，工会因不关心工人的福利而遭受指责和批评，负责此方面的干部被批评有官僚主义作风，导致一些不满意的工人发动抗议活动。工人发出抗议的主要原因是他们工作单位的劳动保险政策执行得不好，以及负责此方面的干部在管理方面出现了不恰当的行为。同年，企业开始成立工人代表大会，目的让企业和工会更好地了解工人的福利要求，解决工人所遇到的问题。

为了减少工人的抗议，保持社会的稳定，基层工会不得不提高工人的待遇水平，由此导致劳动保险费用快速扩张，随着时间的积累，保险待遇支出超出了当时经济的承受能力。1955—1957 年，劳动保险成本快速上升，实际的支出经常是计划的 2 倍，这一方面是由于职工人数的增加，另一方面则是任意解释待遇标准，从而导致成本快速上升。当时有官员提出企业的保险水平应根据企业的需要和承受能力进行缴纳，应把保险基金作为生产成本以保证其更加明确有效地使用，工人家属的福利待遇不应出自劳动保险基金，而应由社会其他资源或渠道来替代，从而保障他们的生活。在当时经济发展态势和政治氛围下，这些建议并没有被采纳。1957 年，国家决定加强对基层工会和工人代表大会的管理。当时有工人提出应对工会的管理进行限制，工会在工人劳动保险中的作用从此被弱化。

2. 管理机构的失序

《劳动保险条例》的实施范围限制在百人以上规模的企业，当时劳动部部长李立三解释为当时国家经济状况并不好。从政策实施层面，政府不但缺乏相应的管理人才，小企业内部的管理组织也不健全，此规定在当时是务实的。在实施区域上，《劳动保险条例》只在经济比较发达的城市得到落实，在偏远的城市地区没有立即执行，这也同当地政治环境有关。

在实际执行过程中，一些企业的工人的退休工作比较混乱。例如，很多工厂企业目前只有干部的档案材料，而工人的卡片记录很不完整，有的厂矿甚至没有工人卡片记录，以致需要资料时只好现找，往往影响工作的进行。当企业工人提出退休时，企业的管理者或负责人因缺乏办理退休的相关材料而无法马上批准，这反过来影响了职工办理退休。

1951—1957 年，养老保险政策在实施过程中呈现四个特征：第一，成本不断增加；第二，工会管理比较被动；第三，养老保险待遇支付工作有待完善；第四，通过工人的保险项目增强了国有单位对人才的吸引力，促进私营企业转制为公有性质的单位。

二、国民经济调整时期的养老保险的实施情况（1958—1968 年）

养老保险的实施情况与社会经济的发展是紧密联系的，在 1958—1968 年也不例外。经济发展经历了快速发展期、短暂恢复期，养老保险也经历了同样的变化过程。在养老保险政策规定上，国家不断地扩展覆盖范围，几乎把城市的所有职工都包括进来，并且放宽退休条件、提高待遇水平。由于受当时环境影响，政策规定与落实效果存在一些差距。

（一）参保实现全覆盖

在工业经济经历了两年的快速发展后，国家经济进入了困难时期，不得不改变发展策略。在劳动保险方面，国家一方面压缩城镇职工的人数，连续几年要求用人单位限制招人、精减职工；另一方面要求增加对现有职工的物质激励。此时养老保险的执行理念是通过增加支出显示出国家对工人和职员福利的关心。这些福利政策或措施增强了国家与工人阶级团结的纽带，激发了工人的工作热情。若全国经济持续增长，劳动保险待遇应是不断提高的。在经济的恢复期，虽然劳动保险政策规定的范围没有发生变化，参保人数却有较大的突破，如在 1960 年参保人数为 900 万人，到 1965 年就达到了 2000 万人。

1960 年之前，手工业合作社的职工是不在劳动保险的覆盖范围内。从 1961 年起，手工业合作社的社员可以享受一定福利，福利的费用则由合作社和社员分半承担，并由合作社管理层自行管理，地方政府负责领导和监督。

（二）责任主体不确定

养老保险基金的缴费主体是企业，但在工业经济快速发展期和恢复期，缴费主体则变得不确定起来。

首先，在工业经济快速发展期，国家并没有对劳动保险基金的统筹方式进行修订，但却有证据显示，有些地方的企业向工会不缴或少缴劳动保险费用，中间差额由工人从自己工资里支出。工人第一次要为自己的劳保费用支出成本。……在 20 世纪 50 年代后期，洛阳第一拖拉机厂的医疗费、退休金和其他福利支出主要来自工人工资的 1.5% 到 3%。……同样的情况也发生在顺德螺丝厂，在那里，工人们要支付他们工资的 5% 作为劳保基金。在费用统筹上，政策的规定和实际的实施出现出入是当时政治因素造成的，一方面是工人进行政治表态，提出愿意付出自己的工资作为劳保费用；另一方面则是企业强制规定。

其次，部分成员没有养老金待遇。工业经济快速发展期内，受国家财力限制，临时工、合同工是没有福利的，工资比固定工要少。在一些地方，临时工、合同工有医疗费或工伤费（多是重工业，如钢铁厂），但没有养老费。即便如此，也因职工人数的不断增加，企业很快感受到福利费用的压力。在此背景下，安源煤矿提供给“农民工”一些费用来算作合同工的退休费用，这样就可以降低福利支出。用合同工来替代固定工成为一种降低企业开支的策略。在那时，大约有几百万产业工人要退休，用合同工去替代就意味着福利费用可以大量减少。在 1965 年至 1966 年的冬天，全国有将近 8000 个固定工从糖厂被辞退，被合同工替代。时任上海市常务副市长的曹荻秋在 1964 年末的第五届上海人代会上讲：“工厂和企业必须少雇用固定工，而应雇用更多的临时工。”

最后，养老保险基金的筹资标准不统一。工作单位的劳动保险或其他福利基金主要由国家和地方政府预算和调配，若想投入更多额外的基金就需要企业从利润中提取，并把预算上报地方相关部门。依据当时的一项调查，一个企业的基金约占企业利润的 2.5% ~ 10% 才能满足企业职工各种福利的需要。但各个企业的提取比例是不一样的，如纺织行业一般提取 2.5% 即可，重工业的提取比例则达到 10%，而其他企业则为 6% ~ 7%。

此时期养老保险基金来源不再采取单一方式，固定工的基金由企业出，临时工或合同工则需要自己缴纳，有的职工则没有养老保险待遇。企业因为养老负担不同，导致固定工受抑制，其他用工形式受到欢迎，养老保险政策此时影响了劳动力的流动。

（三）待遇支付受影响

1958 年的工业经济快速发展期是社会福利支出的紧缩期。工业经济快速发展时国家提倡为集体奉献的无私精神，弱化物质激励，此时若过分追求工资福利待遇将可能遭受指责或批判，此时期的城镇职工基本都能认识到这一点。

随着国家财力吃紧，企业养老保险的支出需要压缩。为此，在实际的退休业务经办中，一些企业就通过严格审查资质条件，附加上不确定的因素，从而减少享受待遇的人数和费用的支出。负责劳动保险工作的官员往往对家庭出身好、政治态度正确、工作态度好的职工给予通过。在一个工厂里，如果工会领导不喜欢你，你将不会得到任何福利，他的工作是决定你应得到多少医疗费，如果你病了或出了事，你就必须去找他并问他要钱，能否得到钱取决于他是否喜欢你。假如你是劳动模范或名人，你可能会得到双份。

因工人的福利费用被降低，职工的个人困难就增加。为了获得更多收入，职工在时间和体力上投入更多，在企业生产条件有限的情况下，工伤事故增多、工人生活水平下降、老弱病残就不得不坚守岗位，不敢退休。有些家庭生活非常困难又得不到及时帮助的，会被迫让年幼的孩子和年迈的父母去做临时工来补贴家用。当时，农村的农民在生产困难时会成立互助组，城市里的工人也模仿农村的互助举措，成立以工作机构为单位的工人互助组织或志愿者组织。工人在工会的组织下，建立自己互助基金来帮助生活上更加困难的职工。一些入党积极分子或工厂的劳动模范都会自觉地为困难职工进行无偿的服务。

（四）工会作用被体现

工业经济快速发展期，国家为了支持生产就尽可能地压缩各种福利支出。这一时期，工会的工作重心并不在如何提高福利待遇、改善工人的生活，而是同企业的管理者一道开展思想工作，激发工人的工作热情和献身精神。

1958—1960 年，劳动保险覆盖的职工人数增长非常有限。工业经济快速发展期，党对劳动保险事务的管理弱化，基层的工会作用重新得到加强，企事业的领导和党委被要求帮助工会审核和确认职工信息，负责对工会的工作进行监督。基层工会建立劳动保险个人资料档案，对本工作单位职工的基本信息进行详细的调查和记录，这些内容包括职工及其家属的现状和历史信息。“如民族、年龄、工作履历、级别、基本工资、健康、家庭成员、家庭总收入和子女上学等”。“对于工人的结婚、家庭成员的生老病死等情况有的也记载。这些信息在 1961 年以后得到强化，搜集信息的主要方式是通过基层调查和访问，不但要对本人进行面谈访问、家访，而且还要访问社区和同一单位的群体，以确认信息和及时更新信息。”基层工会和管理层会对享受福利者的领取资格进行审查，即对记载的登记信息进行核对和公示，还会进行家访，同时还经常组织召开有关工人的生活会，并在会上讨论每位职工是否有资格来获得相应的福利费用。基层工会如此详细调查职工的信息强化了对工人的各方面管理，确保了有限的劳动保险费用能够用到最困难的群体身上。基层工会除了对职工进行资格审核外，还对工作单位所上缴的劳动基金进行管理，企业使用福利基金必须通过基层工会和企业管理层同意批准。1960 年以前，退休人员的养老基金由全国总工会负责，各县工会办公室负责发放。

工作单位的管理机构也会强化压缩福利费用的策略。一方面企业强化管理，降低对福利费用的支出；另一方面企业对福利资格严格审核、强化勤俭节约的理念，达到压缩福利费用的效果。例如，北京石景山钢铁厂就自身的职工福利的问题进行分析时，指出自身主要存在三个方面的问题。第一，福利费用增长过快，超过了经济发展水平和国家的承受能力。“这样的增长速度和分配比例在我国目前的生产力水平还很低、家底子薄的情况下，不是慢或少，而是已经过快、过高了。即以重工业的基础——钢的产量来说，如按人口平均计算，我国只有 4.7 千克，而苏联已达 226 千克，美国达 642 千克。我们要赶上先进水平，消费部分就不能分得太多，需要把个人利益服从长远的社会主义建设的利益。如果国家拿出更多的钱来增办福利事业，势必要影响工业化的速度，这对社会主义建设是十分不利的。”第二，福利费用在城镇职工之间存在不合理现象，差距过大。第三，制度设计和管理存在缺陷。所以，“第一，福利事业必须贯彻中央‘勤俭办企业、勤俭办一切事业的方针’。第二，克服福利待遇上某些不合理现象，但要反对平均主义，对特殊情况应适当照顾。第三，消除福利事业管理中的一切浪费和机构庞大的现象。鼓励家属还乡生产，鼓励职工勤俭持家，注意积蓄。”

党也加入对职工养老保险事务的管理中，基层党委以生产目标为第一任务，尽可能地控制获得劳动保险福利待遇资格的名额。

1950—1960 年，有关劳动保险的争议问题多由基层的上一级工会负责或地方政府相关部门负责，后来随着争议增多，群众多以上访或写信给党的高层领导来寻求帮助，以期望获得公正处理。在 1960 年以后，我国就引入了仲裁法庭以解决劳动争议。负责劳动保险事务的管理机构在基层主要有基层工会，工作单位的管理层，党委负责对工会的工作进行监督，职工与工作单位就有关劳动保险方面的争议若处理不了，可求助于劳动争议的法庭以获得解决。基层之上的管理组织依次是上一级工会、地方政府、党中央、全国总工会。基层的党委会对基层工会的工作进行经常性的监督，以确保其劳动保险工作是否到位。

总之，工业经济快速发展期，国家以生产为主，不断地压缩职工的养老保险支出，在基金收缴上也压缩了比例。在日常管理上，基层党委和基层工会在劳动保险事务上管理严格，控制享受人员数量，达到限制整体费用支出的目的。经济恢复期，党委放松了对劳动保险事务的管理，重新放权给基层工会。基层工会与职工工作单位的管理层和党委一起建立起了工人信息网。为了不犯政治路线的错误，基层工会的工作内容偏重于政治教育和救助最困难职工。为了减轻对劳动保险基金的压力，基层工会还组织职工建立互助组，通过相互的接济和帮助来解决职工生活中所遇到的困难。

在多方齐抓共管的方式下，“一五”计划顺利进行、国民经济快速恢复，国民生产总值不断增长，城市就业人数曾在一段时间内激增然后很快又恢复稳定，工资有增长，城镇职工的养老保险费用有增长但发展速度没有经济发展速度快。

第四节　总　　结

1954 年的《宪法》规定了中华人民共和国公民有劳动权、休息权和享受改善工作和生活条件的权利，同时明确提出“中华人民共和国劳动者在年老、疾病或者丧失劳动能力的时候，有获得物质帮助的权利，国家举办社会保险、社会救济和群众卫生事业，并且‘逐步扩大这些设施，以保证劳动者享受这种权利’。”这是以国家根本法的形式确立了社会养老保险在国家生活中的地位和作用，《宪法》规定了国家通过举办社会保险来负责公民的养老。

在中华人民共和国成立初期，国家在经济发展上学习的是苏联模式，社会主义国家是不需要专一设立劳动保险的，因为公有制确定了平等原则。国家在最初阶段采取的按劳分配原则也只是被作为一种暂时的过渡，随着生产的发展，物质财富的丰富，最终会实现按需分配。此种发展路径是被当时整个社会所认可的。当时国家认为经济管理中最主要的问题是失业和贫穷，要解决这两个问题就必须扩大生产，限制消费。为此，无论城镇职工的工资还是福利都是处于相对次要的地位，这种低水平状态保持了相当长的时期。企业职工的养老保险在这期间受到经济建设和工资改革的影响。在职工待遇上，国家重视重工业的工人。城市工人社会地位上升，特别是大的国营重工业的工人，成为仅次于国家干部的一个群体。临时工、合同工、失业人员或者流动到城市的农民则处于社会结构的底层。

城镇职工养老保险政策与其相适应，覆盖范围由最初的具有一定规模的企业扩展到不分规模和性质的所有企业，参保职工由最初讲究政治身份到后来不再以政治身份作为能否参保的重要条件。城镇企业职工的养老保险待遇标准虽有提高，但与机关事业单位职工的退休金相比，因工资有差距，所以待遇标准属于相对低的。养老保险待遇水平最终的高低除受工资影响外，还受到其他一些因素的影响。城镇企业职工养老保险拥有了专职的管理者和管理机构，工会、工作单位、基层党委、地方政府和劳动仲裁等机构均参与社会养老保险事务。

此阶段城镇职工养老保险呈现出三个特征。第一征特是职工的福利待遇成为社会主义改造的重要工具。中华人民共和国成立初期，国家在改善工人福利待遇时还处于治理目标不明确的阶段。一方面，国家需要改善工人的生存状况来实现建国的政治目标，在企业建立工会，并鼓励职工对资方提出工资福利待遇的要求。另一方面，私营企业对此消极或积极地进行配合，结果造成失业人数增加，私营企业经营困难，有些破产或倒闭，有些被国营的联营、兼并，快速实现了社会主义改造的目标，城市里的企业后来基本划归国家和地方政府。这时，国家若继续鼓励工人提出提高工资福利待遇的要求，以当时的经济发展水平和生产状况，整个国民经济将无法实现生产上的持续增长。当时国家正在承受着较大的国际压力，急需快速发展经济。为了增强国力、满足社会正常运行的基本需要，国家不得不增加积累和投资，限制消费，这就需要工人以较高的热情进行生产，同时又能接受低工资和低福利。为了把有限的资源更好地进行分配，强化国家对城镇职工的管理，国家实行计划食品供应制和分配制，从而在实现效率的前提下保证相对的公平。

第二个特征就是社会保险费用的低支出。在经济发展由快速走向缓慢、GDP 下滑时，国家通过发起宣传或运动来强化工人的劳动纪律，在工人中提倡节俭，用工人的激情来进行社会主义的建设，从而降低了社会保险费用的支出。1956 年后职工工资长期都处于不变的状态，职工人数增长有限，这变相地降低了退休费用的支出。

第三个特征则是由于退休只有少数人。《劳动保险条例》本就适用于少数大企业，在工资不变，养老保险待遇享受资格受限的情况下，一些因家庭生活困难的符合退休的职工不愿意或不能退休，从而退休成为少数人能够享受到的福利待遇。

第三章　城镇职工养老保障政策的恢复期（1969—1983 年）

城镇职工的养老保障政策、管理机构和政策执行情况等在 20 世纪 60—70 年代受到社会运动的影响，70 年代末开始恢复到 20 世纪 60 年代中期的管理秩序，即养老保障政策由中华人民共和国成立初期确定的劳动保险政策调整为用人单位保障政策，企业与机关事业单位退休条件实现统一。

第一节　改革开放初期的经济结构和社会结构特征

一、经济结构的特征

1978 年党的十一届三中全会确定了国家的经济发展目标，1979 年 7 月，国务院将《关于扩大国营企业经营管理自主权的若干规定》等 5 个文件，发给各省（区、市）和有关部门，并在少数国营企业进行放权管理的试点。政府对国有企业实行放权让利，目的是调动企业和职工的生产积极性，搞活经济。政府对城市国有性质的企业管理进行改革，例如，企业管理实行包干制、给予工作单位比之前更多的财政自主权、允许个体经济或有限私营经济的发展，这一系列改革使经济结构发生了变化。

（一）国内生产总值

改革开放初期，1976—1983 年，三大产业的经济年增长速度都超过 10%，而在 1977 年之前的增长速度不超过 6%。工业总产值 1977 年比 1976 年增长了 14.5%，农业总产值则增长了 9%。

（二）产业结构

在产业结构上，第一产业在整个国内生产总值的比重上升，第二产业的比重在 1976—1980 年上升，1980—1983 年出现下降；与第二产业相对应，第三产业的产值占总 GDP 的比重也是有升有降的状态。各产业产值占全部 GDP 比重的变化如图 3-1 所示。

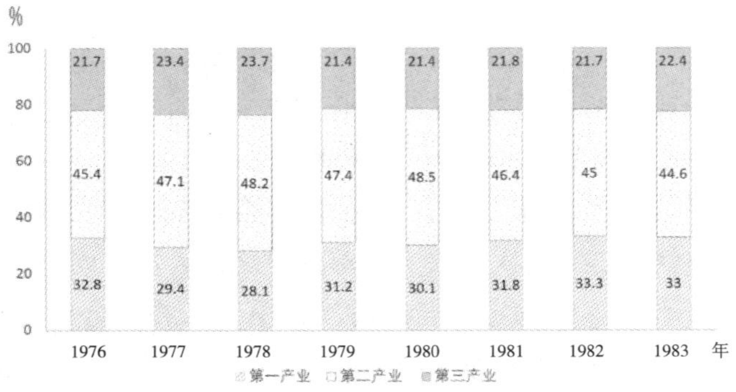

图 3-1 1976—1983 年三大产业产值占 GDP 的比重

1976 年以后，三大产业的增长速度比之前都有所提高，经济发展思路开始逐渐转变，不再过多地限制对轻工业或第三产业和居民消费业的发展。“工业体制改革的试验早在 1979 年便已开始。国家除对企业内部管理做了一些改革外，还对地区市场的控制有所放松，从而有利于形成市场竞争；给予各种计划指标的优先地位也得到调整，效益方面的指标越来越受重视，而产量指标却越来越不强调了。”

（三）经济成分

在经济发展政策上，自 1978 年起城市允许非公有制经济类型存在，集体企业、私营企业和个体等私营成分纷纷出现，城市的非公有制得到快速发展，整个国家的经济成分也多样化，这直接影响了社会结构，对劳动力流动产生了较大影响。

二、社会结构的特征

（一）就业人员的变化

1976 年后，大批知识分子和干部恢复到原来的工作岗位，城市的知识青年不再下乡，下乡的知识青年在政策允许的情况下陆续返城。知识分子和干部在重新获得社会地位和权力后，变得更加具有风险意识，干部与工人的社会地位开始发生变化。城市就业人员总量不断增长，发展速度先快后慢，如表 3-1 所示。

表 3-1 1976—1983 年城市就业人员的变化

年份	就业人员（万人）	比重（%）	环比发展速度（%）
1976	8692	22.4	1
1977	9127	23.2	105.0
1978	9514	23.7	104.2
1979	9999	24.4	105.1
1980	10525	24.8	105.3
1981	11053	25.3	105.0
1982	11428	25.2	103.4
1983	11746	25.3	102.8

随着城市经济成分多样化，城镇职工的就业形式变得多样。除国有性质单位的城镇职工外，此阶段自谋职业人员、个体劳动者和农民工逐年增多。

在国有性质的企业内部，除固定工外，合同工、临时工、返聘人员等也逐渐增多。与以往不同的是，机关事业单位也有合同工和临时工。

之所以出现合同工和临时工，一方面是企业因改革拥有了部分的用工自主权，另一方面是由于城市的就业压力再次增大。改革开放之前，城市国有或集体性质的企业用工由国家统一计划，普遍实行固定工与临时工、季节工相结合的方法。1980 年以后，国家开始在城市国有和集体企业内部试行合同制。“到 1984 年底，全国 29 个省、市、自治区均不同程度地试行劳动合同制，全民所有制单位使用的合同制职工已达 159 万人。”但固定工仍是用工主体，“1984 年 9 月，全民所有制的固定职工仍占其职工总数的 86.7%。有些国营企业在实行经济责任制的过程中，在固定工中试行‘劳动组合’制，即选聘或招聘制。”在用工中推行劳动合同制意味着国家正在改变企业与职工之间的权责关系，国家与部分工人的关系变得不确定起来。

（二）职工流动

1978 年以后，城镇失业人数和待业人数开始增多，1981 年以后才有所降低，具体情况如图 3-2 所示。除不断新增的劳动力外，还有回城的知青，其中待业青年在整个城镇失业人数中所占的比重越来越大，具体变化如图 3-3 所示。为了解决城镇失业和待业问题，国家在 1981 年建立了劳动力市场的管理机构——劳动服务公司，其职责就是承担安置城镇待业人员，管理城镇的待业青年，特别是回城的知识青年。劳动服务公司可以兴办企业，但要求从业人员中必须有 60% 以上的城镇待业人员。劳动服务公司一方面对城镇待业青年进行管理，另一方面兴办集体企业、私营企业和个体经济以促进就业。劳动服务公司是国家对新产生的城镇就业人员进行管理的代理机构，是在固有的计划用人体制下的市场化变形，是一个过渡性的产物。随着国家用人机制的改革、劳动力市场竞争机制的引入，劳动服务公司很快就被人才服务中心或职业介绍中心取代。

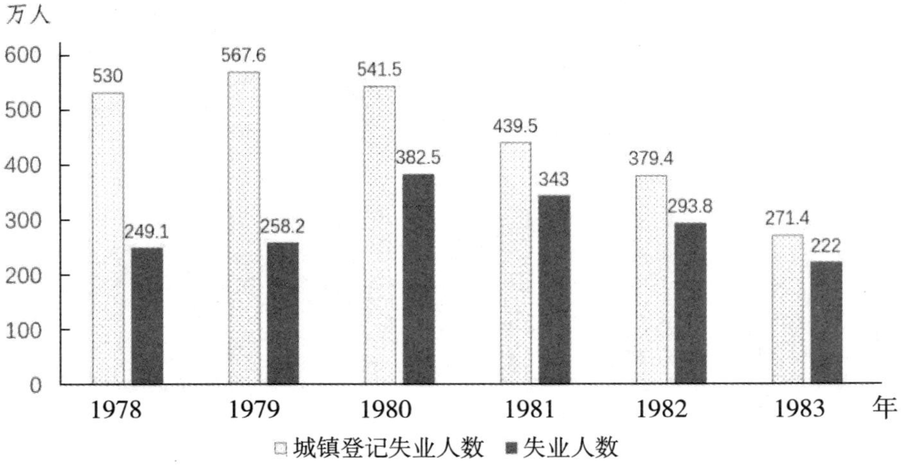

图 3-2 1976—1983 年城市登记失业人数

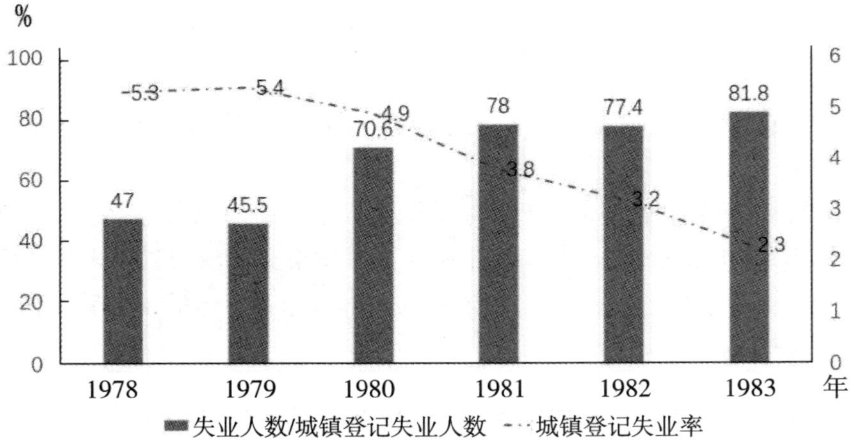

图 3-3 1978—1983 年城市登记失业率及其构成

随着就业机会增加、劳动服务公司建立、企业用人机制变活，城镇的失业率有所下降，其就业人数不断增加，但新就业人员的流向却在之前发生了变化。

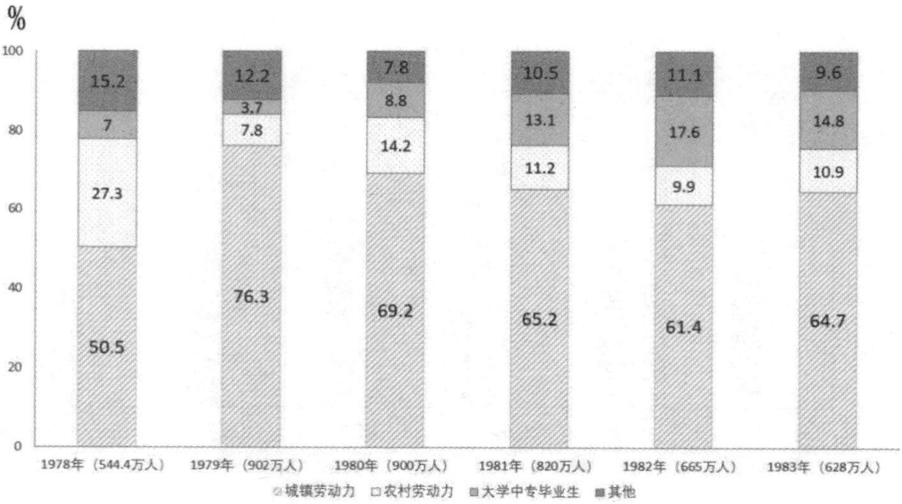

图 3–4 1978—1983 年城镇新增就业人数的构成

从图 3–4 可以看出，1978—1983 年，城镇新增就业人员中来自农村的人口在下降。1978 年，城镇新增就业人员中来自农村的有 27.3%，到了 1983 年下降到 10.9%；在绝对数量上也由 1978 年的 148.8 万人下降到 1983 年的 68.2 万人，城市户籍人员和大中专毕业生却在不断增长。

在就业单位的所有制类型上，新增的城镇就业人数在城市集体和个体单位就业增多。1978 年个体劳动者几乎没有，到 1983 年该人群占城市全部新增就业人员的比值则达到了 13.37%。新增的城镇就业人员中，国有单位就业人数占总体的比重呈现下降的特征。

（三）职工工资

1976 年之后，原有的工资管理机构得到恢复，全国开展了对按劳分配的大讨论，1956 年确定的工资分配方案再次被肯定。1977—1983 年，国家几乎每年都会对工资进行调整。例如，1977 年在国家财政状况没有好转的情况下就开始给职工调整工资，调整对象主要是全民所有制单位的职工。“据 1977 年 9 月底统计，全国全民所有制单位职工总数为 6200 多万人，调整工资后增加工资的职工有 3100 万人，占当时职工总数的 50.8%，平均每人每月增加工资 5.56 元。”1978 年对 2% 的固定职工工资升级，个别国有单位的升级指标更高。1979 年按全国 40% 的面进行职工工资升级，对知识分子比较集中的事业单位的职工升级面达到 50% ~ 70%。1981 年、1982 年对所有事业单位和机关职工的工资升级，1983 年对企业职工进行工资升级。企业职工的工资升级采取按劳分配原则，即实行“两挂钩”“一浮动”的方针。“两挂钩”就是把对企业职工的工资升级与企业的经济效益和职工个人的劳动成果挂钩；“一浮动”则是在升级后需要继续考核两三年，合格者才予以固定，否则就把级别降下来。在实行按月计发工资的同时，企业又恢复了计件、计时工资制和奖励工资制等多种激励方式，以激发工人的工作积极性。为调动企业生产的积极性，1983 年国家对企业实行利改税，奖金改为税后企业留用的利润进行提取，利润可作为企业职工工资的组成部分。奖金与企业的经济效益相关，职工的收入与企业的利润相关，企业拥有了工资的分配权。当时在企业内部出现了多种形式的工资分配方式，如分成工资制、除本分成制、工资总额包干制、产量或产值包干制和浮动工资制等。这些工资分配方式的变革均体现了按劳分配原则，企业管理引入了市场机制。

1978—1980 年是职工工资增长最快的 3 年。由于工资增长是按政府文件规定进行的，增长的结果并没有改变部门之间或不同性质单位之间的差距。同样是固定工，全民所有制单位就业的固定工的工资一般比在集体企业工作的固定工的工资高。从表 3–2 可以看出，1976 年国有单位职工与城镇集体职工的平均工资差距有 141 元，1983 年时二者差距是 167 元。另外，固定工的工资一般比合同工的工资高，合同工的工资高于临时工或季节工的工资。

表 3–2 1976—1983 年城镇职工平均工资情况

年份	平均工资（元）				环比发展速度（上年为 100）		
	合计	国有	城市集体	国有—城市集体	平均工资	国有	城市集体
1976	575	605	464	141	99.1	98.7	102.4
1977	576	602	478	124	100.2	99.5	103.0
1978	615	644	506	138	106.8	107.0	105.9
1979	668	705	542	163	108.6	109.5	107.1
1980	762	803	623	180	114.1	113.9	114.9
1981	772	812	642	170	101.3	101.1	103.0
1982	798	836	671	165	103.4	103.0	104.5
1983	826	865	698	167	103.5	103.5	104.0

经济快速发展、非公经济成分开始出现、职工工资收入增加、需要就业的人数增多，这些因素促使当时的养老保障政策需要做出调整，以解决城市就业与失业的矛盾问题，促进公有制和非公有制经济的公平发展。

第二节　改革开放初期的城镇职工养老保障政策

1966 年之后，养老保险政策虽然受到政治上的批判，但却并没有对原有的条文进行过多的修改。1978 年之后，国家对原有的养老保险政策虽进行了调整，使养老保险政策能够服务于整个城市经济的发展和就业。

一、企业保障的形成

在一段时期内，有关工人的福利待遇被批判为向工人发出的“糖衣炮弹”，1969 年 2 月，财政部发布了《关于国营企业财务工作中几项制度的改革意见(草案)》，规定国营企业一律停止提取劳动保险金，原用于劳动保险金开支的劳保费用，改为企业营业外列支。1973 年 5 月，财政部发布《国营工业交通企业若干费用开支办法》，规定退休职工的退休金和医药费、6 个月以上的产假工资、职工退职金、职工丧葬费、抚恤费等均在营业外列支。1977 年 12 月 14 日，轻工业部、财政部、国家劳动总局发出《关于手工业合作工厂劳动保险福利待遇标准和劳保费用列支问题的通知》，规定手工业合作工厂的劳动保险费用可在营业外列支。1978 年 8 月，交通部、财政部、国家劳动总局发出《关于集体所有制企业劳动保险金和福利基金提取、列支问题的通知》，确定了集体企业的劳动保险费用也可以营业外列支。养老政策虽然在政策文件中仍被作为劳动保险，但 1969 年之前与之后最大的不同就是养老基金从具有社会统筹特征的保险政策向企业独自保障的政策转变。

随着国家经济结构和社会结构的变化，城镇职工养老保障政策需要恢复和统一，国家不但出文规定集体企业与国营企业的职工在退休或退职方面的政策应一致，而且还统一了机关事业单位与企业的职工退休待遇的标准，标志性文件就是 1978 年国务院颁布的《关于安置老弱病残干部的暂行办法》和《关于工人退休、退职的暂行办法》（以下简称 104 号文）。

二、待遇构成的变化

依据《劳动保险条例》及相关文件的规定，城镇职工的待遇水平与职工的工龄、工资直接挂钩。在标准工资不变的情况下，企业职工的退休问题在此时就变得非常突出。一方面是企业应退职工不退休，另一方面不断增长的青年劳动力无法就业。在这种情况下，国家希望老人能退休、新人能就业。为了让老人能够退休，提高养老保险待遇和照顾特殊群体的政策成为激发人们愿意退休、主动退休的重要措施。

（一）提高保障水平

1976 年，城市企业改革带动了职工工资水平的提高。1978 年的 104 号文提出了只要男年满 60 周岁、女工人年满 50 周岁、女干部年满 55 周岁，连续工龄满 10 年及以上的就可以办理退休，按月发给退休费，直至去世为止。退休人员可免费享受公费医疗待遇，直系亲属可享受半价的公费医疗待遇。1978 年的 104 号文与 1951 年的《劳动保险条例》区别在于，前者对职工的工龄要求缩短，并且没有本企业工龄的规定，这种变化同当时企业改革和城市就业压力相适应。退休待遇的标准依据参加工作的时间和工龄计算，工资以标准工资为准，最高达到本人标准工资的 90%，最低比例为 60%。对于参加工作特别早的职工还给予更高的待遇，例如，1983 年 1 月，劳动人事部发出《关于建国前参加工作的老工人退休待遇的通知》，规定对中华人民共和国成立前参加革命工作的老工人除照发本人原标准工资外，再增发一部分生活补贴。在提高退休人员养老待遇的同时，也提高了退职人员的生活费标准，把退职待遇从一次性发放调整为按月发放。在养老保险待遇上，规定了退职、退休费用的最低标准。又如，1983 年 6 月，劳动人事部、财政部发出《关于提高职工退休费、退职生活费的最低保证数的通知》。除此之外，国家还确立了退休金应随社会工资水平的提高和物价的变化进行调整的机制。

国家在增加在职职工福利费用的同时，也增加了退休人员的福利待遇。例如，1980 年 1 月，国家劳动总局、民政部、财政部发出了《关于给退休职工发宿舍取暖补贴问题的通知》，规定退休职工同在职职工一样享受取暖补贴。这意味着工人退职、退休后国家仍旧负责其相应的福利待遇，这不但保障了退休职工分享经济发展的权益，还激励退休职工退休。

（二）照顾特殊群体

为了加快城市企业职工的退休工作，此时期推出了一系列特殊政策来照顾特殊的群体，比较典型的政策有三个，分别是子女顶替政策、离休政策和延退政策。

1. 子女顶替政策

《劳动保险条例》规定以企业职工为主要保障对象，家属可享受半价的医疗费用照顾，家庭生活经济困难者能够享受补助。针对部分达到退休年龄的职工，其工资收入是家庭中的重要生活来源。为了保障这部分工人退休后不对其家庭生活造成太大冲击，国家提出了工人退休、退职后，家庭生活确有困难的，或者多子女上山下乡、子女就业少的，原则上可以招收 1 名符合招工条件的退休或退职人员的子女参加工作。另外，针对特殊行业，如矿山、井下、林业采伐、地质勘探、盐场等，这些行业在城市不容易招到职工，可执行子女顶替政策或接班制。例如，1972 年，在国营企业补充减员时，优先照顾退休、退职和死亡职工的符合条件的子女。子女顶替政策最开始主要针对因工死亡、因病退休，因公致残退休、矿山井下野外勘探等行业的退休、退职、死亡的职工、残疾干部，他们的子女可以顶替该职工的职位，本人办理退休。自 1981 年 8 月起，因工死亡的临时工和 1966 年底以前经劳动部门介绍、在单位连续工作符合退休条件的长期临时工退休后，其一名符合条件的子女可以顶替其工作岗位，本人办理退休。自 1981 年 9 月起，退休（后含离休）、退职的符合顶替条件子女（主要是年龄）也可以顶替就业，不再对行业或退休人员的类别进行限制。

对家庭生活困难的退职或退休职工进行特殊照顾的政策实施了一段时间后，国家发现了该政策的弊端，开始收紧此政策的使用范围，强化对这部分人员的管理，严格控制其受益人群的范围。例如，1980 年 11 月，国务院发出《关于严格执行工人退休、退职暂行办法的通知》，提出必须坚决执行《暂行办法》，严格掌握退休、退职的条件。企业招收退休、退职工人子女应严格按照规定的范围执行，不得违反规定或任意扩大实施范围。此时，企业内部不但职工的退休、退职压力已经呈现，而且出现了劳动力过剩，国家由此停止了子女顶替的退休政策。1983 年 9 月，国务院发出《关于认真整顿招收退休、退职职工子女工作的通知》，提出因病提前退休的工人，或不具备退休条件而退职的工人，不再实行招收其子女参加工作的办法。前几年招收进来的职工子女，凡不符合招工条件的，应当进行清退。这表明子女顶替政策的吸引力比较大，不规范的现象频发，企业用人成本增加。此后不久，国家对离休、退休、退职干部和因病提前退休的工人以及退职工人，均不再办理子女顶替业务。

2. 离休政策

1958—1963 年，国家曾对一小批比较特殊的老干部推行过离职休养政策，实施范围只针对机关干部。改革开放初期，为了实现干部队伍的年轻化，1978 年的《国务院关于安置老弱病残干部的暂行办法》明确提出：一些年老体弱不能正常工作的老同志，因其曾经为革命做出过贡献，可不退职，改为从事一些适合于他们的职务。1980 年 9 月，第五届全国人大常务委员会通过了《关于党政干部离职休养的暂行规定》，1982 年离休政策再次实施。同年 4 月，国务院颁布了《关于老干部离职休养制度的几项规定》，对机关事业和企业单位中华人民共和国成立前参加革命工作的部分老干部实行离职休养政策，对离休条件和待遇再次进行了修订，放宽了离休条件，待遇更加优厚。此政策是对中华人民共和国成立后如何使老干部退出工作岗位的重要政策探索。

3. 延退政策

在国家推行各种激励政策推进城镇职工退休的同时，国家在专业技术人才缺乏的情况下又对特殊人员提出延迟退休的政策。例如，1983 年 9 月，国务院发出《关于高级专家离休退休若干问题的暂时规定》和《关于延长部分骨干教师、医生、科技人员退休年龄的通知》。这两个规定确定老干部、高级专家、骨干教师、医生、科技人员等均为干部，在退休时可实行特殊化的政策照顾，可延长退休年龄，可根据自己意愿选择退休时间，可享受休而不退的待遇政策等。这些人在职时拥有的相对较高的工资和福利待遇，退休后还可以继续申领。

三、管理机构的恢复

在劳动保险政策遭受批判时，管理机构也发生了变化。1970 年 6 月 22 日，党中央批准成立国家计划革命委员会，撤销劳动部，养老保险工作被并入国家计划革命委员会劳动局。1975 年 9 月，劳动工资局从国家计委中分离出来，被国务院再次定名为劳动总局，劳动保险方面的工作在 1976 年正式从工会转移到劳动部门。1982 年 5 月，国家劳动总局和国家人事局合并，成立了劳动人事部，负责全国的劳动、工资和人事工作，服务于当时的经济体制改革，具体的养老工作仍由用人单位的劳资部门负责，各级劳动部门更大程度上是督促基层企业或单位执行 104 号文的相关规定。

总之，改革初期，国家一方面统一政策、重建管理机构，推进职工退休工作的开展；另一方面又推行特殊政策来满足个性化的需求。城镇企业职工的养老保障政策使企业与职工的关系被进一步强化，职工紧紧地依附于企业，企业也牢牢地控制着职工。这种管理方式决定了企业的生存发展状况与职工的工作和退休待遇直接相关。当国家放松了对企业的管理时，企业拥有了用人和分配利润的权力，此时的养老保障政策还由企业管理，这意味着职工的养老保障权益将会面临风险。

第三节　改革开放初期的养老保险政策的实施情况

一、覆盖范围不断扩大

虽然在 20 世纪 60 年代时期，养老保险政策被批判但并没有被废除。在 20 世纪 60 年代中期，一些企业工人由临时工、季节工转为固定工，养老保险政策覆盖的人群范围变大，但受当时经济财力的限制，能够享受养老待遇的仍以国有企业为主，此种情况持续到 20 世纪 80 年代初。“就全国情况来说，我国劳动保险制度现时只在城市的全民所有制单位实行，对集体所有制单位的职工、个体劳动者以及广大农民群众的劳动保险，国家目前还无力负担，还有待于在发展生产、提高社会劳动生产率的基础上，逐步通过发展社会保险的办法来解决。”

1976 年之前，养老保险政策主要在国有企业推行，集体企业的职工享受退休待遇是有条件的。集体企业可分为计划内和计划外两种。计划内的集体企业执行与国有企业相同的退休政策；计划外的集体企业则没有相应的退休政策，职工到退休时只能获得一定的退职金。国家后来又给计划外的退职人员一定的补助，但待遇标准仍较低。1978 年 104 号文也只适用于全民所有制企业，而非城市集体企业。集体所有制企业、事业单位工人的退休、退职由省、市、自治区革命委员会参照 104 号文执行，结合本地区集体所有制单位的实际情况，自行制定具体办法，其各项待遇不得高于 104 号文所定的标准。一些城市集体单位推行了养老保障政策，但产生的问题就是集体企业的养老金负担高于国有企业。例如，重庆市集体所有制单位的 55.79 万名职工的退休政策是 1978 年后依据 104 号文的精神建立的，天津市 30 个新办的集体单位从 1982 年 10 月 1 日起试行了养老保险政策，合肥市中市区劳动服务公司所属的 8 个自营企业共有 2500 多名职工从 1980 年 8 月开始实行了劳动保险政策。除以上所列举地区的城市集体企业执行养老保险政策外，全国其他地方的集体企业也纷纷实行同样的政策。到 1984 年底，已实行养老保险政策或参照执行国营企业劳保规定的集体企业职工已达 1700 万人，占城市集体企业职工总数的 62.9%。城市集体企业实行了养老保险政策，但因工资存在差异，集体企业职工的退休待遇水平低于国有企业。

二、企业成为责任主体

1969 年之前，企业职工养老保险事务由各级工会负责，1969 年之后则由企业负责。虽然 1969 年之后，养老保险基金被列为各个企业营业外列支项，但由于改革开放前企业的收支平衡最终仍由国家负责，因此企业并不承担养老保险基金收支的最终责任，由此保证了养老保险政策能够推行。企业职工养老保险的管理由企业众筹、统一由工会管理转变成以各个企业各自为政。在企业各自管理的背后均有国家财政作为后盾。由于有些企业存在福利费用需求大于供给的情况，企业实行福利项目预算制，经地方相关监管部门审批同意后，再以此做单位预算。各个企业在退休费用支出上不存在基金压力，企业只是承担具体的员工档案管理和退休管理工作而已，此时养老保险基金可谓国家统筹分配。

企业养老负担不均衡出现在企业独立经营、自负盈亏之后。1978 年 104 号文规定离退休或退职费用由退休前职工所在的企业支付，党政机关、群众团体和事业单位退休、退职费用由所居住地方的县级民政部门另列预算支付。企业职工退休由所在企业负责，机关事业单位的退休职工也由原单位负责，不同的是前者的经营性质发生改变，后者仍由地方财政负担。

三、费用支出不断增长

在待遇标准上，1969 年前，城镇职工若是工会成员退休后可获得退休时工资的 50%，这低于《劳动保险条例》的政策规定。后来，养老金的标准被提高到退休时工资的 50% ~ 70%，退休前曾做出特殊贡献的职工还会增加 5% ~ 15% 的退休津贴。职工除退休金和退休津贴外，还可免费享受退休前用人单位的各种福利设施、免费医疗等。

（一）自愿退休

自 1969 年起，企业负责员工劳动保险事宜后，养老事务执行不统一，管理混乱。当时无论企业完成计划情况如何或经济效益的好坏，提取劳动保险费的比例是统一的。在基金有余的情况下，有的企业趁机放宽了职工办理退休的条件，私自提高了待遇的给付标准，使无资质享受待遇的人也能享受。另外一些企业提高劳动保障待遇水平则是借助于社会运动和专业管理机构的缺失，在工人地位被不断推高的时期内，部分工人趁机要求提高工资和福利待遇，甚至有的地方还为此进行罢工。负责发放待遇的企业管理者迫于工人抗议的压力，不得不满足职工的高标准要求。但是此种情况并没有持续太久，因为这种任意提高职工工资和福利待遇的行为与国家当时的经济实力是不符且不可持续，政府意识到工人在工资福利方面的过度参与会导致财政过度的支出和浪费，不久工人养老保险待遇就恢复如初。工人们若有困难，在政策层面上并不能得到工作单位的过多支持，但可以从工人建立的互助基金中获得一时救济。

除在办理退休和养老金提升方面出现过混乱外，有的企业暂停了办理退休的工作，导致依据政策应该退休的职工却无法办理退休。曾经有一段时期，正常的退休、退职工作经常性被中止，企业职工在年老或丧失劳动能力时，若自己提出申请退休或退职，担心遭到批判或被批为半截子革命，当时退休被认为是不光彩的事，从而影响了养老保障政策的正常运行。

此时，由于整个国家都大力支持经济建设，全国总工会积存的近 4 亿元劳动保险基金收归国库，成为国家的财政资金。在工资几年不变或增长有限的情况下，城镇职工养老保险待遇水平较低，职工的退休金经常无法支撑家庭正常生活。当时，即使企业给应退职工办理退休或退职，这些应退人员也会坚持不退休。1978 年城镇职工的工资多次升级，有些应退休的人员此时也不愿意退休，是想等工资升一级后再退休。

1978 年后，为了让更多的待业青年能够就业，国家一方面颁布政策强制推动退休工作；另一方面颁布优惠政策激励他们退休，其中执行效果最明显的就是离休政策和子女顶替政策。此外，为了解决回城的知识青年和城市新增的待业青年就业难的问题，国家允许部分人员自谋职业或创办企业。为了激发企业生产积极性，国家对企业的管理模式进行了改革，允许其利改税等，这不但推动了整个国民经济的快速发展，也加速了退休工作的恢复。

（二）推行强制退休

1978 年后，国家推行强制退休和激励退休的政策。在强制退休方面，1978 年后，机关事业单位和企业中应退而未退人员的退休问题得到有效解决。“据 1978 年的统计，企业职工中应退未退的有 200 多万人，国家机关工作人员中有 60 多万人。”国营黎明机械公司为了让应退休职工退休采取了多种方法才使该企业 5 年内职工平均年龄从 38 岁降到 35 岁。“几年来，我们公司一直坚持退休制度，从 1973 年起，先后办理了 8 批，共 1537 人，其中包括 33 名科处级干部的退休事宜。”当外部就业市场发生改变、退休待遇标准提高和退休工作不断恢复的情况下，企业很快形成了一股退休风，由此造成了国家退休人数增多，退休费用快速增长。

1. 退休人数增多

据已有的数据显示，1978—1983 年，全国的退休人数激增，国有单位的离退休退职人数占总体比重达到 78% 左右，具体增长情况如图 3–5 所示。之所以会出现离退休人员的快速增长。

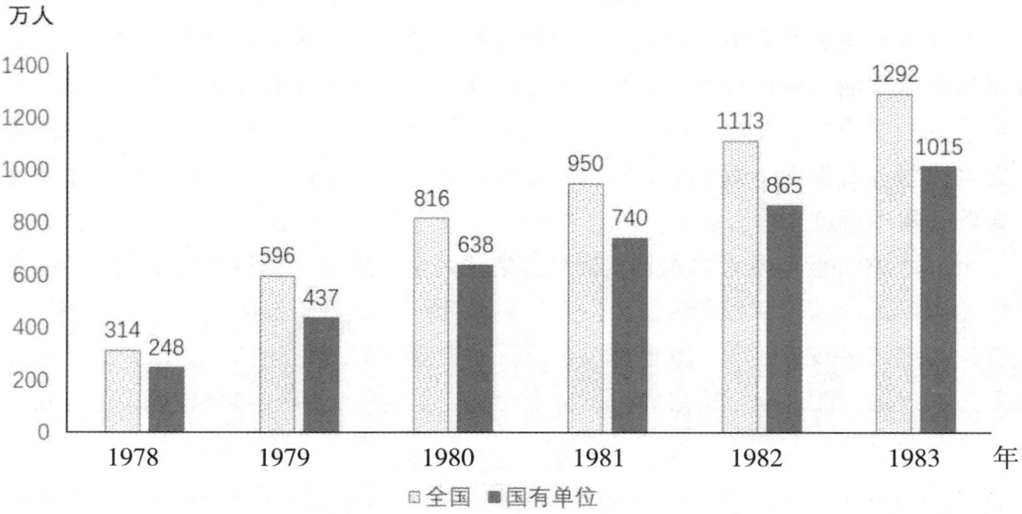

图 3-5 1978—1983 年全国与国有单位年末离退休、退职人数

第一，退休人数激增。1978 年后，用人单位的养老工作恢复正常，在混乱时期应退而未能退休的人此时办理了退休。1978 年底，全国共有退休人员 314 万人，到 1979 年末则达到 596 万人，增长速度达到 89.8%，国有单位退休人员的增长速度为 76.2%。城市集体单位在 1978 年底有 30 万人退休，到 1979 年底有 123 万人退休，增长速度达到 310%。随着退休职工不断增多，对退休职工的管理工作就成了企业额外的负担。例如，1983 年，湖北省劳动部门反映："近几年来，湖北省宜城县退休退职人员（包括离休老干部）急剧增多，目前已达 2206 人，为 1978 年的 8 倍多。"成立时间越长的企业，退休人数就越多。

第二，退休人员被返聘现象增多。由于城市允许就业人员自谋职业，企业内部实行利改税的分配方式，这促使一些企业为了赢利就雇用已经退休的技术骨干，引进退休人才。同时，当时国家政策鼓励退休职工返聘。"国家规定工人退休后如果重新参加社、街、队办的集体企业，付给补差工资。""不少新发展的集体企业缺少骨干，以高报酬为饵，拉退休职工。退休职工到集体企业后，不但领取原来的退休金，而且还能拿到 100 元左右，甚至高达 300 ~ 400 元的额外收入。这种高报酬强烈地吸引着一些有一定技术专长的职工。""一些单位违反国家规定，以高工资、高福利为条件。大量聘用退休、退职职工，严重影响了职工队伍的稳定和待业青年的安置。"例如，南京三五〇三厂 1981 年底共有退休职工 1318 人，其中 747 名退休职工被近 90 个单位聘用，102 名退休职工被本厂及厂办集体单位留用，退休后仍旧参加工作的人员约占退休职工总数的 64%。

第三，国家在实行子女顶替或接班政策期间，一些职工为了解决子女的就业问题，特别是家居农村的职工，就千方百计争取早退早顶。

第四，违背国务院关于职工退休、退职的政策规定，随意放宽退休、退职条件，使为数不少不合条件的职工通过各种途径办理了退休或退职手续，企业也放松了对退休工作的管理。“以旅大市为例，去年 1 ~ 10 月，有 12127 名职工退休，其中 8 月、9 月、10 月三个月就退休了 9000 多人，相当 1 ~ 7 月的 3 倍。特别值得注意的是‘病退’人员显著增多。这些‘病退’人员，多数家居农村，很大一部分不具备退休条件。”“1981 年 10 月，江苏省及南京市有关部门组成工作组，对南京电子管厂 40 名因患‘癌症’退休的工人的情况，进行了核查。结果发现其中只有 1 人是真正的癌症患者，其余 39 人都是开的假证明。”

随着城市企业职工退休人数增加，在职职工人数与离退休人数的比值急剧下降，由 1978 年的 30 倍下降到 1983 年的 9 倍，具体变化见图 3–6。

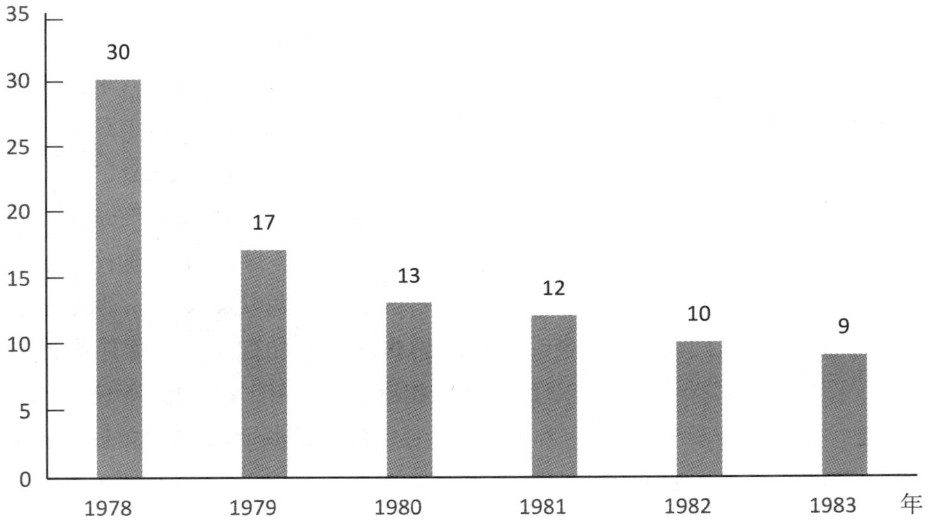

图 3–6 1978—1983 年在职职工人数与离退休、退职人数之比

2. 退休费用快速增长

离退休、退职人数急剧增加使离退休、退职总费用也不断增加。1978 年后，国家不断提高职工工资。全民所有制职工的平均工资 1978 年为 644 元，工资总额为 468.7 亿元，到 1984 年平均工资为 1034 元，工资总额为 875.8 亿元；工资总额的平均增长速度接近 11%，平均工资的平均增长速度为 8% 左右。全民所有制单位支付的劳保福利费，1978 年为 66.9 亿元，其中离退休、退职费为 14.1 亿元，占总支出的 21.1%；到 1984 年则为 210.4 亿元，其中离退休退职费为 81.6 亿元，占总支出的 38.8%，平均增长速度为 21% 左右，其中离退休、退职费用的平均增长速度为 34%。劳动保险福利费在 1978 年占工资总额的 14%，到 1984 年则达到 24% 左右；离退休、退职费用在 1978 年占工资总额的 3% 左右，到 1984 年则达到 9.3% 左右。

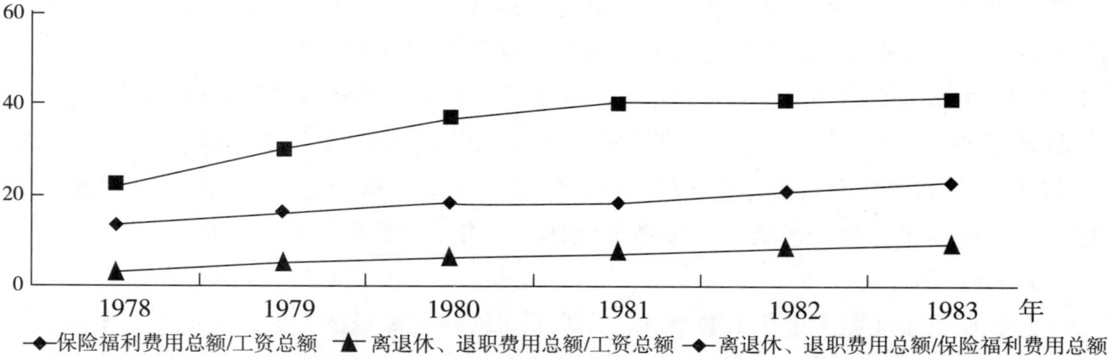

图 3–7 1978—1983 年保险福利费用，离退休、退职费用与工资总额的比值

注：本图中离退休、退职费用总额中不包括离退休、退职职工的丧葬抚恤救济费和医疗卫生费。

从图 3–7 可以看出，1978—1983 年，随着职工工资总额的增长，职工的保险福利费用也相应增长，保险福利费用中用于离退休退职职工的养老金的费用也不断增长。1978 年，离退休、退职职工的养老金的费用占保险福利费用的比值为 22.2%，1983 年上升到 41.1%，若再加上离退休、退职职工的丧葬抚恤救济费和医疗卫生费，比值将更高。

虽然总离退休费用不断增加，但平均值的增减变化不是很明显；1978—1983 年，国有单位职工的平均离退休费用高于全国人均离退休费用，二者差距逐年拉大，具体变动情况如图 3–8 所示。

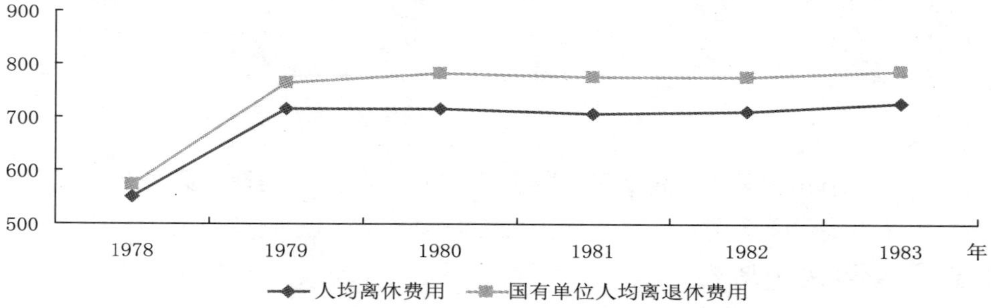

图 3–8 1978—1983 年全国和国有单位职工的平均离退休费用

1978—1983 年，养老金的替代率呈下降的特征，国有单位的养老金替代率要高于全国平均值，具体见图 3–9。

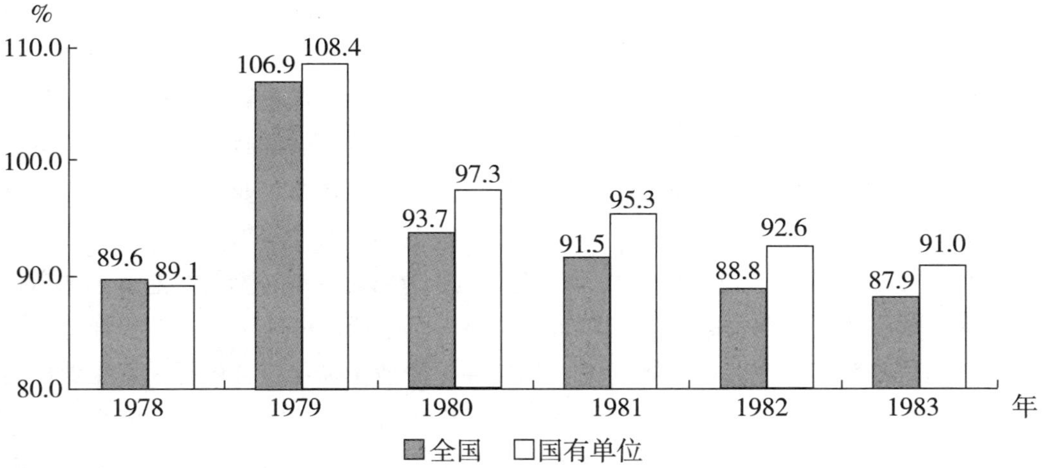

图 3-9 1978—1983 年全国养老金替代率

通常用离退休费用与 GDP 的比值来衡量一个国家用于社会养老保障支出的一般水平。1978 年以后，城镇职工养老保险的基金支出呈现增长的特征，占整个 GDP 的比值越来越高，具体见图 3-10。

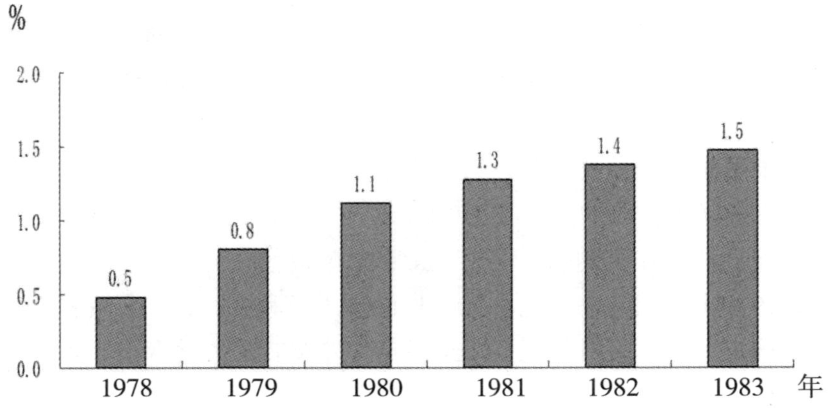

图 3-10 1978—1983 年离退休费用占 GDP 的比值

四、劳资科成为管理者

当管理企业职工养老事宜的工会组织被迫停止活动后，企业的劳动保险事务就陷入无人管理的状态，1970 年后工人开始自发地参与到管理中。“在广州钢铁厂，1971 年 5 月建立了车间的基层管理组织，它经常是车间的党支部主席、工人选出的代表、领导的代表，受车间党支部的领导。该厂共有 5 ～ 7 个这样的人员或监管者。这些监管者每年或每两年由 50 个或差不多如此数量的车间成员选出，并经党支部同意。他们负责监督车间的福利政策的执行，是党支部和工人之间的传媒纽带。”不久，基层的党组织恢复了对职工福利事务的管理权，企业内部的工会组织成为工人福利的媒介，他们代表工人向工作单位的党支部和领导反映工人福利需求，由后者制定政策来满足职工需求。企业工会若想解决本企业员工生活困难的问题，能做的就是在企业工会成员之间建立互助资金。

1976 年，劳动部门虽然重新成立了保险部门，但当时并没有参与企业职工的退休事务。工人的福利由企业党委或党支部负责，执行者是企业革命委员会，但要通过它的管理代表（通常是劳动部或劳动工资部）。1977 年，企业革命委员会被撤销，企业的养老保险事务转由企业内部的工会和劳资科负责，但很快有些企业对退休职工的责任就变成了只负责发放退休费，结果“有的退休老人病故两年，厂里长期不知，一直继续发给退休费。对退休职工的生活困难，少数单位能解决，多数单位由于资金来源短缺而无法解决”。由此导致退休老人有意见，有人讲：“退休以后耳朵‘聋’了，眼睛‘瞎’了，国家大事啥也不知道了！”“干活干活儿，只有干才能活。像现在这样，没有人管我们，死也死得早！”工会、党委和企业领导根据养老政策共同决定工人应享受的福利范围和待遇标准，劳资科负责待遇发放，工会和劳资科均接受企业党委的领导。为了加强对企业退休职工的管理，国家重新确定企业与退休职工之间的关系和相应的管理机构。1978 年，华国锋提出：“工人福利在执行前必须集体讨论并由党委通过。党委应支持生产、并监督和检查它的工作。”“半年多来，公司党总支一班人和管理委员会的干部，分头走访了 140 多户退休职工家庭，边访问边解决问题。通过普遍走访，把有困难的家庭分为 5 种户，分别给予特殊照顾。”企业负责退休职工的退休费，也可以负责退休职工的个人思想和家庭生活等。

随着现代企业管理体制的引入，企业工会和劳资科在工人福利中的作用变得越来越重要。例如，1979 年 1 月，广东省江门糖厂的员工福利由工会和劳资科负责，劳资科负责发放由工会确定的退休人员待遇。“工会负责发布有关劳动保险和其他福利项目的信息。工会也是有需求的工人的求助组织，尽管他们不愿意承担此角色。工会还要负责职工的生、老、病、死、伤等福利项目，决定工人福利的合法性。”此时企业的劳资科成为工人养老事务的直接负责人。

随着企业退休工作的正常化和劳动部门工作的恢复，职工退休人数和费用均不断增长，但由于自 1969 年以来，职工退休费用由企业独自负责，此种政策与经济体制的改革出现了不适应。

第四节 总 结

养老保险政策虽然内容没有大的变化，但受社会运动的影响在管理体制上发生了重大变化。随着经济改革的推进，城镇职工的养老保险政策产生了新的问题，为此国家出台了一系列措施来促使养老保险工作的正常化。

一、养老保险政策存在的问题

（一）退休职工的待遇差距逐渐凸显

1978 年的 104 号文使用人单位职工的养老工作走向了正规，企业、机关事业单位的职工应退人员也实现了退休，但由于企业与机关事业单位职工工资此时出现差距，退休金的来源也不相同，企业进行了管理体制的改革，机关事业单位的管理体制则没有发生大的变化，由此两类群体的退休金开始产生差距。

在养老保障政策实施的过程中，职工退休之后也实行离休、退休与退职、干部与工人切块管理的模式。一般机关事业单位的离休或退休干部都有专一的管理机构，由国家财政出钱来为退休职工提供服务，然而多数企业的退休职工则处于无人管理或服务的状态。

（二）企业养老政策落后于用工制度的改革

1976—1979 年，工人的养老费用仍旧以员工的标准工资而非真实收入来核算，工人的真实工资构成和其他福利待遇会因企业的生产提高而得到改善。在当时，“单位的福利基金约占单位工资总额的 11.59%，并被作为劳动成本的一部分，这部分基金由单位控制并被用来资助集体福利、教育设施、住房和住房标准提高、幼儿园、食堂、工会的劳动津贴和一些劳动保险。奖金、红利基金则来自企业利润，若单位完成计划，将得到 5% 的工资和 10% 的计划之上的福利，这些钱用来资助集体福利和工会活动。”这里的单位主要是指国有单位和集体单位，其他性质的单位或没有单位的人员则不在这些保障范围内。

知青返城后大多数在劳动服务公司的管理下进入集体企业或自谋职业，其工资、住房分配、福利待遇等方面均缺失。一些城市集体企业的职工、自谋职业者和个体劳动者也缺少养老保险政策。这些群体不断呼吁国家给予他们应有的养老保障。

（三）企业养老负担苦乐不均

自 1969 年确定退休职工的养老费用由各个企业负责后，在 1978 年之前并没有出现过严重的问题。这是因为一方面企业退休人员不多，另一方面企业的养老金费用最终是出自国家的财政预算，由国家财政兜底的。1978 年之后，国家与企业的关系发生了改变，“利改税”产生了企业利润的差距，由此带来了不同企业存在养老负担不均的问题。一些历史悠久的企业退休职工比在职职工多，每年需要支付退休费占企业营业成本的比重较大，这使企业不但不能赢利，还年年亏损。例如，在1979年，上海市二商局下辖的集体企业的退休职工与在职职工人数比值达到1 ： 0.34。企业的离退休、退职职工比在职职工人数都要多，这种情况不仅出现在江苏、上海或辽宁这样的经济发达城市，但凡历史悠久、劳动力密集的国有或集体企业均出现养老负担偏重的现象。退休费或抚恤金等养老保障费用实行由企业营业外列支的办法影响了一些退休人员多的企业利润留成和在职职工的利益，某些利润少或亏损大的企业就难以负担退休职工的退休金。城镇职工养老保险费用进行社会统筹就变得势在必行。

（四）特殊的退休政策

1978年后，国家推行子女顶替政策本是照顾生活困难的职工群体，推进强制退休，但在实施过程中却造成了职工提前退休、退职的问题。一些职工，特别是家庭在农村的职工，为了让子女能够就业，就采取种种办法办理提前退休或退职；有些地方还制定地方性的子女顶替政策，扩大政策的照顾范围；一些机关和事业单位甚至也推行此政策，无子女顶替或子女不到顶替年龄的职工达到退休年龄也不愿退休；为了子女将来就业，一些职工采取坚持继续工作、修改职工档案登记年龄或户口年龄等办法来拖延退休，从而影响了职工的正常退休。例如，1979年，北京市第一机床厂380名退休人员中，有75%的人为子女接班而办理了退休。此时，有些企业还出现了职工要求对其不符合条件的子女进行工作安排的现象。例如，上海市一个钢厂有退休职工要求安排其四肢畸形或有严重疾病的不能参加正常生产劳动的子女顶替其工作。河南郑州一个农药厂进行违规操作，领导干部带头办理病退，招收子女顶替本人职位。此种现象在当时并非个案，甚至成为一种普遍现象。企业为了应退人员退休也采取了多种措施。例如，对于坚持工作者发退休调令，个人如果继续上班，不再分配工作，继续工作的算是义务劳动，其工资改发为退休费，退休前更改年龄的一律无效等。

面对子女顶替政策出现的种种问题，国家又出台补充措施，要求认真领会精神，严格执行政策，但在实施中仍出现这样或那样的问题，国家在1983年结束了此政策，从此以后，工人子女顶替政策就退出了历史舞台。

二、企业自主进行的制度创新

随着养老保险政策的实施，企业管理体制下的养老保险工作出现了一系列问题。为此，各地方、各行业和各企业纷纷进行管理探索，出台应对措施，解决所面临的难题。这些探索和应对举措为以后城镇职工养老保险政策的改革提供了借鉴。下面将就一些措施进行简要的论述。

（一）行业系统建立自管委员会

针对城镇职工养老保险政策对退休职工进行分而治之的管理办法，部分企业职工建立了自我管理组织，这些组织是模仿机关事业单位退休职工的管理组织，负责企业退休职工的退休生活。它们一般由企业的部分人员和退休职工共同组成，代表退休职工向企业反映问题，解决退休职工退休的生活娱乐等问题。例如，1980 年，抚顺西露天矿成立了由党委副书记挂帅的离退休干部管理委员会，下设管理总站和 6 个分站，其工作职责主要是对退休职工的家庭生活困难者进行救济、进行医疗费用补助，负责住房和业务活动等。

有些退休职工依靠自己的专业技术进行创业，并把创造利润所得服务于退休职工的生活娱乐。例如，辽宁铁岭站前街的退休职工一半以上是五级以上的技术工人。退休后一部分人员兴办了厂或店，安置了该区的待业人员，促进就业。在企业无管理人员管理退休职工时，退休职工自发地找单位或创业进行自我服务，建立了退休职工的服务组织。

（二）引入商业保险

有些企业出现退休费用支出有困难的问题，或因企业无法执行国家和地方的养老保险政策。为此，一些行业或企业开始引入商业养老保险，最早进行这方面尝试的是上海的一部分企业。上海市 1983 年就在一些街道的部分合作社试行社员的医疗和养老保险，参加此项保险的社员人数占当时全区合作社社员总数的 37.5%。保险的性质为商业保险，基金源于合作社和社员，其中合作社负责 70%，社员负责 30%。退休后养老金的待遇标准参照投保社员退休年龄、平均寿命、保险金年息和投保年限等指标综合核算来确定。商业保险的举措是对当时养老保险政策的一种补充，也是为了适应社会用工制度的变革，同后来的企业年金或企业养老保险理念相一致。

（三）局部地区建立基金统筹模式

为了解决企业养老负担苦乐不均的问题，部分地区实行了养老基金的企业、行业甚至地方统筹。例如，江苏省劳动局保险处出台《〈对集体商业职工退休金实行统筹〉的通知》，提出集体商业的养老基金实行统筹，统筹范围可以以公社、集镇、区、县或市为统筹单位。统筹比例按营业额和所需保险费用进行测算，一年一定，分摊到企业并准予在费用中列支，对有困难的行业要求给予适当的照顾。

能够实行行业或公司统筹的往往是总公司下属拥有很多分公司的企业。例如，开封市第二运输公司下属的 13 个单位中，“有的是全民所有制，有的是集体所有制，经济实力不一，退休职工所占的比例各异。结果，有的单位负担不起退休、退职费用，有的单位当前却负担很轻。”“从 1980 年 4 月起，实行了退休金统收统支的办法，保证了退休退职工作的顺利进行，促进了企业经济效益的提高。”“他们（退休职工）高兴地说：‘全民集体一个样，老年生活有保障’。”

（四）政府强化对退休人员的就业管理

随着国家对企业管理的放松，在财政分配上实行“利改税”，允许部分社会成员创业和自谋职业，这些措施刺激生产，提高劳动生产率，解决城市失业问题。但由于需要就业的城市待业青年缺乏知识和技能，许多已退休或退职的工人却拥有企业所需要的专业技能，结果许多企业为了提高生产效率、获得更多利润，纷纷留用和聘用退休、退职工人。针对此种就业难与返聘易的现象，国家采取限制退休职工的留用和返聘，加强对退休职工的管理。例如，辽宁省大连市在 1982 年几个月里使企业辞退不应该再受聘的退休或退职职工 7300 多人，安置了待业青年 3026 人，大幅度降低受聘退休职工的补贴。与此同时，加强对提前退休业务的管理，严格因病残退休、退职的审批手续，从而使全市每月办理病退的职工数下降为整顿前的 1/20。退休人员与就业人员之间的冲突在改革开放初期和经济恢复期表现明显，同时也表明养老保险的待遇领取条件存在管理上的漏洞或政策内容滞后。

1969 年所确定的企业管理职工退休的政策在实施了 15 年之后，出现的最严重问题就是它已经不能满足企业发展的需要了。随着整个国民经济不断向好的方向发展，国内生产总值不断增加，国家已经拥有一定的实力解决企业职工的工资和养老方面的问题。

随着集体企业和非公企业的出现，国有企业职工、集体企业职工和自谋职业人员在养老保险方面的差异也随之扩大，养老保险政策的不公平性越来越明显。这种不公平性不但表现在养老保险政策主要在国有和集体单位中实施，还表现在企业养老负担的苦乐不均上。

第四章 城镇职工养老保险政策的创新期（19840—1990 年）

一般社会政策会滞后于经济发展的需要，城镇职工养老保险政策的变化也滞后于社会经济的发展。1977—1983 年，一些企业出现了养老保险费用支付负担不均、部分退休职工无法及时领取足额养老金的问题。为了解决养老保险费用支付负担重的问题，有些地区开始实行养老保险费用统筹，国家也在部分地区开展养老保险政策的试点，试图建立企业与个人分担、国家负责的现代城镇职工社会养老保险体制，养老保险的创新期就此开始。

第一节 创新期的经济结构和社会结构特征

国家经济政策的变化使整个社会的产业结构和经济成分发生变化，市场力量影响了就业人员的流动，整个社会结构也发生变化，由此推动了城镇企业职工养老保险政策的改变。

一、经济结构的特征

国务院在 1984 年 5 月发出了《关于进一步扩大国营工业企业自主权的暂行规定》，企业获得了生产经营销售、人事劳动管理、工资奖金、联合经营等 10 个方面的权力。企业与国家的分配关系也进行了调整，企业由上缴利润改为纳税。1986 年底，国家在国有企业实行多种形式的经营承包责任制，给经营者以充分的经营自主权。全民所有制小型企业推行租赁和承包经营，全民所有制大中型企业实行多种形式的经营责任制。这一系列的改革是为了弱化政府对经济发展的过多干预，充分发挥市场的力量。

（一）国内生产总值

农村和城镇因经济改革所带来的效益直接体现在 GDP 的快速增长方面。1984—1990 年，全国 GDP 由 2316.1 亿元增加到 18667.8 亿元，在这 7 年内平均增长速度达到 17.2%。由图 4-1 可以看出，GDP 一直上升，前四年的增速尤为明显。人均 GDP 从 1984 年的 695 元增加到 1990 年的 1644 元，平均增长速度为 15.4%。国内总产值的增长增加了地方和国家的财政收入，为改善职工和国民生活提供了经济基础。

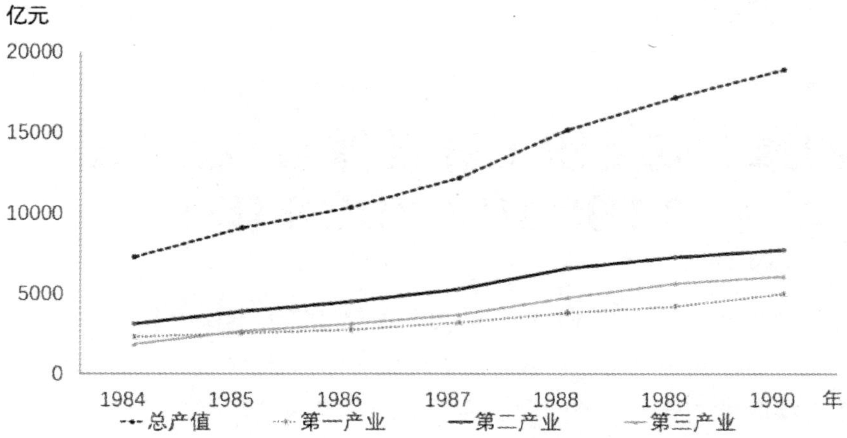

图 4-1 1984—1990 年的国内 GDP 及其构成

（二）产业结构

国家的 GDP 在增长，但三大产业的增速却有差别。从图 4-1 可以看出，第三产业从 1985 年以后发展得尤其快，在这 7 年里以平均 22% 的速度增长。从图 4-2 可以看出，第三产业占总 GDP 的比重不断上升，由 1984 年以前的约 22% 上升到 1990 年的约 32%。第一产业则是逐年下降，第二产业所占比重保持着相对不变，第三产业在整个国民经济中的发展地位日益重要，居民的消费成为经济发展中的重要构成部分。

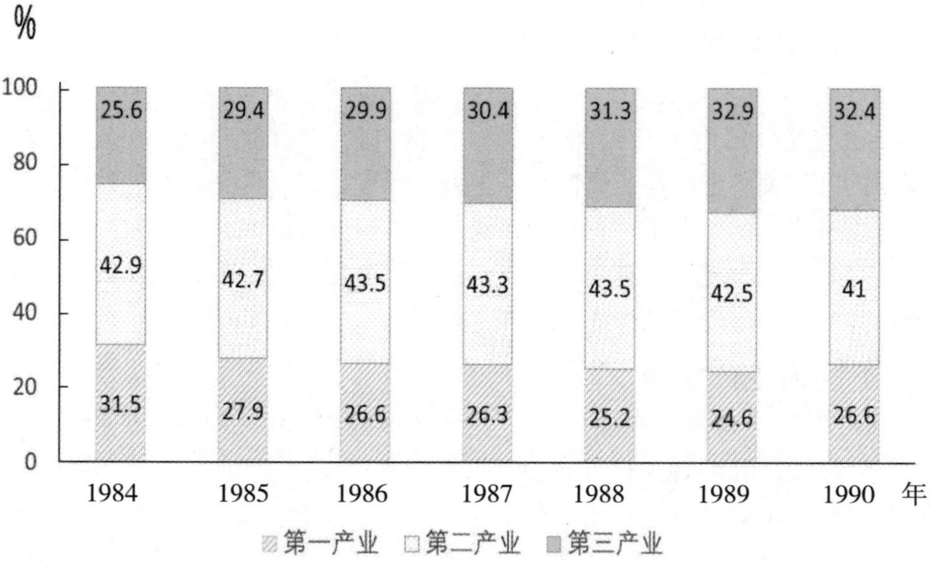

图 4-2 1984—1990 年三大产业产值占 GDP 的比重

(三)经济成分

1984 年起,国家允许城镇大力发展商业、服务业等第三产业。在最初阶段,个体或私营等非公经济成分的产值占总产值的比重不大,但却表现出相当强的活力和竞争力。

面对改革所带来的活力,国家提出了发展有计划的商品经济,出台了一系列有利于私营经济发展的政策。随着私营经济产值占总体产值的比重越来越大,国家又提出公有经济与私营经济共存的发展政策。“1988 年初,国家为了鼓励私营企事业(雇工 8 人或 8 人以上)的发展,修改了宪法,使私营企业合法化。”同年国家又颁布了《中华人民共和国私营企业暂行条例》,对私营企业的种类、经营范围、权利和义务等都做了明确的规定。

非公经济在国民经济发展中的作用越来越大,1986 年有 40 万个这样的企业,它们的产量占中国工业产量的 40%。发展市场经济如箭在弦,多种经济成分并存成为一种社会事实。随着城镇第三产业和非公企业的增多,城镇的社会结构也开始发生变化。

二、社会结构的特征

(一)就业人数变化

1984—1990 年,城镇就业人数继续增加,在第二、第三产业就业的人数不断上升,第三产业的就业人数增加尤为明显。1984 年,第三产业的就业人数占总就业人数的比值为 16.1%,到 1990 年则上升到 18.5%。

非公经济成分的发展解决了城镇失业问题。1984—1988 年,城镇登记失业人数为 235.7~296.2 万人,成为新中国成立以来失业人数最少的时期,失业率也保持在较低水平。1989 年以后,失业人数才再次上升。1984—1990 年,城镇失业青年人数不断增加。1984 年失业青年有 195.9 万人,1990 年上升到 312.7 万人,失业青年占失业人数的平均比重超过 80%。具体变化如图 4-3 所示。

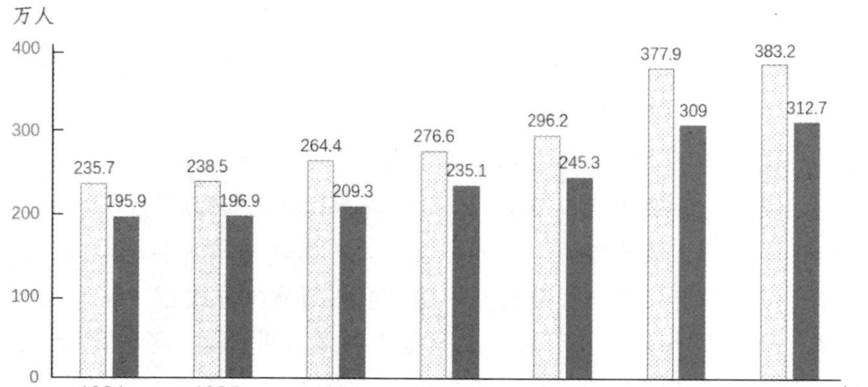

图 4-3 1984—1990 年城镇登记失业人数和失业青年人数

在非公单位或以非固定工身份就业的人数呈现增长的特征。据已有的数据统计，1984 年在非公企业就业的人数有 37 万人，占到总就业人数的 0.4%；到 1990 年，该人数增加到 164 万人，占到总就业人数的 1.2%。具体特征如图 4–4 所示。

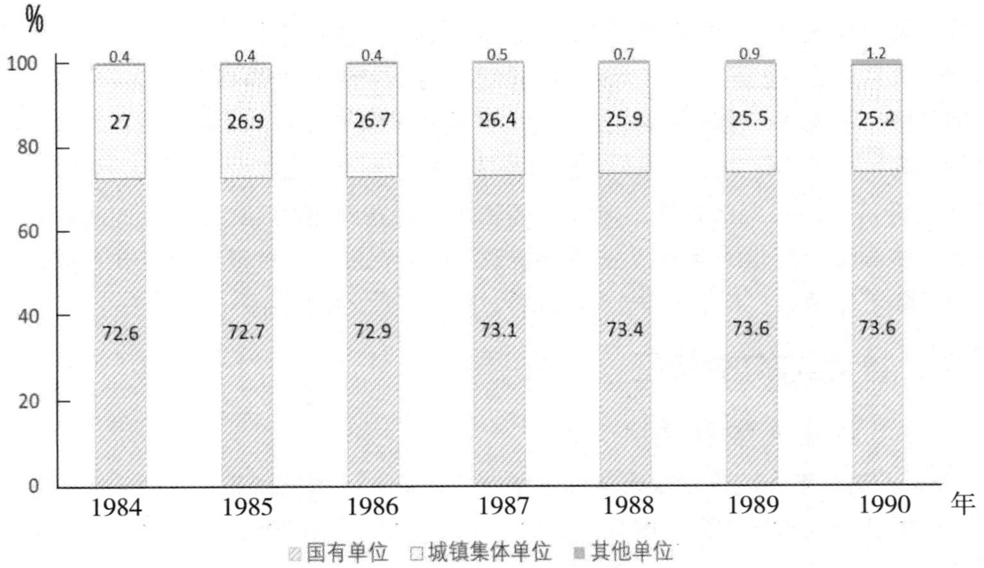

图 4–4 1984—1990 年在不同所有制单位就业的人数占总就业人数的比重

（二）职工流动

1984 年以后发展起来的第三产业中的非公性质的企业，大多是商业、饮食、服务业及食品加工等行业。这些行业人员的就业环境没有公有制单位好，职业稳定性差，劳动报酬相对较低又不稳定，因此这些行业在初期对当时在公有制单位工作的在职职工缺乏吸引力，它是城镇失业或待业人员、退休职工，特别是农村剩余劳动力的一种就业选择。

城镇失业或待业人员通过劳动服务公司进行流动。劳动服务公司是计划经济向市场经济过渡的一个产物，它的主管单位主要有街道、县或县以上的劳动部门、机关、企事业单位，这些单位在性质上属于公有制。劳动服务公司以城镇的失业或待业人员为主要服务对象，这些服务对象中 70% ~ 80% 的人员是企事业单位的职工子女。按照 1984 年之前的就业政策，这些企事业单位职工的子女大多应由其父辈所在单位接收，成为国营或大集体企业的正式职工，实行“谁家孩子谁抱走”的就业方式。1984 年之后，此就业政策开始收紧，劳动服务公司就用来解决这批人员的就业问题。劳动服务公司在 1981 年有 4838 所，到 1987 年增加到 41337 所。劳动服务公司兴办的集体经济实体在 1981 年为 5.92 万个，到 1987 年则增加到 23.29 万个。劳动服务公司建立的企业容纳了大部分城镇失业或待业人员。除此之外，一些城镇待业人员还进行创业，办个体或私营企业。

“从1979年到1985年，劳动服务公司先后为800万名待业青年安排了工作。”到1987年，在劳动服务公司集体企业累计就业的人数为1400万人，通过各种就业培训输送出去的劳动力达到670万人。劳动服务公司把本来应该流入国有单位的职工分流进了集体企业或非公企业。

城镇服务业的发展吸引了大量的农民工。在农村由于实行了家庭联产承包责任制，农民拥有了自由和空闲时间，剩余的农村劳动力再次释放出来。城镇远远优于农村的工作条件和生活环境吸引农村的劳动力向城镇流动。在1984年以前，国家不仅限制农业人口向城镇移居，也限制农业人口进城工作。尽管有少数农民工在城镇企业工作，却很难变为城镇职工，并享受城镇职工的待遇。随着城镇经济体制多样性的增加，用工方式转活，自由的劳动力市场逐渐形成，农民向城镇流动的人数逐渐增多。农民进城后有自己办个体的，有被各类企业雇用当小工的，有作为临时工被国有单位雇用的。

公有制企业与职工的关系发生变化，职工拥有了流动自由权。1976年后，机关事业单位工作人员的职位和级别与以前相比变化不大，但国有性质企业的干部与机关事业单位的干部相比发生了变化。“从前，（企业干部的）工资取决于干部在干部制度中的级别。现在，他们的工资取决于企业的效益。效益越好，工人和干部的工资就越高；反之亦然。可是，在非市场经济体制下，多数厂长并不乐于行使这项职权。结果，党和中央政府不得不为这3000多家国有企业建立统一的工资标准，包括24级干部和8级工人的工资，和50年代的模式几乎相同。”虽然干部的等级和归属没有发生太大的变化，但在1984年后，国有性质的企业推行厂长负责制，厂长决定工资分配，企业干部的实际权力发生了较大的变化。以市场为导向，谁更适应市场谁的权力更大。企业以利润导向使管理模式也发生了变化。

国有企业工人的工资构成和雇佣关系也变得与之前不同。国有企业开始对新招用的职工实行劳动合同制。1984年上半年，国有企业的合同工人达到了76万人。“1986年，中国颁布了针对所有国有企业工人的劳动制度，明确提出工人和企业不再保持终身雇用的劳动关系，国有企业要实行劳动合同制。”国务院颁布的《国营企业实行合同制暂行规定》提出：“企业在国家劳动工资计划指标内招用常年性工作岗位上的工人，除国家另有特别规定者外，统一实行劳动合同制。”“1986年全民所有制单位中合同制职工为524万人，比重占5.6%。”与国营企业签订劳动合同制的工人与传统的固定工相比存在工资和福利待遇的差别。

随着国家允许发展第三产业、非公经济，在第三产业和非公经济单位工作的职工在流动上比公有制单位更灵活，工资分配方式更能执行按劳分配的分配模式，再加上当时税收体制管理跟不上私营经济发展，私营企业就变得比以前有了吸引力。非公有单位对人才的吸引对公有单位形成了压力，当时就有一批固定工办理停薪留职，离开国有性质的企业进行创业或去非公单位工作，有些直接辞职进入非公企业或创业。

（三）职工工资

1983 年，国家对国有性质的企业职工工资进行调整，企业奖金改由从税后留用的利润中提取，并确定提取比例。1984 年，国家对职工的奖金实行上不封顶的方法，对超过一定额度的奖金要收税。1985 年，国务院发布了《关于国营企业工资改革问题的通知》，其中规定企业与国家机关事业单位的工资改革和工资调整“脱钩”。企业职工工资的增长与所在企业的经济效益挂钩，国家不再做统一的安排和调整。国家对企业进行统收统支的工资分配方式到此结束，不同所有制的企业均可以根据自己的经济承受能力采取灵活多样的工资分配方式，此时出现有些非公企业的职工工资高于一些公有制企业的职工工资的现象。

国有企业工人的八级工资制被打破，职工工资实行与效率效益挂钩。“到 1990 年底，全国已经有 5.7 万多户全民所有制企业实行了工资挂钩，职工达 4000 多万人。”在国有和集体企业，国家只控制该企业的工资总额，企业领导决定具体的分配标准。这种改变导致多数企业对工人不再依据统一的八级工资制，工人由八级而定的标准工资只是作为档案工资予以保留，在工作调动或退休时起作用。随着工资分配方式进一步改变，工人的标准工资占全部工作收入的比重逐年下降。在一些私营企业中，甚至不存在所谓的“八级工资标准”，实际总收入由工资、奖金和补贴等构成。“活的收入实际上已成为在职职工的固定收入，所占比重越来越大。据我们对大连市 32 个国营企业的 11 万名职工的调查。标准工资仅占职工月工资收入的 62%。”当时全国职工的标准工资占工资总额的 66% 左右，一些经济效益好的地区和企业，标准工资占工资总额的 50% 左右。国有企业职工的总收入中，标准工资比重降低，奖励工资的比重升高，但国有企业职工的工资收入却并未因此而拉大，因为此时的奖励工资经常被平均发放或接近平均发放。企业职工工资分配方式的多样化导致职工收入差距拉大。非公企业获得了更大的发展空间，其职工的工资水平逐年上升，与此形成对照的则是国有企业职工的工资水平在逐年下降。

从图 4-5 可以看出，1984—1990 年，其他单位职工的平均工资一直高于国有单位职工的平均工资，国有单位职工的平均工资又高于城镇集体单位职工的平均工资。其他单位职工的工资与国有、城镇集体单位职工的工资差距呈现不断扩大的特征。例如，在 1984 年，国有单位的职工平均工资为 1034 元，其他单位职工的平均工资为 1048 元，二者相差 14 元；到 1990 年，国有单位的职工平均工资为 2284 元，其他单位职工的平均工资为 2987 元，二者相差 703 元。其他单位职工的平均工资与城镇集体企业的职工平均工资差距更大。

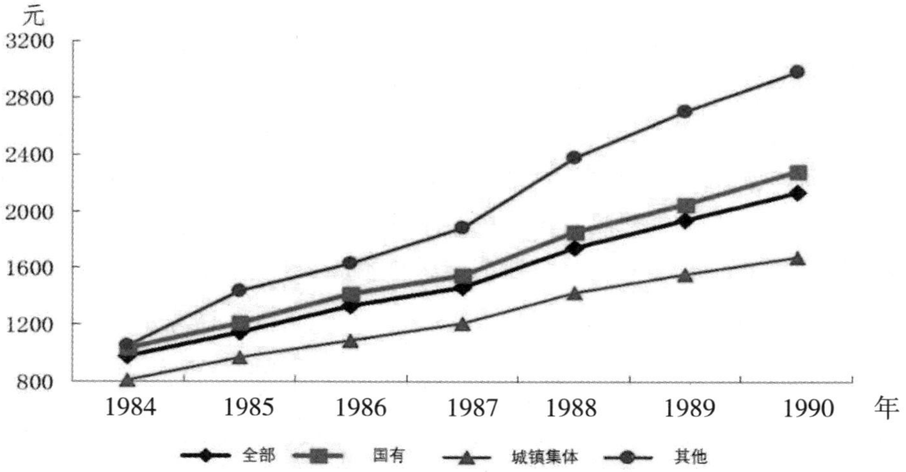

图 4-5 1984—1990 年不同经济类型企业职工的平均工资

产生这种差距的原因有多方面。国家虽然不再干涉国有和集体企业职工工资的具体分配方式，但国有和集体企业的传统工资分配方式还在继续发挥影响力。公有制企业职工的标准工资虽然降低了，奖金却提高了，只是奖金是以相对平均的方式分配。其他非公企业职工的工资分配方式因未受到历史分配方式的影响，也没有国家对工资总额的控制，其分配方式直接与效益挂钩，十分灵活。

国有企业与机关事业单位职工工资相比也产生差异。国有企业职工的工资在标准的八级工资之外，还有奖励性工资，其构成已经发生了较大的变化。国家机关事业单位的工资构成却没有发生改变，仍由基础工资、职务工资和工龄津贴等构成。在非公企业工作的职工大多是曾经失业或待业青年，文化程度不高，在整个城镇就业人群中属于社会底层。此时他们却因自谋职业而收入不断增长，或在私营企业挣着高工资。国有企业或机关事业单位的职工大多拥有较高的文化程度和社会地位，当时却拿着国家规定的相对低而固定的工资。随着公私单位职工收入差距不断扩大，人们开始对其表现出不满，把这种不合理或不公平的现象称为“脑体倒挂”“拿手术刀的不如拿水果刀”等。此时国有企业和城镇集体企业若不再进行分配方式的改革，提高职工工资水平，全民所有制职工向非公单位流动的问题将会日趋严重。

第二节 创新期的城镇职工养老保险政策

1976—1983 年，养老保险政策在实施过程中出现退休人数不断增多和退休费用不断增长的现象，国有企业职工的退休费用一直高于全国退休职工的平均费用。为了解决企业退休职工养老保险费用负担不均的问题，有建立退休人员自我管理组织的、有把退休人员组织起来搞创收的、有引入商业保险的、有进行行业或地区统筹的等。这些解决问题的方式都是建立在具有完善管理组织的公有制企业中。随着非公有制经济成分的增加，非公企业就业人数不断的增多，非公企业职工的养老问题就被提上日程，养老保险政策作为一种社会政策应适用于他们，而非仅限于国有企业和部分城镇集体企业的职工。为了解决这个问题，国家开始对社会养老保险政策进行改革。这一时期应是养老保险政策的创新期，下面就当时养老保险政策改革时期的功能定位、改革内容以及在创新期内实施状况进行分析与评估，考察在这个时期国家对城镇企业职工的政策设计是什么，具体实施的结果又如何。

一、创新期社会养老保险政策的功能定位

经济体制的改革带来城镇社会结构的变化，养老保险政策被创新就是因为旧有的政策无法满足社会结构的变化，此阶段的养老保险政策之所以从企业走向社会是由于原有政策在执行过程中不断产生问题。

（一）减轻国家财政负担

国家改变原有的养老保险政策，其中一个重要的原因就是减轻国家的财政负担。随着离退休、退职人员的待遇水平不断提高和退休人员的快速增加，退休费用的支出相应增多，而 1976 年之后国家的财政收支出现不平衡。1979—1980 年连续两年国家财政赤字达到 298.1 亿元，1981 年为 25.5 亿元，1982 年为 29.3 亿元，1983 年为 43.5 亿元。1978—1983 年，全国离退休人员平均每年净增 195.6 万人，离退休费用支出平均每年净增 14 亿元。尽管企业保险中劳保基金在财政上为营业外列支，但企业有一定比例的保险基金来自国家财政预算，当退休人员增多、待遇提高后，国家的财政负担就会增加。

国家财政收入之所以出现紧张是由于当时为了支持经济体制的改革，财政税收上实行放权减税让利的政策，财政收入占国内生产总值的比值下降，具体变化见图 4-6。在此之前，财政政策的主要特征就是中央统收统支，之后为了调动地方、企业的积极性，财政政策从 1980 年改为包干型。包干型的财政制度确实调动了地方的积极性，促进了企业的改革。地方政府的财权被增强，地方财政收入迅速增加，中央各职能部门不再直接下达政策目标。国务院于 1979 年制定并发布了《关于扩大国营工业企业经营管理自主权的若干规定》（国发〔1979〕175 号），对企业可拥有部分计划、销售、资金运用、职工福利基金和奖励基金使用等权力做了说明。

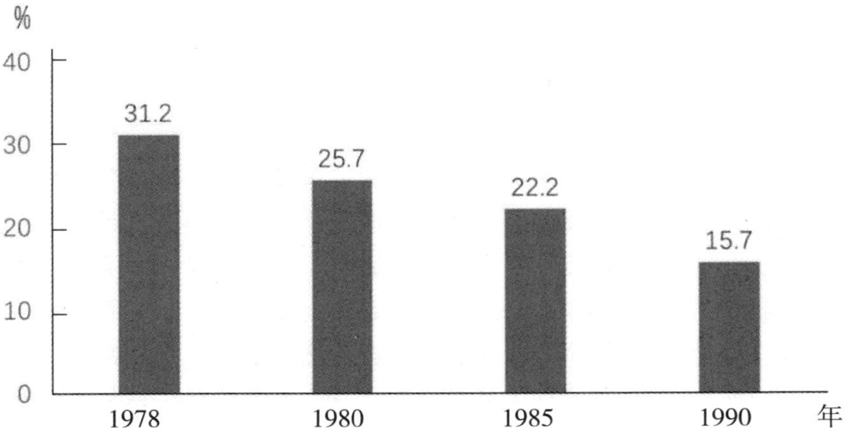

图 4–6 1978—1990 年财政收入占 GDP 的比值

财政改革导致中央财政收入相对减少，而用于退休职工的养老费用却不断增加。例如，1978—1990 年，全国财政收入年均增长率约为 8.2%，而离退休、退职人员费用的增长率则为 29.8%。在 1978 年，全国用于离退休、退职人员的总费用占全国财政收入的 1.5% 左右，1990 年达到约 19.7%。养老费用支出逐渐成为国家财政支出的一个重要负担。自 1984 年以后，国家决定对企业养老保险政策进行改革，目标之一就是减轻国家财政负担。1984 年，在江苏、广东等省份的部分市县开始进行退休费用社会统筹试点，由此拉开了企业职工养老保险政策从企业走向社会统筹的序幕。

（二）企业改革的配套措施

养老保险政策改革是整个国家推行企业改革的配套措施之一，该措施能够促进非公有制经济成分发展壮大，有利于进一步推进国有企业改革。

1. 促进非公经济成分发展壮大

养老保险政策一直以来都只在国有单位或计划内的大集体单位中实行，小集体和私营企业在政策规定上要求参照国营企业，但实际上一些企业也只是在 1978 年之后才开始启动。1984 年以后，随着在非公企业就业的人员逐渐增多，能被养老保险政策覆盖的人群占整个就业人群的比重变低。据《中国劳动工资统计资料》（1949—1985 年）提供的数据，1985 年在国有、集体单位就业的人数占全部城镇就业人数的 96.14%，养老保险政策所覆盖的城镇职工人数约占全部城镇职工总人数的 80%。1989 年在国有、集体单位就业的人数占全部就业人数比重为 94.58%，当年养老保险政策所覆盖的城镇职工人数占城镇职工总人数的比重则降低到 33.47%，1990 年下降到 30.52%。随着国有、集体单位就业人数在所有就业人数中所占的比重越来越低，养老保险政策覆盖面也变窄，更多的职工在养老保险政策覆盖范围之外。若此种状态一直持续下去，将不利于非公企业的发展。

2. 有利于进一步推进国企改革

1966—1976 年，养老保险的管理模式由国家下放到基层单位，企业的劳动保险基金管理由国家统筹改为营业外列支，虽然大部分资金最终源于国家，但国家划拨给企业的劳动保险基金的比例是相对固定的，若有不足需要企业自己解决。离退休、退职费用的支出成为企业经营成本的一部分，对离退休、退职职工提供服务也是当时企业的责任。国家的责任被弱化，企业自负养老基金筹集模式导致企业之间出现了养老负担畸重畸轻的现象。对于老的或大的国营企业，离退休人员可能较多，企业的养老负担相对较重；对于新的或小的私营企业，离退休人员少甚至没有，也就不存在养老负担的问题。地区间与行业间的养老负担也有差别。例如，改革开放后发展起来的东南地区的城市养老负担就轻，老工业地区如东北三省、上海等养老负担就重，“上海全民企业的退休费用占工资总额的 22.5%”，“广东省的负担就轻一些，广东的全民企业的退休费用占工资总额的比值则在 7% 以下”。

这种差别影响企业在市场中的公平竞争，因为企业若养老负担过重将无法集中财力投入生产，也就无法与同行业的企业在市场中进行公平竞争，从而阻碍了公有制经济的发展。老工业地区、大的国有企业的职工养老问题成为企业发展的一个重要负担，后来转变成了社会问题。

（三）体现劳动力市场的公平与效率

在计划经济时期，政府在全国范围内统一安排就业，城镇就业人员只有经过国家劳动或人事部门的正式分配才能成为固定工，接受所在单位的工资制度和各种福利分配，并最终从单位退休享有养老保险政策规定的养老金。在用工管理上，企业对于国家正式分配的固定工一般是无法辞退的。

1976 年后，国家劳动和人事部门面临巨大的劳动力分配压力，因为旧有的劳动分配方案和福利制度仍然有效，国有单位的稳定性和较高的福利待遇对许多就业人员都具有较强的吸引力。他们不愿意或不能离开自己的单位，优秀的人才无法流入非公单位，这反过来又抑制了其他经济成分的发展。为了增加经济成分的多样性、缓解国家统一分配就业的压力，国家开始发展劳动力市场，改变传统的招工和用工政策，允许企业拥有招工和用工的权力，劳动者从而拥有了流动的机会，能够与企业签订劳动合同。“在国家统筹规划和指导下，实行劳动部门介绍就业、自愿组织起来就业和自谋职业相结合的方针；要逐步推选公开招工、择优录用的办法；要使企业有可能根据生产的需要增加和减少劳动力，劳动者也有可能把国家需要和个人的专长、志向结合起来，选择工作岗位。”

1984 年 10 月，中共中央发出《关于经济体制改革的决定》，提出要增强企业活力，确立国家和全民所有制企业之间的正确关系，扩大企业自主权；在服从国家计划和管理的前提下，企业有权依照规定自行任免、聘用和选举本企业的工作人员，有权自行决定用工办法和工资奖励方式。1986 年，国务院决定改变公有单位的用工制度，对新人实行公开、竞争的招工方式，对破坏《中华人民共和国劳动法》的员工给予开除，对被裁减的工人提供失业保险，劳动合同工建立社会保险。

国家改变了劳动力就业方式，养老保险政策的创新或改革就被提上日程，重要目标之一就是促进劳动力市场的公平竞争，提高经济发展效率。国家放开劳动力市场，建立按劳分配、多劳多得的分配模式。在 1984 年之前的养老保险政策中，个人不承担任何费用并且待遇支付标准相对统一，这一制度安排与按劳分配理念存在不一致。在覆盖范围上，养老保险政策对非国有经济企业职工的养老权益保障不够，这有失劳动力市场的公平性。企业劳动用工制度和工资制度发生了变革，使计划经济体制下的养老保障政策已不能适应经济发展的要求。

到 20 世纪 90 年代，养老保险政策的改革变得势在必行。改革重心为扩大覆盖范围，非公有制单位的就业人员养老问题应该得到解决；在责任主体上强调企业和个人在养老方面的责任，弱化国家责任，国有企业及其职工也同样如此。

二、创新期养老保险政策改革的主要内容

1984—1990 年，养老保险政策在局部地区进行试点创新，为下一步建立全国统一的社会养老保险政策做铺垫。

（一）覆盖范围

城镇职工的养老保险从企业转到社会，与原来《劳动保险条例》不同之处是，不再以企业规模或单位性质作为参保标准，而是以用工性质作为参保的重要依据。当时，用人单位职工依据用工性质的不同可分为固定工、合同工、临时工和农民工等。由于《劳动保险条例》覆盖了公有性质企业的固定工，合同工、外资企业的中方职工、临时工等是否被养老保险政策覆盖并没有明确的规定。

在城镇职工养老保险政策创新期，最先覆盖的对象为用人单位的合同工，在时间上最早可以推到 1982 年。1982 年，国务院体制改革办公室提出要发展社会保险事业，当年就开始在少数地区进行试点。“1982 年 3 月，在江苏常州进行试点，要求企业集资、国家补贴和对达到一定工资水平的在职职工的工资提取一定比例以筹集社会保险养老基金。退休职工由地方社会保险机构管理。”1983 年 3 月，劳动人事部颁布了《关于积极试行劳动合同制的通知》，其中提出城镇劳动合同制工人的工资、福利和保险待遇不再沿用固定工吃“大锅饭”的办法，而是采取社会保险的方法，养老保险基金主要从企业提取，地方财政适当补助和个人少量缴纳，明确养老保险待遇同缴费年限和缴费工资相关。此创新思路同当时追求市场效率的原则相匹配。

在合同工实行社会养老保险政策不久，国家就提出应把该政策推广到公有性质的企业及其职工。1983 年 4 月，国务院颁布了《关于城镇集体所有制经济若干政策问题的暂行规定》，其中规定城镇集体所有制企业可以尝试建立社会保险。1983 年 10 月，劳动人事部提出在全民所有制单位对固定工实行退休费用的社会统筹。1984 年，国务院决定扩大试点范围，在江苏、广东等地区的一些市县进行试点，国营企业和城镇集体企业推行养老基金的社会统筹制。

1984 年 1 月，经国务院批准，劳动人事部发布了《中外合资经营企业劳动管理规定实施办法》，对合资企业的中方职工实行劳动合同制，企业需给中方职工支付劳动保险、福利等费用，管理机构由中方合营企业的工会组织负责监督使用，待遇标准同国营企业职工相一致。

1986 年，国务院颁布了《国营企业实行劳动合同制暂行规定》，其中规定社会养老保险政策适用于新招用的劳动合同制工人，合同工的社会养老保险全面铺开。云南、安徽、河南、福建、湖北、甘肃、广西、浙江、上海、天津等省份制定了合同制工人的社会保险办法，由省份人民政府批准试行。自此开始，各地政府或社保职能部门开始在国家统一文件的指导下出台适用于本地的社会养老保险政策。

在全国劳动合同工实行养老基金社会统筹的 4 年后，固定工实行养老保险基金社会统筹的模式启动。1990 年 4 月 17 日，劳动部转发江西省南昌市劳动局《关于实行固定职工个人缴纳退休养老保险费的通知》，从此企业固定工和合同工的社会养老基金统筹方式形成统一。

城镇企业职工养老保险政策产生于用工体制的改变，从合同工扩展到固定工，仍以国有性质企业为主，包括外资企业，但没有涉及私营企业或个体户。机关事业单位固定工的养老保障政策因用工体制没有改变从而也没有发生变化。

（二）责任主体

与过去养老保险政策不同的是，合同工的社会养老保险政策的责任主体是企业、职工、地方政府和国家。企业和职工是主要的责任主体，地方政府从统筹基金中征收一定的管理费用，统筹基金主要用于给退休人员发放养老金。养老保险基金实行地方统筹或行业统筹，当时确立的最终目标是全国统筹，从而体现社会保险风险共担的特性，提升基金的保障能力。

在责任的具体分配上，最初建立的养老保险基金由企业和合同工共同分担，其中用人单位缴纳本企业劳动合同制工人工资总额的 15% 左右，劳动合同制工人缴纳的数额为不超过本人标准工资的 3%。此阶段的费用统筹范围一般为县、区或行业内。

当国营企业、集体企业的固定工推行养老保险基金社会统筹时，国家提倡在企业内部建立补充养老保险，提出“三位一体”的养老体系。所谓“三位一体”即由政府主导建立基本养老保险、企业建立补充养老保险、职工个人建立储蓄性养老保险。“三位一体”

的养老保险政策体系，与过去相比，加大了企业和个人在养老中的责任和负担，相对弱化了国家对职工养老的责任和财政负担。

总之，创新期城镇职工养老保险的责任主体偏重于用人单位和职工，地方政府或国家更大程度上是管理者和兜底者。

（三）待遇标准

养老保险政策的创新除扩大覆盖范围外，各地在待遇标准上根据经济发展水平和物价指数进行及时调整，提高了离退休人员养老金的标准。

提高离退休人员养老金所采取的一种办法为直接增发待遇。例如，1989年12月，劳动部、国家计委、财政部发出《关于1989年国营企业工资工作和离退休人员待遇问题的安排意见》，其中提出要提高离退休人员的待遇水平。另一种办法是增加退休职工的待遇内容，如增加生活补贴费或其他费用。例如，1985年1月，国务院发出《关于发给离休退休人员生活补贴费的通知》，规定国家机关事业单位的离休、退休人员，从1985年5月1日起，财政支付给离退休人员每人每月17元的生活补贴费。企业则可根据自己的负担能力发给离退休人员每人每月12～17元的生活补贴费。

实行养老保险费用社会统筹的职工，其退休后待遇标准分两种。一种为离退休人员达到按月领取养老金的条件，办理退休后按月领取养老金待遇，直到本人死亡终止，其养老保险的待遇包括退休费（含国家规定加发的其他补贴、补助）、医疗费和丧葬补助费、供养直系亲属抚恤费、救济费，待遇水平的高低与缴费年限、本人工作期间的平均工资相关。另一种是对缴纳退休养老基金年限比较短的工人，退休时养老费用一次性发放给本人，其后的养老和医疗费用均由本人自负，国家或企业不再承担责任。

创新时期针对特殊人员的特殊政策逐渐收紧，但并没有禁止。例如，高端专业技术人才或特殊干部等少数职工在政策上可以继续延长离退休年龄，不做强制性离退休，职称或级别越高其延长退休的时间就越晚。

（四）管理机构

1986年前，职工养老保险的管理机构主要为企业的劳资或相关部门。1986年后，国家设立专门的社会保险管理机构。《国营企业实行劳动合同制暂行规定》确定了劳动合同制工人的养老保险管理机构不同于原来国有企业固定工的管理机构，劳动合同制工人的退休养老工作由劳动行政主管部门所属的社会保险机构管理，其主要职责是筹集养老基金，支付退休养老费用和管理退休工人，该机构所需要的管理费用从统筹基金中抽取。

国家除要求为合同制工人建立专门的管理机构外，还要求把行业统筹和中央统筹基金划归地方管理，建立社会养老保险基金的地方统筹，具体的养老保险业务由地方管理。国家要求地方服从和领会劳动部门的改革思路，不能自行决定社会养老保险的统筹标准和发放标准。1987 年 5 月，劳动人事部发出《关于设立各级退休费用统筹管理委员会的通知》，要求对养老保险基金进行人、钱、事的统一管理，办公机构设在劳动人事部门。1990 年 4 月，劳动部办公厅发出《关于集体所有制企业职工退休费用社会统筹工作管理问题的复函》，强调在国务院没有新的规定之前，社会保险的管理体制不得改变，企业职工的社会保险工作由劳动部门负责管理。同年 10 月，劳动部发出《关于加强养老保险基金的征缴和管理工作的通知》，强调社会养老保险的事务管理应从企业转移到地方政府所设立的职能部门中，实行专款专用。

在基金管理上，社会养老保险基金由银行参与管理。1988 年 5 月，劳动部发出《关于退休养老基金管理问题的复函》，要求各地在国务院未做出新的规定之前，社会养老保险基金应存入社会保险机构在银行开设的退休养老基金专户，专项管理、专款专用，严禁挪用。

为了避免在改革过程中富裕地区的地方政府擅自改变养老保险的统筹标准和待遇水平，影响其他地区养老保险政策的改革，相关部门确定了统一执行改革的要求，把社会养老保险业务进行了责任分工。1989 年 8 月，劳动部发出的《关于在养老保险制度改革中应注意的问题的通知》强调：（1）国务院对社会养老保险基金的统筹标准和待遇发放标准具有绝对的权力。未经国务院明文授权，各地都无权对全民企业退休费计算基数和计发办法自行拟定方案进行改革。（2）若没有来自中央的相关规定，应参照中央或劳动部的改革思路。在劳动部草拟的《企业职工养老保险条例(草案)》尚未确定之前，有关全民职工的养老保险问题，各地可根据劳动部关于企业职工社会保险制度改革设想的思路和原则拟定办法，报当地人民政府批准后组织试点。

创新期内，国家形成了建立政府统一管理机构的治理理念，这有利于下一步社会养老保险事务由企业过渡到政府机构。

1984—1990 年的社会养老保险政策改革的目标就是服务于经济体制改革的需要，解决实施 1969 年、1978 年两次养老保险政策所产生的养老问题。此次社会养老保险政策改革的重点是覆盖合同工，形成了社会养老基金需要社会统筹的理念，提出了企业和参保职工是社会养老保险的主要责任主体，国家只是起到管理和监管责任，同时待遇标准与职工个人的工作状况结合起来，弱化了企业性质对职工养老待遇所产生的影响。

第三节　创新期的社会养老保险政策实施的情况

创新期的社会养老保险政策基本理念就是所有企业风险共担，共同承担原来各自企业所承担的社会养老责任。

一、养老保险基金启动社会统筹

创新期养老保险基金开展社会统筹的试点范围不断扩大。截至 1987 年底，全国约有 1/4 的市或县实行了试点。上海、北京、广州、武汉、重庆等经济相对发达的直辖市、计划单列市以及一些省会城市均实行了全市统筹，约占市建制总数的 1/3。“到 1989 年 4 月，全国 30 个省份的全民所有制企业固定工实行退休费用社会统筹的市、县已达到 2141 个，占全国市县总数 2371 个的 90.3%。其中，20 个省份的所有市县实现了退休费用社会统筹。全国已有福建、北京、天津、上海等 4 个省份已实行了全省、直辖市退休费用社会统筹。13 个省份的 49 个地市实行了地市统筹，占全国地市总数 326 个的 15%。”在行业系统，1986 年，“全国参加行业统筹的在职职工约 1400 万人，占国有企业职工总数的 20%，离退休人员 360 万人，占全国离退休人员总数的 20%。” 1990 年末，全国城镇职工人数为 17041 万人，其中参加城镇职工养老保险基金统筹的职工人数有 5201 万人，占城镇职工人数的比重为 30.52%，这 30.52% 的参保人员主要是各用人单位的合同工。

1984 年以前，全民所有制企业实行的是《劳动保险条例》和 1978 年 104 号文，县以上大集体企业只是参照全民所有制企业执行。1984 年后，试点区除了在全民所有制企业和大集体实行养老基金的统筹外，县以下的或街道的小集体、劳动服务公司等集体企业也都进行了养老保险基金统筹，并自定退休待遇标准。

创新期内，非试点区主要是合同工或临时工实行养老保险基金统筹，因此试点区的社会养老保险政策覆盖范围更广，养老保险更具有社会性和市场特征。但因为是试点，基金的统筹范围就比较窄，一般只限制在局部地区、行业、部门内。这一切为下一步城镇企业职工的养老保险政策全面推行奠定了基础。

二、养老保险责任主体发生变化

1951—1982 年，城镇职工养老保险的责任主体主要是企业和国家。其中，机关事业单位固定工的养老责任主体是国家，企业从部分企业统筹转变为由国家背书的各个企业自己负担。

自 1982 年起，企业职工养老保险的责任主体在试点区或部分职工身上发生变化，因出现了社会统筹基金，进行参保的企业和职工均要承担责任，国家的责任被弱化但并不是退出。

三、养老保险金支付压力增大

创新期内，退休人员继续增多。因国家对不同群体的养老保险待遇实行了不同的标准，在职职工与退休职工之间的收入差距呈现不断扩大的特征。

（一）退休费用的基本情况

1984年全国离退休总人数为1478万人，到1990年末全国离退休人数达到2301万人，年平均增长速度为7.65%。在离退休人员中，国有单位的离退休人员占主体，其次是城镇集体单位，其他单位的离退休人数占总离退休人数的比重非常低，到1990年也只有0.5%，具体数据如图4-7所示。离退休费用主要支付给国有单位和城镇集体单位的离退休职工。

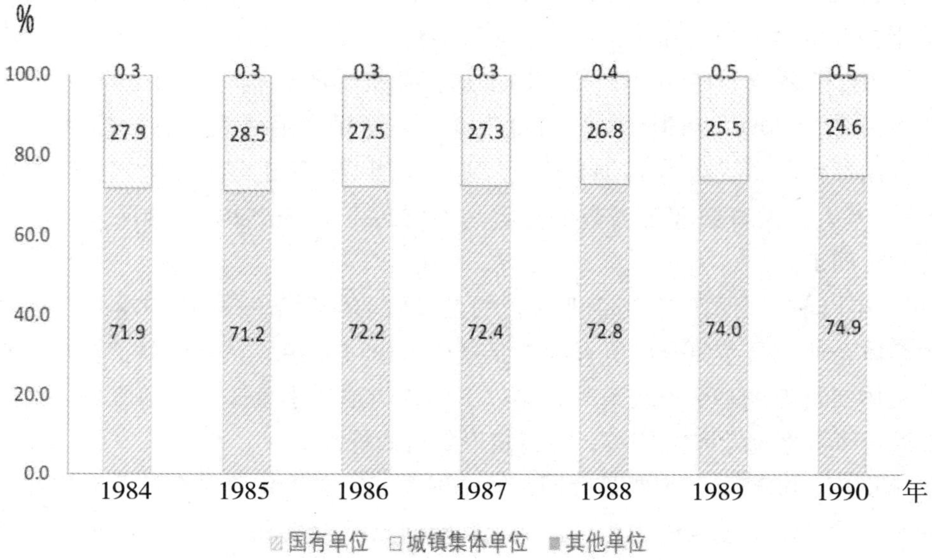

图4-7 1984—1990年不同单位的离退休人数占总离退休人数的比重

将图4-7与图4-8结合起来分析，1984年，国有单位离退休职工占总离退休人数的比重为71.9%，国有单位的离退休费用占总离退休费用的比重为79.7%。到1990年，国有单位离退休职工占总离退休人数的比重为74.9%，国有单位的离退休费用占总离退休费用的比重为80.7%。在离退休人数上升3个百分点时，退休费用却只上升了不到1个百分点，离退休人员待遇水平在此时期没有明显的提升。

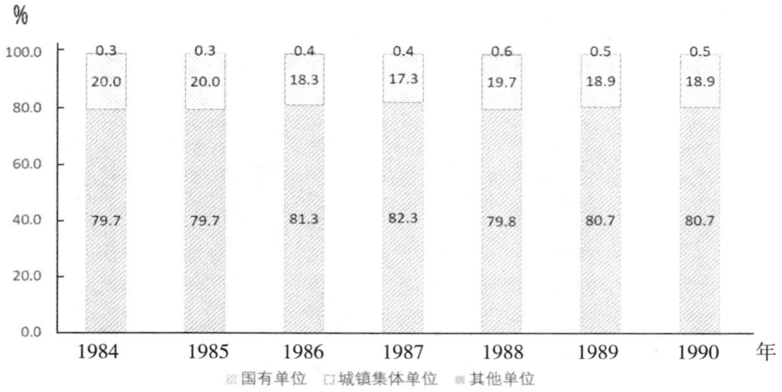

图 4-8 1984—1990 年不同所有制单位的离退休费用占总离退休费用的比重

在在职职工工资升级的情况下，1989 年 12 月，国务院批转劳动部、国家计委、财政部关于《1989 年国营企业工资工作和离退休人员待遇问题的安排意见》提出："企业职工工资的增加取决于生产经营的发展和经济效益的提高，企业职工的工资总额同经济效益挂钩。企业职工增加工资，在国家核定的增资幅度内，由企业自主安排。适当给离休、退休人员增发离休费、退休费，适当提高退休费、退职生活费的最低保证数。其中，增加离退休费用所需的经费按现有渠道解决，具体办法，请各省、自治区、直辖市人民政府制定。集体所有制企业单位工资工作如何安排、离休、退休人员是否提高生活待遇及提高多少，由各省、自治区、直辖市人民政府结合实际情况研究确定。"该规定确定了增发的退休待遇从原渠道解决，即由企业自行解决。若企业没有能力解决，该企业职工的养老保险待遇调整就无法实施，那就意味着在职职工与退休人员之间的收入差距将不断扩大。实际情况是当时养老金的替代率已在下降，但国有单位的养老金替代率仍高于全国水平。

把图 3-9 的 1978—1983 年全国养老金替代率与图 4-9 的 1984—1990 年的全国养老金替代率进行对比可以看出，1978—1983 年全国养老金替代率都在 90% 以上，而在 1984—1990 年，全国的养老金替代率降为 75% 左右。国有单位的养老金替代率在 1978—1983 年时在 90% 以上，而在 1984—1990 年国有单位的养老金替代率降到 80% 左右。

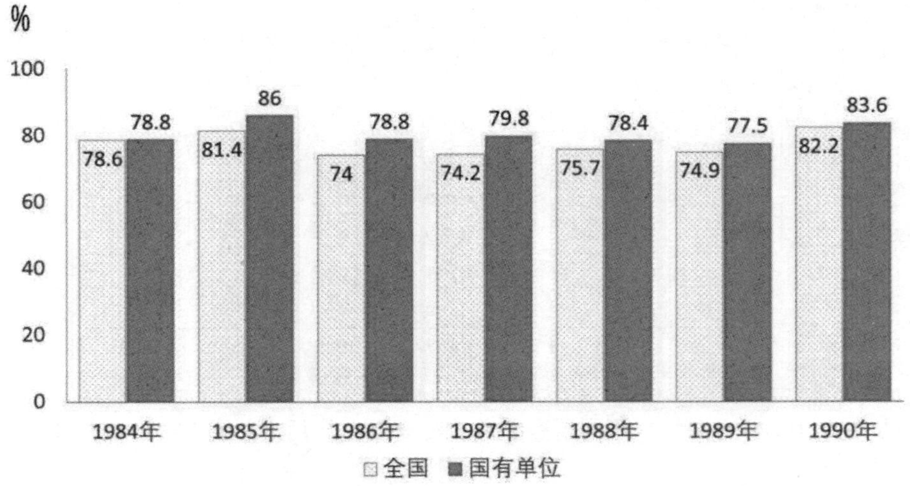

图 4-9 1984—1990 年全国和国有单位的养老金替代率

试点区的集体企业进行系统内的退休基金统筹，可自定待遇标准。有地区自定的标准体现按劳分配原则，即退休职工待遇与本人对企业贡献大小、参保时间长短相关，养老金的替代率分别为退休时本人标准工资的 40%、50% 和 60%。除此之外，还有退休养老补助金，这部分基金则与企业的经济效益相关，并由企业自行确定。有地区由参保单位和个人每月按工资总额的一定比例向社会劳动保险委员会交费，退休后的待遇标准按投保时间长短来确定。还有一些由企业或职工个人向保险公司投保，按投保时间长短和缴纳多少来确定发给多少养老金。无论待遇标准如何确定，因集体企业职工的标准工资低于国有单位，退休职工的待遇与国有单位职工的退休待遇产生了更大的差距。

同样的差距也存在于企业与机关事业单位之间。例如，1990 年，企业职工的平均工资水平为 2148 元，人均离退休、退职费为 1664 元，养老金替代率为 77.5%。事业单位职工的平均工资水平为 2119 元，人均离退休、退职费为 1889 元，养老金替代率为 89.1%。机关单位职工的平均工资为 2107 元，人均离退休、退职费为 2006 元，养老金替代率为 95.2%。

经济发展使在职职工的工资收入与退休职工的养老金水平之间差距变大，不同单位性质或经济类型企业的退休金差距也被拉大。当时由于社会养老保险的改革理念中存在强烈的效率至上理念，有些地区甚至主张把退休金改成固定与浮动相结合的发放方式，打破当时退休待遇中“大锅饭”的分配方式。

（二）特殊群体的特殊政策

1990 年，社会养老保险政策对特殊群体的照顾有了变化，具体表现在受优待的范围变窄，待遇标准却相应增高。

自 20 世纪 50 年代起，国家只对少数干部实行离休政策。少数机关事业和企业的高级专家或高级干部可以享受离休待遇，工人不在此优待政策范围内。但在具体实施中也有例外。在《关于〈贯彻国务院关于老干部离职休养规定中具体问题的处理意见〉的问题解答》中规定：对于中华人民共和国成立前参加革命工作并享受供给制待遇（或从事地下革命工作）和 1948 年底以前享受当地人民政府制定的薪金制待遇的干部，达到退休年龄时其身份是工人的，若具备一定条件者也可以办理离休。这些条件一般是曾经当过较长时间的脱产干部，并且不属于因犯错误或受处分而被组织安排当工人的。若符合离休条件的干部，因历史或当时有问题的被定为敌我矛盾的也不能办理离休。此时期的补充规定进一步明确了离休政策的适用范围是受限的。

自从城镇通过劳动服务公司或非公性质的企业解决失业问题后，国家在就业政策上开始严格限制子女顶替政策。从 1984 年开始，国家对国务院 1978 年 104 号文发布后招收的退休、退职职工的子女，进行检查、考核和清理，清退明显不符合招工条件的子女。

创新期内，退休职工的养老保险待遇标准不统一，全国各地区甚至同一地区不同行业其退休待遇也存在差距，企业职工的退休金待遇虽比过去有所提高，但养老金的替代率却在下降，企业退休职工之间的待遇差距不但存在，而且内部差距变大。

四、管理机构实现相对统一

企业职工养老保险基金要实行跨企业统筹，就需要专业的管理机构。最先一些企业在行业内进行统筹，由主管部门负责。例如，辽宁省兴城和黑山两县在 1984 年 6 月已经在工业、交通等 25 个系统的 471 个全民和集体单位、5 万多名职工中实行了养老金统筹，统筹单位为企业主管局，费用实行统一提取、统一支付和互相调剂。集体企业和全民企业各自分开，单独核算。对于占国有企业职工 1/5 的行业系统，其管理机构为行业自设的行政机构。当时建立行业统筹而不参加地方统筹的主要原因是行业多是全国联网性质的国有经济部门，从业人数多，行业内部的生产和财务核算相对独立，再加上地方统筹层次低，行业统筹就显得非常必要，这是当时非常务实的管理需要。

不在行业统筹范围的企业，则由地方政府设立的社会保险经办机构进行管理。截至 1989 年 4 月，全国有 20 个省、自治区、直辖市成立了省级退休费用统筹管理委员会，并有 381 个市县对退休费的发放实行了社会化管理。随着社会保险业务机构的成立，管理人员也逐渐增加。截至 1989 年 4 月，全国社会保险机构编制人数已达 18017 人，实配人数有 15819 人，相当于编制人数的 87.8%。

这种统一中也存在不统一的地方。例如，企业退休职工从中央到地方没有统一的专管机构，各地方的管理机构也不统一。退休职工退休后仍与原单位存在关系，即企业要对退休人员的退休金、退休生活等承担一定的管理职责。企业职工的养老基金的监督工作也不统一，有的由企业的工会监督，有的由退休职工管理办公室监督或检查，有的由职工个人自管自查。总体而言，创新期的社会养老保险事务的管理机构多种多样，劳动、工会、民政、财政等部门都有相应的机构和人员负责退休职工的管理工作，富有地方特色。

创新期养老保险政策的主要目标是推行养老保险基金的社会统筹，扩大覆盖面，确立专一的管理机构，解决有些企业养老金发放困难的问题。实施的结果是社会养老保险基金的统筹试点成功，覆盖范围由小县城向大省市扩展，统筹标准全国各地不统一。因各地可根据自身情况自定标准，由此产生了不同政策规定下的退休职工享受着不同的待遇标准。养老保险待遇的差距不但因单位性质或企业不同而产生差距，也因地区、行业等因素的不同而形成差距。这些不统一成为以后社会养老保险政策实行全国统一的障碍。

第四节 总 结

如果对创新期的社会养老保险政策内容和实施结果进行评估，以覆盖范围、责任主体、待遇标准和管理机构四个方面来进行分析，改革体现的是一种效率原则，企业职工在改变困境中实现了创新。

一、参保对象各自为营

经济环境改变了，在非公企业就业的人数增多，城镇小集体企业职工的养老问题也被关注，国有企业和城镇大集体企业的退休负担重的问题就变得突出，当时城镇职工养老保险政策在实施中出现的种种现实问题决定着政策需要改革。

创新期确定建立养老保险基金的社会统筹模式，主要是解决老企业中退休职工养老费用负担重的问题。由于当时国家还没有形成统一的改革思路，就允许地方或行业发挥各自的智慧进行创新，因此就出现了因企业性质、地区、职工被雇用性质等不同而形成了不同的统筹基金。与之前的《劳动保险条例》或 1978 年的 104 号文相比，养老保险政策覆盖范围扩大了，与以前相比有了很大的进步，但并没有形成统一的标准，更多的是以县或行业为单位，各自为政。

为了解决失业问题，让更多的就业人员流入非公企业，国家就应给予这些职工养老待遇，于是国家设置了劳动合同制工人的退休养老基金的社会统筹办法。为了减轻国有企业的养老负担，国家又设置了全民所有制固定职工退休养老基金的社会统筹。大的行业系统长期以来就统一管理，各自的行业系统内又实行了自身的养老基金统筹。不同城市、不同县城、不同省份或直辖市、不同用工性质、不同的行业系统等均形成了各自的养老保险基金库。由于各统筹基金之间相互封闭独立，政策又相对不统一，于是再次产生了统筹基金“多寡不均”的现象。

二、基金保障水平有限

统筹基金不但调剂功能差，而且还存在基金筹集有困难，主要表现为三个方面。第一，不同统筹范围不但不能进行调剂，而且由于统筹范围低，统筹基金大多只能在县与县之间调剂，行业内部调剂，或企业与企业之间调剂。例如，“合同制工人的退休养老基金在相当长的时间内随着劳动合同制工人的不断增加，积累越来越多。”“固定工的退休养老基金，随着固定工队伍的老龄化，提取退休养老基金的比例越来越大，以致到一定的时间会出现企业难以承受的地步。”第二，不同企业缴费的意愿性或能力不同。实行养老基金社会统筹后，企业必须为所雇用职工预交一定的费用给社会保险管理机构。原来企业只需对退休职工的养老金进行现提现用，现在则需要拿出更多的资金缴纳养老保险费，于是许多企业感觉负担增大，不愿意缴纳。特别是一些新成立的商业或服务业性质的小企业，员工多而利润小，按照同国有大型企业一样的缴费标准缴纳养老费就产生了困难。若让其在微利的基础上再去积累养老保险基金，集体企业的发展就受到影响。非公企业当时解决了城镇失业问题，退休职工少，让他们同公有性质单位同比例缴费，为国有企业和城镇集体企业的退休职工买单，在当时看来有失公平。于是有些企业，“人为地造成企业已付账，而基金却迟迟不能收账的现象。”“一些退休养老负担较轻的单位，一旦遇到生产经营不景气就拖欠退休养老基金，有的单位在几个银行开设账户而所提供的缴纳退休养老基金账户上长期无款。”无论是因为有困难不能缴，还是因为感觉不公平而不愿缴，总之出现了企业不缴费的现象。第三，不同地区缴费意愿性或能力也不同。由于东部经济发展好于西部地区，东部企业的经济效益比西部地区的好，故在基金筹集上西部地区的企业缴费要困难些。西部有些县只有少数的国有企业，职工也只有几百名，退休职工几十名。在这些地区，社会统筹与企业统筹的差别也不大，因此推行改革的积极性也不高。

在基金统筹有保证的地区，职工的退休金才能得到有效保证。当统筹基金出现筹集困难，各统筹基金之间又不能相互调剂时，在扩大覆盖范围的情况下，职工养老保险政策的实施仍旧不能解决之前企业支付负担重的难题。

三、待遇标准有高有低

职工退休后的养老保险待遇受外界多种因素影响，从而有高有低。退休年龄越早的职工其养老金待遇水平越低。

(一)集体企业的退休职工待遇相对较差

建立统筹基金主要是为了解决职工养老金支付困难的问题。但当基金筹集出现困难时，退休职工的养老金支付就出现问题，经济效益差的地区或企业，此类问题就更严重，经济不发达的西部地区这种情况最明显。例如，“由于集体经济本小利微，如果企业发生亏损，退休费就失去了资金来源。据重庆市江北区和江津县的工业、交通、商业、供销系统所属415个实行退休养老制度的集体企业统计，1987年亏损企业达62个，亏损面占15.2%。这些企业退休费无法提取，一些企业不得不挪用生产发展基金和流动资金，甚至变卖生产资料支付退休费。即便这样，退休费仍不能按时发放，有的一再降低标准。发不出退休养老金的单位占33.2%，发60%退休费的单位占43.5%，因企业没有支付能力而没有得到12 ~ 17元生活补贴的占退休职工的72.6%。”

城镇集体经济不像国有经济那样统筹基金有保障，集体经济企业职工退休待遇高低只能依赖于所在企业的经济效益。若经济效益好，统筹基金多，待遇就可能高；反之，经济效益差，统筹基金少，其待遇就低。集体单位与国有单位的退休职工的退休待遇差距随着经济效益差距扩大而逐渐扩大。后者的养老金待遇高，来源相对稳定可靠。

（二）不同时期退休的职工待遇水平有差别

依据政策规定，退休职工的退休金是退休前职工工资的50% ~ 90%。1976年及之前退休，其退休待遇为退休时本人工资的50% ~ 70%；1976年后为退休时本人工资的70% ~ 90%。但职工工资在创新期内变化较大。1957—1976年，国家对企业职工的工资只调整了最低级别，其他级别的职工工资几乎没有调整。国家对企业职工工资进行全面升级是在1983年，1985年国家又对企业职工工资进行套改。由此导致在进行全面升级之前退休的职工，其待遇水平就低于全面升级之后的。例如，“中石化1988年离退休人员的工资级别比1982年前的高5级左右。”“金陵公司1982年前退休工人月人均退休费仅54.08元，1988年退休的为139.4元，1988年比1982年前的高157%。”退休职工待遇与退休工资挂钩，与企业的经济效益挂钩，会导致退休职工在职时的工作收入差距延续到退休之后。

在经济实力不断增强的情况下，国家不断提高职工工资水平。企业职工的收入都有所增长，非公企业职工的收入增长更快。公有制企业职工收入增长更多的是奖励性工资，其标准工资上升速度相对较慢。退休金水平与标准工资直接相关，因此企业职工工资增长对退休金影响不大。非公企业职工的收入增长快，但他们大多都不到退休年龄。公有制企业的养老基金统筹与非公企业的养老金统筹双轨进行，前者的覆盖范围更多的是固定工，后者更多的是合同工，甚至是临时工，相互之间不能调剂。这就导致退休金分配不均。有积累的不能领，积累不多的领不到，有些经济效益不好、退休负担重的企业，退休职工领不到退休费。退休职工与在职职工的收入差距变大。

四、管理机构有待统一

在管理机构方面存在的主要问题是多部门参与，管理机构不统一，各部门之间权责不清。劳动部门因长期人才缺乏和管理经验不丰富，当时大多只能依据新颁布的社会养老保险政策办事，但一旦遇到具体的退休待遇支付和退休职工的管理问题则出现力不从心的困境。工会一般比较了解和掌握职工的情况，但因未被赋予权责，所以只能管理一部分服务工作，并不能参与养老保险管理中。

创新期内，复杂多样的管理机构中，企业仍旧是责任主体。政策确立的社会保险管理机构对社保事务的管理权限十分有限；企业工会无法代表退休职工向企业争取更多的权益，退休职工需要确立一个统一的管理机构。

总之，创新期的社会养老保险政策改革并没有实现资源的统一和公平的再分配，与以前只覆盖国有单位或城镇大集体相比，此次改革有了进步，城镇小集体、非公企业的职工也被养老保险政策覆盖。当时政策改革的理念还是要打破养老金“大锅饭”的分配方式，要把养老金与企业效益挂钩，创新期的经济改革理念深深地印在养老保险的政策改革中。

第五章 城镇职工养老保险政策的发展完善期（1991—2011 年）

城镇职工养老保险政策的发展完善立足于创新时期的试点经验，国家经济实力的逐年增强，打开国门后党和政府能够有机会对西方社会保障制度进行系统学习和借鉴等。发展完善期的主要内容有：第一，在覆盖范围方面，城镇职工养老保险政策明确了城镇职工均为参保者，不再根据企业规模或用人单位性质等条件来进行参保限制。第二，在责任主体方面，同企业管理一样，国家改变了城镇职工养老保险主体责任的角色，养老保险基金要由企业与职工共同缴纳。第三，在待遇方面，职工退休时待遇水平与其缴费水平和缴费时间长短均相关，间接地与企业经济效益和个人的贡献挂钩，体现出按劳分配的效率原则。第四，在管理机构方面，再次形成了专业化的管理机构，它由税务部门或劳动部门设立专门机构来负责基金的收缴、管理和发放。城镇职工养老保险事务管理成为一项政府职能，从企业中独立出来。这四个方面的发展和完善从 1991 年开始，定型于 2011 年。

本章将以 1991—1996 年作为城镇职工养老保险政策的主要发展期，1997—2011 年作为城镇职工养老保险政策的主要完善期，分两个阶段来描述和分析城镇职工养老保险政策内容和实施状况。

第一节 发展完善期的经济和社会结构特征

自 1991 年起，国家进入在经济上对外开放、对内搞活和快速发展的时期，国民经济实力不断增强。社会主义市场经济对国家的产业结构产生了较大影响，经济成分由创新期的以公有制为主体的有计划的商品经济转换为以公有制为主体的多种经济成分并存的社会主义市场经济。社会主义市场经济不仅影响国家的经济结构，而且还对整个城镇劳动力市场产生了重要的影响。

一、发展期的经济结构和社会结构特征（1991—1996 年）

1992 年以后，国家把发展经济作为政府工作的重心，此时的发展战略是加快改革开放的步伐，把经济建设搞上去。党的十四大报告提出了我国经济体制改革的目标是建立社会主义市场经济体制，地方政府的经济发展成效成为政府管理中重要的考核指标。

(一)经济结构的特征

1. 国内生产总值

国家把工作重心放在了经济发展上，长久以来被抑制的生产能力被激发出来。1991—1996 年，国内生产总值以 26.7% 的平均速度增长，国家的财政总收入也以 18.7% 的平均发展速度增长。具体发展状况见图 5-1。

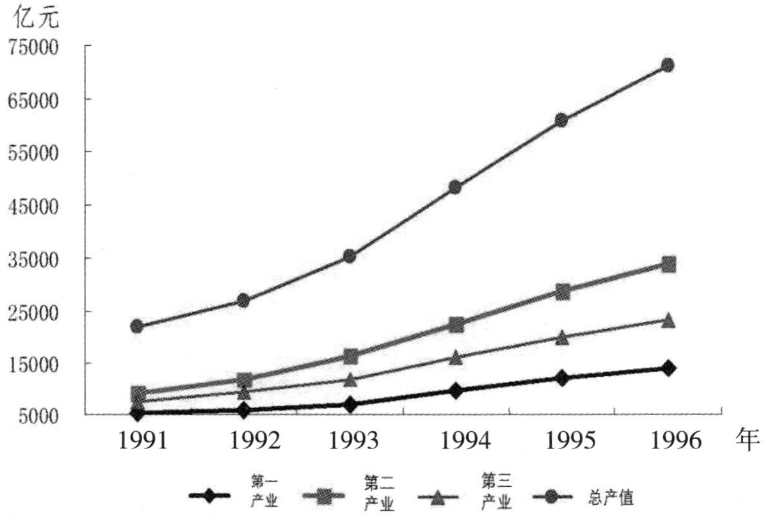

图 5-1 1991—1996 年国家的 GDP 及其构成

2. 产业结构

1991 年以后，国家开始重视居民消费，积极调整产业结构，在发展第二产业的同时，也开始发展第三产业，由此带来了产业结构调整加速、经济成分构成日益多元化的发展特征。

在产业构成上，第一产业的总产值在整个国民经济中所占比重不断下降，第二产业的比重则不断上升。从图 5-2 中可以看出，1991—1996 年，第二产业在总 GDP 中的比重由 41.8% 上升到 1996 年的 47.6%。第一产业在总 GDP 中的比重由 24.5% 下降到 1996 年的 19.7%。国家重视第三产业的发展，但此时发展效果还没有呈现出来。

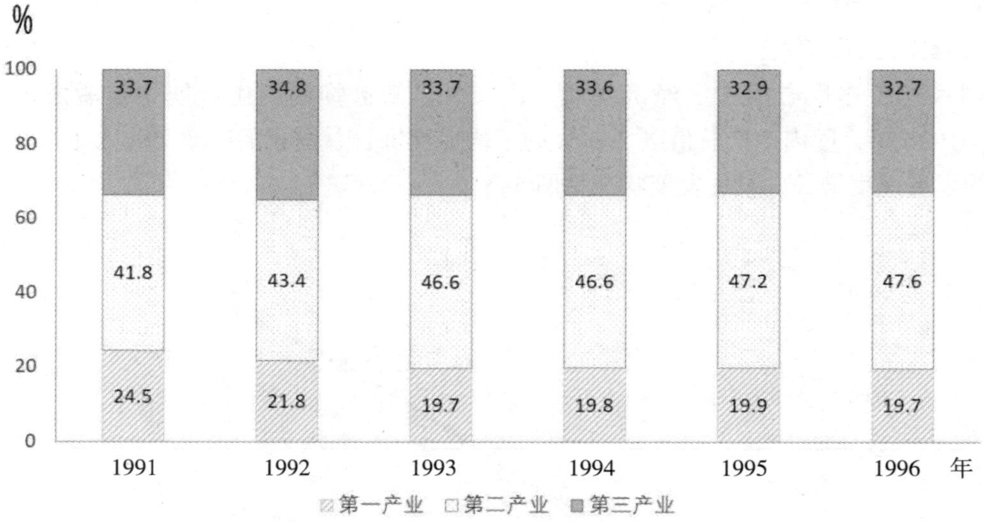

图 5-2 1991—1996 年三大产业的构成情况

3. 经济成分

（1）各经济成分的构成

从 1981 年起，国家认可在一定范围内个体经济成分的存在和发展。1984 年《中共中央关于经济体制改革的决定》确定，多种经济成分可以并存发展，外资也能加入，经济政策上的一系列变化使非公经济成分获得了发展空间。非公经济对整个经济的发展起到了重要的影响作用，它不但为国民生产总值的增长做出重要贡献，而且还缓解了城镇就业压力。“在全部工业中，国有及国有控股企业增长 9.5%，其中国有企业增长 7.2%，集体企业增长 15.8%，以中外合资、合作经营和外资企业为主的其他经济类型增长 19%。”

与 1991 年之前不同的是，第三产业的发展受到重视。1992 年国家颁布了《关于加快发展第三产业的决定》，该决定提出三个产业均要加快发展，第三产业增长速度要高于第一、第二产业。国家把第三产业的发展目标确定为在整个国民经济中的地位要达到或接近发展中国家的平均水平，成为吸纳城镇劳动力的主要产业。1993 年《全国第三产业发展规划和思路》提出：“1991 年，第三产业增加值占国民生产总值的 27.2%，就业人数占社会劳动者总人数的 18.9%。”第三产业已经是国民经济的一个重要组成部分，但当时发展还比较落后。为此，提出要求第三产业的增长速度在 20 世纪 90 年代应保持年均 11%，第三产业的增加值占国民生产总值的比重在 2000 年达到 35% 左右，该行业的就业人数占全社会劳动者总人数的比重达到 28% 左右。为此，国家鼓励城乡集体经济组织和私营企业主或个人兴办那些投资少、见效快、劳动力密集、直接为生产或生活服务的行业，有些地方政府为促进本地第三产业的发展制定了多种优惠政策，城镇的私营企业及个体经济等非公经济就快速发展了起来。

（2）国有企业改革

国家在鼓励发展非公经济成分的同时，也启动了对国有企业的改革，放松了对国有企业具体事务的内部管理，只从总体上进行控制，如控制生产总额、总利润、工资总额等，具体的生产、用人和工资分配等实行党委领导下的厂长负责制。企业在完成国家规定的生产总额和总利润后，可以参与市场，通过市场自销自己生产的产品。

1993 年，《中华人民共和国公司法》颁布实施，国有企业改为公司治理模式，国家允许国有企业进行出售、转让、合并、分立、破产、解散和清算等市场行为，故从 1993 年起，国有企业开始有了破产、倒闭和被兼并等情况。1994 年，国家又颁布了《关于在若干城市试行国有企业破产有关问题的通知》，允许全国 18 个城市进行国有企业破产试点。据 2001 年 3 月世界银行在《中国国有企业的破产研究》中公布的数据，试点城市的破产国有企业在 1996 年约有 1100 家，涉及 68 万名职工，430 亿元债务和 100 多亿元的呆坏账核销指标。

（二）社会结构的特征

1. 就业人员变化

经济发展带动了社会结构的变化，三大产业的就业人口比重与之前相比有了较大的不同。从图 5–3 中可以看出，第三产业就业的人数占总体的比重是不断上升的，由 1990 年的 18.5% 上升到 1996 年的 26%。第一产业的人数占总体的比重则在不断下降，由 1990 年的 60.1% 下降到 1996 年的 50.5%。

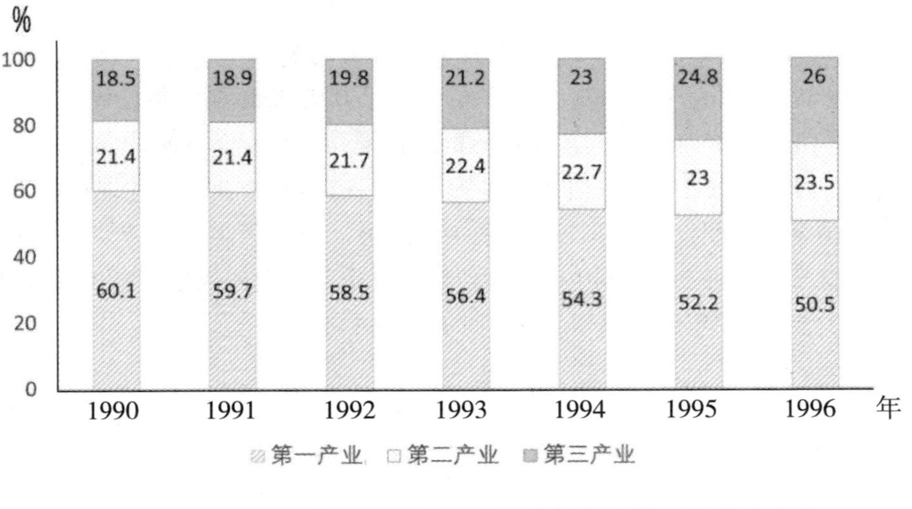

图 5–3 1990—1996 年在不同产业就业人数占总就业人数的比重

2. 职工流动

城镇就业人数增多，人口来源变得复杂，由于第三产业的职业类别多，用工形式灵活，工资差异性大，职工的流动性比第一、第二产业要强。

（1）城镇劳动力流动性增强

城镇劳动力变得复杂的表现之一就是合同制工、农民工和固定工中的停薪留职人员增多。由表 5-1 可知，城镇合同制职工人数每年都有所上升，1995 年比以前有大幅度的增长，1996 年合同制职工人数占全部职工人数超过 50.7%，国有单位的合同制职工人数占全部职工人数的比重超过 70%。

表 5-1　1991—1996 年合同制职工年末人数

年份	合同制职工年末人数（万人）		合同工占全部职工的比重（%）	
	全国	其中：国有单位	全国	其中：国有单位
1991	1971.9	1588.6	13.6	14.9
1992	2441.5	2058.5	17.2	18.9
1993	3122.5	2396	21	21.9
1994	3839.2	2851.3	25.9	26.2
1995	6096.2	4396.3	40.9	40.1
1996	7579.9	5548.9	51.1	50.7

除合同制职工人数增加、固定工相对减少外，国有企业批量招用刚进城的农民，辞退或缩减城镇职工，从而降低企业生产成本，提高企业利润，农民也因此被吸引进城。1992 年农村人口进城的人数有 1652.8 万人，而当年城镇自然增长人数为 176.2 万人，农村人口流动到城市的增量约占城镇总人口增量的 90% 以上。1996 年城镇用人单位使用农村劳动力的人数为 1264.5 万人，占全部职工人数的 8.5%；其中，公有性质的国有经济雇用量为 682.3 万人，占全部职工人数的 6.2%；城镇集体经济单位雇用量为 391.5 万人，占全部职工人数的 13.3%；其他性质的经济单位雇佣量为 190.8 万人，占全部职工人数的 20.3%。“农民工做的工作有不少是从前只有国有企业工人才能做的，因而，城市劳动力对国企工人职位的竞争更为激烈了。结果，4000 万名城市劳动力去了城市非公有经济，而这个数字在 1979 年几乎为零。”非公企业就业的人数不断增多，从 1990 年的 18.1% 上升到 1996 年的 28.5%，具体变化见图 5-4。

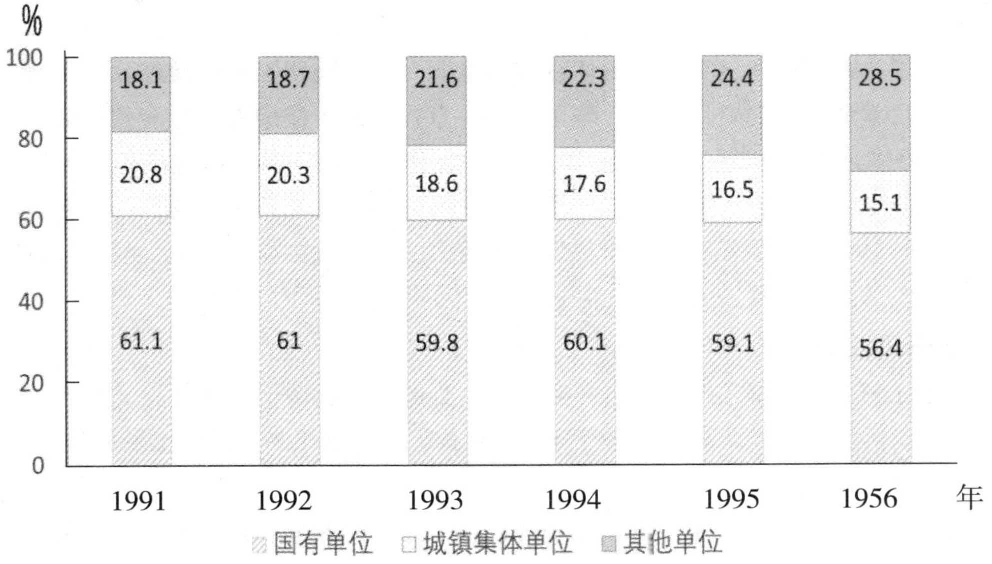

图 5-4 1991—1996 年在不同经济类型就业人数占全部就业人数的比重

（2）失业人数增多

1991—1996 年，城镇登记失业人数在不断上升，自 1991 年的 352.2 万人增加至 1996 年的 552.8 万人，城镇登记失业率由 2.3% 上升到 3%，具体变化如图 5-5 所示。

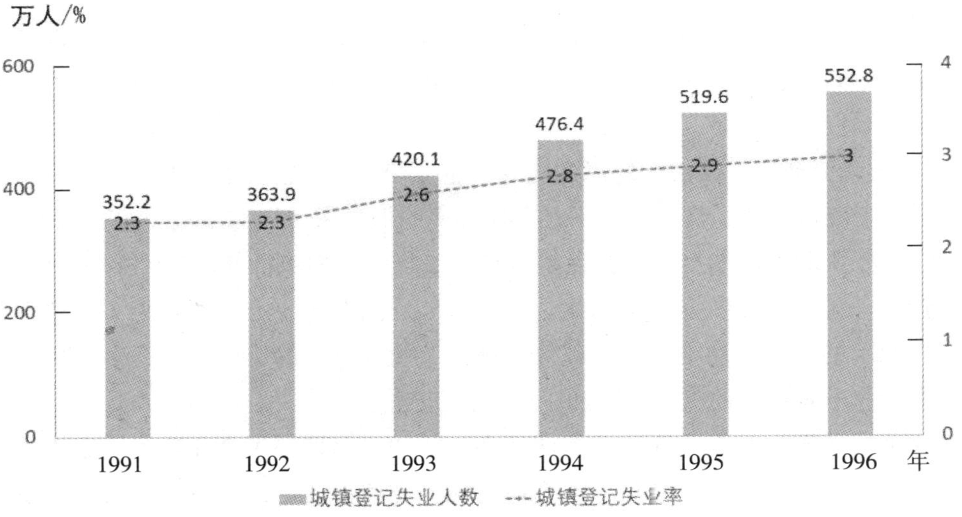

图 5-5 1991—1996 年城镇登记失业人数及失业率

（3）下岗职工出现

自 1993 年起，国有企业采取竞争上岗的用工模式，竞争中失败者则要下岗，国有企业产生了一批下岗职工、停薪留职者或内退职工。下岗职工有的通过政府当时发起的再就业项目就业，有的自谋职业。若下岗后一直找不到工作的人员可转到街道，最长可领取 2 年的失业保险待遇。2 年后，还找不到工作的人员，若家庭生活困难可以申请享受城镇最低生活保障。1996 年，全国除有 553 万失业人员外，还有 815 万下岗职工。

1991—1996 年，城镇劳动力市场发生了较大变化，就业人数增多，职工流动性增强，农村人口大量流向城镇，城镇国有企业出现下岗职工。

3. 职工工资

职工工资分配方式在 1990—1996 年也有改变，国家放开了对企业工资分配的具体管理，企业可实行工资总额与企业经济效益挂钩但不能低于当地最低工资的分配方式。

（1）政策规定

职工工资改革主要体现为自主性增强，按劳分配的效率原则被重视或强调。例如，1992 年，国家多部门联合颁布了《关于深化企业劳动人事、工资分配、社会保险制度改革的意见》，其中提出：企业工资总额增长同经济效益的变化挂钩，尽量剔除非劳动因素对工资的影响；对于那些经营性亏损或停产半停产的企业应停发奖金或减发工资；企业拥有内部分配的自主权，贯彻按劳分配原则，克服平均主义，合理拉开不同岗位的工资分配差距，特别是拉开苦、脏、累、险岗位、高技术岗位与一般岗位的工资差距。1993 年，国家颁布了《国有企业工资总额同经济效益挂钩规定》，其中规定，职工的全部工资收入都应逐步纳入挂钩工资总额基数，取消挂钩工资总额外提取和列支的各种工资项目，企业实行增人不增工资总额、减人不减工资总额的办法。此规定明确了企业减员增效的管理理念，国有企业吸纳正式员工的积极性降低，吸纳非正式员工的积极性增强。

1995 年《劳动法》以法律的形式确定了企业职工工资的分配原则是按劳分配，实行同工同酬。工资水平随经济发展水平在逐步提高，但国家可以对工资总量进行宏观调控，明确了最低工资的保障制度，以此保护劳动力市场中的弱势群体。1995 年 3 月，国务院办公厅转发《〈国家经贸委关于深化企业改革搞好国有大中型企业意见〉的通知》，其中提出：职工的个人劳动报酬要体现效率优先、兼顾公平的原则，实行多劳多得，逐步建立适应企业不同特点的工资制度和工资增长机制。

一系列有关工资分配方式的政策法规和法律的出台确保了企业自主决定工资的分配方式，明确了企业和国家各自在工资管理中的权力和责任。这一系列政策在此阶段主要在国有企业和城镇集体企业中实行，执行标准对于非公企业而言偏高。

（2）实施结果

因国有、城镇集体和其他等不同经济类型企业的经济效益、工资分配方式和企业负担等方面存在差异，这些企业的职工工资也就产生了差距。从图 5-6 中可以看出，国有单位的职工平均工资此时仍旧高于城镇集体职工的平均工资，但差距在不断缩小。与此前不同的是，国有和集体企业职工工资却低于其他性质用人单位职工的工资水平。

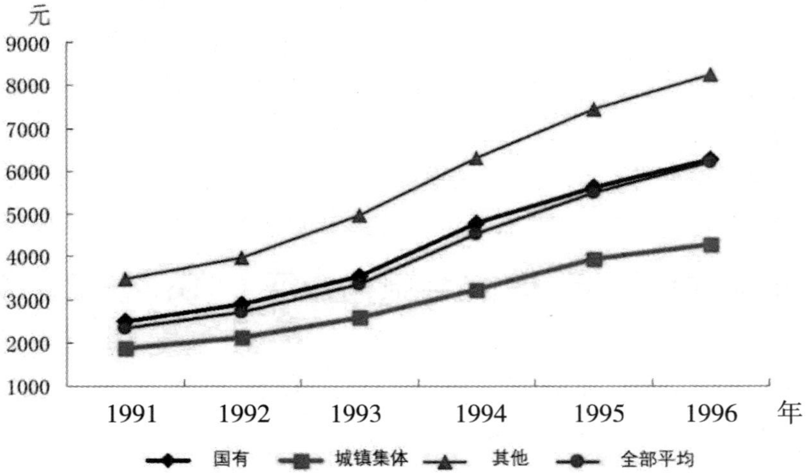

图 5-6 1991—1996 年不同经济类型的职工平均工资

在企业工资管理与机关事业单位职工工资管理分开后，前者职工的平均工资开始逐渐低于后者的平均工资。从图 5-7 中可以看出，自 1994 年开始，企业与机关事业单位职工的工资差距开始拉大。1991 年，企业职工的平均工资高于机关 24 元，到 1996 年前者则低于后者 280 元。

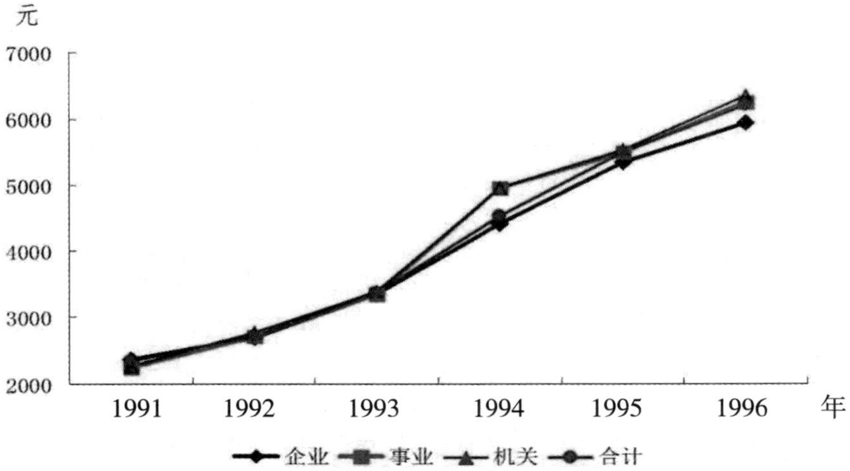

图 5-7 1991—1996 年不同单位性质的平均工资

行业间工资分配差距在创新期就已存在。此阶段，国家放开了对企业职工工资的管理，职工工资主要由市场确定，工资差距开始逐渐拉大，此种变化对职工养老金产生了直接影响。此阶段，机关事业单位职工的工资分配方式没有过多改变，工资水平随经济发展水平的提高也逐年上升。

1990—1996年是公有制企业改革进一步深化的时期。国有企业全面推行劳动合同制，企业合同制职工占全部职工人数的比重不断上升。企业职工的流动性增强，当时不但公有制企业的职工向非公企业流动，而且还有更多的农村劳动力流入城镇各种类型的企业，城镇职工中下岗或失业人员增多。

国家经济实力逐渐增强，城镇职工规模扩大，非公企业就业人数逐年增长，国有企业面临着减员增效的改革压力，也面临着与其他非公企业进行公平竞争的挑战。

二、完善期的经济结构和社会结构特征（1997—2011年）

1997年以后，国有企业改革全面铺开，目的是摆脱原有的束缚和负担，成为市场中强有力的竞争者，国有企业的职工因此提升了自身的社会地位。

（一）经济结构

从1997年开始，中国经济进入了快速发展期，各个行业都呈现繁荣发展的景象。

1. 国内生产总值

在经历了1998—2000年经济发展短暂的缓慢增长后，经济再次以超过10%的速度发展。1997—2011年，国家的GDP平均增长速度达到14%，财政收入也以超过19%的平均速度增长。国家经济实力逐年增强，中央和地方的财政收入不断增加，这意味着国家进行市场干预和再分配的能力变强。

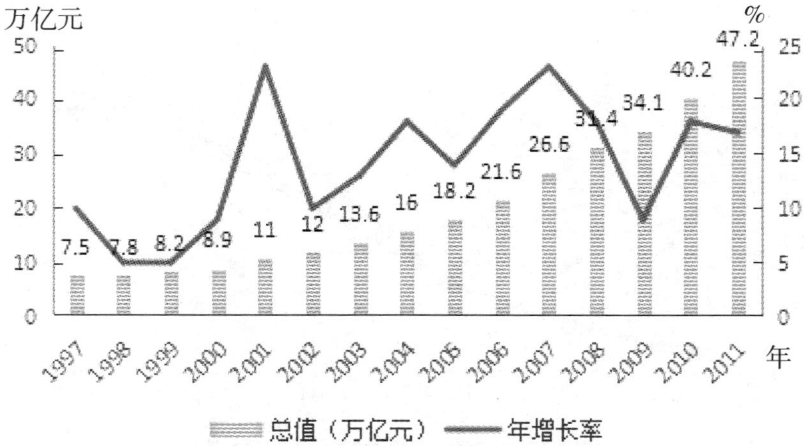

图5-8 1997—2011年国家的GDP

2. 产业结构

1997 年以后，产业结构与之前相比有较大的调整，三大产业的发展速度开始出现不均衡，各产业占总 GDP 的比重也相应发生变化。

第一产业 GDP 增长幅度相对于其他两个产业而言是低的，第二产业和第三产业的增长幅度相对较高。第一产业与其他产业的 GDP 差距不断扩大，农业的生产总值在下降。第三产业与第二产业的 GDP 从 1997—2002 年差距逐年缩小，但 2003 年以后又继续扩大。

在产业构成比重上，第二产业的 GDP 占总 GDP 的比重一直都在 45% 以上，处于主体地位。第三产业的 GDP 占总 GDP 的比重则是不断上升。第一产业的 GDP 占总 GDP 的比重相应不断下降，1997 年第一产业的 GDP 占总 GDP 的比重为 18.3%，到 2011 年则下降到 10.1%，随着农业产值占国民经济的比重逐年降低，第一产业中就有大量的就业人员向第二产业或第三产业流动。

3. 经济成分

1997 年，党的十五大报告确定我国的经济结构仍以公有制为主体多种所有制经济成分共同发展。国家鼓励非公经济成分的发展，非公经济的产值在整个经济发展中的竞争力不断增强，这迫使国有企业的改革提上日程。

为促进国有企业发展，国有企业改革被正式写进党的十五大报告。自 1997 年起，国家决定采取“抓大放小”的战略性改革。国有企业通过改组、联合、兼并、租赁、承包经营和股份合作制、出售等方式激发了自身的活力和市场竞争力，这带动了城镇企业职工流动。

（二）社会结构的特征

党的十五大后，城镇的劳动力市场开始发生变化，城镇就业人员逐年增多，大量农民工流入沿海经济发达的城市，城镇职工工资逐年增长，各群体之间的差距不断扩大。

1. 就业人员变化

在 1997 年，城镇就业人员有 20781 万人，占全国就业人数的 29.8%；到 2011 年，城镇就业人员增加到 35914 万人，占全国总就业人数的 47%；15 年内城镇就业人数在总就业人口中的比重增长了约 17%。依据农民工抽样数据推测，1997 年农民工人数有 4461 万人，2011 年农民工的总量达到 25278 万人，其中外出农民工有 15863 万人，农民工人数 15 年增加了 4.7 倍。

从产业结构来看，第一产业的就业人员占总就业人员的比重不断下降，第二产业和第三产业的就业人员占总体的比重则不断上升，其中第三产业的就业人数增加最多，具体如图 5-9 所示。

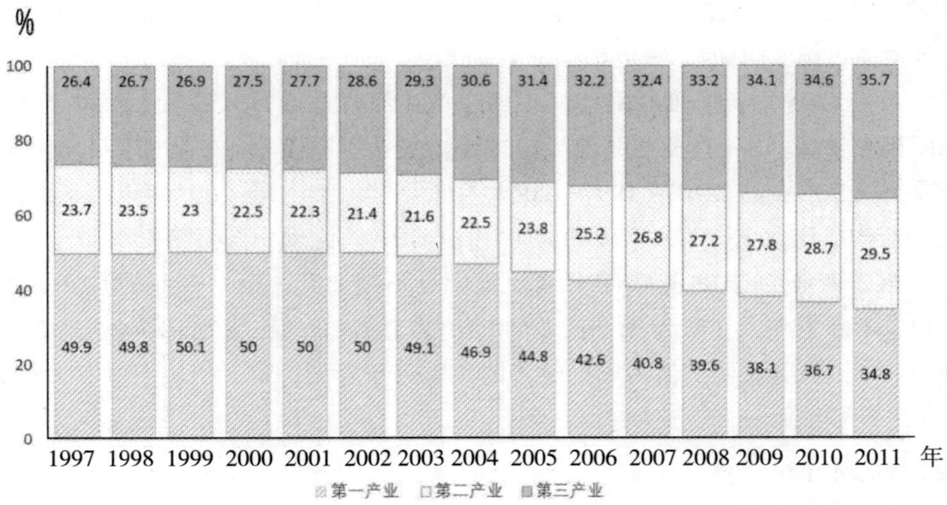

图 5-9 1997—2011 年三大产业就业人员构成

第二、第三产业的发展推动了农村劳动力向城镇流动。国有企业改革、多种经济成分并存发展导致其他性质用人单位就业人数的快速增加。1997 年，在其他性质用人单位就业的人数占总就业人数的 7.4%，到 2011 年则达到了 49.3%，具体变化见图 5-10。

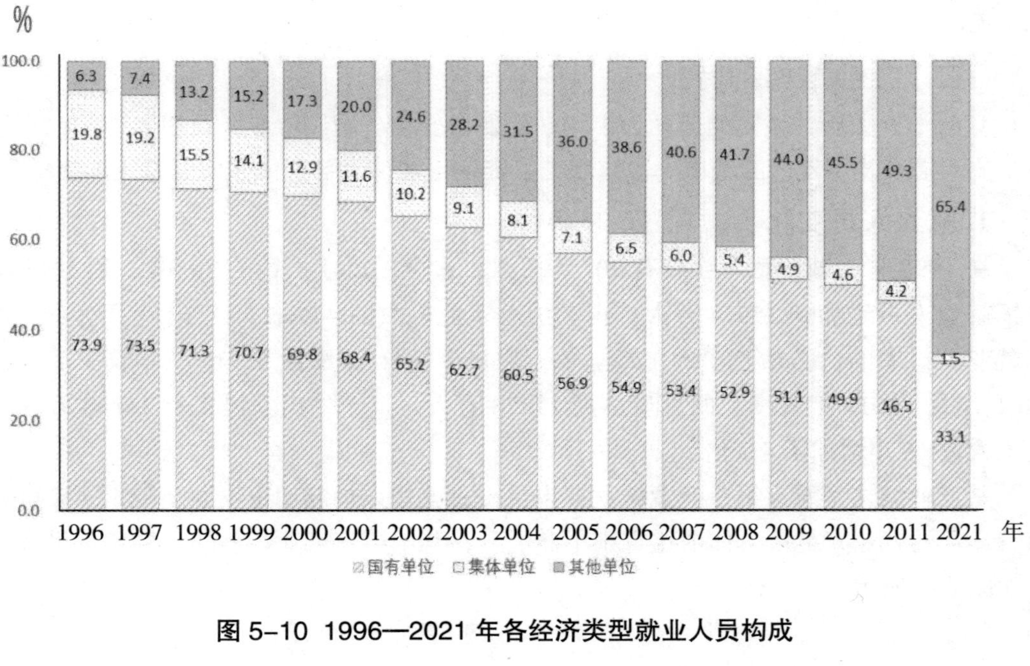

图 5-10 1996—2021 年各经济类型就业人员构成

2. 职工流动

（1）城乡流动

从国家允许农村劳动力流入城镇之后，城镇企业的农民工的人数就不断增长，但这种增长在 1997 年以后稍有变化。1997—2002 年，城镇用人单位使用农民工的人数开始下降，2002 年以后才继续增长。城镇用人单位使用农民工最少的年份是在第二产业与第三产业的 GDP 差值最小的时期，当时也正是国有企业进行改制的时期。在国有企业减少雇用农民工之时，城镇集体单位和其他性质用人单位聘用农民工的人数却并没有减少，甚至是增加的。例如，1997 年，其他性质用人单位的农民工占全部职工的比重为 18.8%，城镇集体单位为 12.1%，国有企业则为 5.4%；2002 年，其他性质用人单位的农民工占全部职工的比重为 19.8%，城镇集体单位为 15.1%，国有企业则为 4.2%。农民工主要被非公单位录用，国有企业在改制时使用农民工的人数相对较少。

1997—2011 年，不同性质的用人单位招录员工的方式也存在差异。国有单位新招人员中首先是通过调入方式的最多；其次是录用大中专、技校的毕业生；最后是从农村招收农民工。城镇国有单位减少的员工逐年下降，不在岗职工越来越少。例如，2002 年不在岗职工占职工总减少人数的比重为 19.9%，到 2007 年则降低到 7.3%；但离休、退休和退职人数占全部减少人数的比重则最高。在开除、除名、辞退、终止、解除合同等原因中，其他性质用人单位中此类人员所占的比重最大。此时，国有企业的临时工人数占全部员工人数的 5% 左右，企业使用合同工的人数大于机关和事业单位所使用的临时工人数。

（2）在不同类型企业间的流动

非公经济成分不断增加后，在非公单位就业的人数就不断增多，国有单位和城镇集体单位的就业人数则逐年下降。国有单位 1997 年就业人数有 11044 万人，到 2011 年则下降到 6704 万人，平均每年减少约 310 万人；其他性质用人单位 1997 年就业人数有 1109.4 万人，到 2011 年则上升到 7106 万人，平均每年增加约 428 万人。国有单位和城镇集体单位就业人员减少最多的年份是 1998 年，国有单位减少了 1986.1 万人，城镇集体单位减少了 919.5 万人，其他性质用人单位则增加了 565.1 万人。

（3）失业、就业与职业流动

1998—2000 年，下岗职工与失业人员在劳动关系与工资待遇等方面存在差别。下岗职工的一切福利待遇由国家财政、企业和社会三个部门负责筹集，失业人员的相关待遇由失业保险基金负责。下岗职工在原企业虽没有工作岗位，但却没有与原企业解除劳动关系，失业人员与原工作单位不存在劳动关系。下岗职工的人事档案关系仍由原企业负责，失业人员档案由户口所在地的街道、镇劳动和社会保障部门负责。下岗职工可通过原企业参加城镇职工养老保险，但失业人员则不能。国有企业改革使许多下岗职工的就业和生活境况比国有企业改革前变差了。

从表 5-2 中可以看出，1997—2011 年城镇失业人员逐年增长。下岗人员一般通过再就业服务中心实现再就业，若两年后还没有实现再就业就自动转为失业人员。自 2005 年以后，国家不再统计下岗人员，即不再存在下岗职工，下岗成为一种历史现象。

表 5-2 1997—2011 年城镇登记失业人员与下岗人员情况

年份	城镇登记失业人数（万人）	下岗人数（万人）	城镇登记失业率（%）
1997	577	—	3.1
1998	571	594.8	3.1
1999	575	652.5	3.1
2000	595	657.2	3.1
2001	681	515.4	3.6
2002	770	409.9	4.0
2003	800	260.2	4.3
2004	827	153	4.2
2005	839	61	4.2
2006	847	—	4.1
2007	830	—	4.0
2008	886		4.2
2009	921		4.3
2010	908		4.1
2011	922	—	4.1

根据中国人口与就业统计的数据计算，最容易失业的人群是手艺人和部分行业工人、简单劳动职业人员、服务人员、商店与市场销售人员，工作相对稳定的则是高级官员和管理人员、技术人员、专业人员。前者多是工人身份，后者则多是干部身份，前者的学历一般低于后者。

3. 职工工资

1997—2011 年，城镇职工的平均工资不断上升。1997 年全国城镇企业职工的平均工资为 6470 元，2011 年则达到 41799 元，年平均增长速度为 13.2%。不同单位性质、不同经济类型、不同行业和不同地区的企业职工工资的差距明显。其中，企业职工的工资低于机关和事业单位。在不同经济类型的企业内，2002 年以前非公企业职工的工资高于国有企业，但 2002 年以后国有企业职工的工资高于非公企业。在不同行业内，国有企业之间的职工工资差距在扩大，城镇集体和其他性质用人单位内部的职工工资差距在缩小。在何种性质的单位或何地区当职工则意味着相互之间的工资存在差距，同工资相关的其他福利待遇也存在不同。随着时间的推移，市场力量发挥作用强的地方，职工工资差距就相对较小。

1997—2011 年，城镇就业人员不断增加，职工工作流动性增强，非公单位的职工比公有性质企业的职工流动性强。国有企业通过改革提升了在市场中的竞争力。在这个过程中，一部分城镇职工在劳动力市场中成为弱势群体，需要国家给予特别的保护和照顾，由此也给国家提出了更高的社会责任要求，过去由用人单位负责职工全部工作和生活的管理方式已经发生改变，这时需要国家建立适用于城镇所有职工的社会政策。

第二节 发展完善期的城镇职工养老保险政策内容

城镇职工养老保险政策在全国从 1991 年开始。1997 年、2005 年国家又对城镇职工养老保险政策进行了完善，2011 年用法律的形式确定下来，从而完成了从政策到制度的转变。政策的目标从计划经济体制下国家养老保障转为职业保障养老，城镇职工养老保险政策真正成为我国公民的一种社会权利，此权利因保险的性质而需要承担一定的义务。

一、城镇职工养老保险政策全面铺开(1991—1996 年)

(一)覆盖范围

通过对合同工实行养老保险和在部分地区对固定工进行养老保险费用社会统筹的试点，国家从中看到养老保险基金进行社会统筹的价值。1991 年 6 月，国务院颁布了《关于企业职工养老保险制度改革的决定》(国发〔1991〕33 号)，标志着城镇企业职工养老保险政策的全面展开。33 号文规定养老保险的覆盖范围主要为全民所有制企业及其职工，城镇集体所有制企业及其职工可以参照执行，对外商投资企业的中方职工、城镇私营企业及其职工、个体劳动者可采取逐步推进的举措。

1991 年，全国各地区的经济发展状况差异较大，不能推行统一的养老保险政策，为此可操作的养老保险政策由地方人民政府制定。1992 年 5 月，劳动部发出的《关于全民所有制企业职工实行基本养老保险基金省级统筹的意见的通知》强调：全民所有制企业的固定职工、劳动合同制职工、1971 年以前参加工作的计划内长期临时工和集体混岗职工，都应参加基本养老保险。企业职工参保不再以用工性质进行区别对待，曾经的合同制工人、固定工、临时工或集体混岗职工等均在养老保险政策的覆盖范围内。城镇企业养老保险政策的公平性再次向前迈出了一步。

(二)责任主体

城镇职工养老保险政策在创新期时就提出“三位一体”的养老体系，职工和企业应共同承担养老责任，33 号文继续了此责任主体理念。其中，基本养老保险的责任主体为企业、个人和国家三方，企业补充养老保险由企业和个人双方承担，个人储蓄养老保险则由个人负责。针对职工个人缴纳的费用，基金采取积累制管理。1993 年《全国第三产业发展规划和思路》再次提出，养老保险基金由国家、集体和个人三方负担。

33号文虽然确定了养老保险基金的责任主体，但并没有对三方应负担的具体比例进行规定，国家允许地方政府或行业系统确定自身的提取比例和积累率，不同地区、行业或企业之间可以存在差别，报国务院备案即可，这也是当时为了使养老保险政策能够快速全面铺开而确定的执行原则。此时，各地区因地制宜地确定了适用于本地的城镇职工养老保险基金统筹办法，由此造成的不一致对后来职工跨统筹区流动和基金全国统筹均形成了障碍。

为了体现养老保险的效率机制，强化个人的主体性，国家在确立了城镇职工养老保险基金进行社会统筹的同时，把职工个人缴纳的部分确定为个人养老保险账户，并于1994年在全国推广，终止了其他基金管理模式。当时政策确定的基金统筹目标是解决代际赡养，个人账户是自我保障，并体现效率原则。

1995年3月，国务院发布的《关于深化企业职工养老保险制度改革的通知》强调，制定的政策要符合国情，不能过于超前，即基金征缴的比例要与地方的生产力发展水平和各方面的承受能力相适应，政策目标是减轻企业和国家的负担，政策建设要遵循公平与效率兼顾的原则。

由企业、个人和国家共同负担的混合式的城镇职工养老保险基金管理模式由此形成，养老保险的责任主体由国家与企业变成了企业、个人和国家，与创新时期的养老保险政策相比，此时养老保险的责任主体更加明确统一。

（三）待遇标准

1. 养老保险的待遇支付规定

统一的适用于城镇企业的城镇职工养老保险政策全面铺开后，养老保险待遇的计发办法并没有立即改变，一方面因为涉及个人直接利益的待遇改革不易推行，另一方面则是因为养老保险待遇的计发办法还不够成熟。33号文中确定职工退休后的基本养老金计发办法不作变动，以后将通过改革工资管理办法来逐步提高养老金的待遇水平。为此，在此阶段各地在制定政策时也没有改变养老保险待遇的计发办法。

养老保险待遇计发办法的改革开始于1995年。1995年3月，国务院发布了《关于深化企业职工养老保险制度改革的通知》（国发〔1995〕6号），确定了两个待遇计发方案。方案一属于积累制。参保职工在工作期间所缴纳的费用全部记入职工的个人账户下，职工退休后的养老金依据个人账户的累计额进行计发。对于实施养老保险个人账户积累制之前参加工作的职工，在政策实施前的工作年限作为视同缴费年限，已退休职工的养老金用企业缴纳的费用支付，待遇标准不改变。方案二属于混合式。企业和个人缴纳的费用分为统筹基金和个人账户基金两个组成部分。职工退休后的养老金由三部分构成，第一部分为统筹基金支付的养老金，按照职工所在地在岗职工上一年平均工资的一定比例计发；第二部分是缴费性养老金，根据个人和企业的缴费年限来确定发放标准；第三部分是个人账户养老金，出自个人账户累计额。方案二在追求公平的同时也有体现效率的个人账户和缴费年限的指标，还能够实现代际赡养。两个方案比较起来，方案二与当时的国情和社会保险的特性更符合，企业负担也轻，于是国家推行了方案二，否定了方案一。

2. 被照顾的特殊群体

国有企业在建立现代企业管理制度后，就需要裁减企业内部的富余人员，但这批人员多是在计划经济体制下通过官方分配方式进入企业的，实行直接裁员可能影响社会稳定，从而影响经济的发展，为此国家推行了一系列安置富余职工的举措。

举措一是推行内退政策。内退是指职工距退休年龄不到 5 年的，经本人申请，企业领导批准，可以退出工作岗位休养，在达到正式退休年龄办理正式退休之前由企业继续缴纳养老保险费，企业每月继续发给职工工资或生活费。此举措可追溯到 1988 年。1988 年 10 月，劳动部发出了《关于严格掌握企业职工退休条件的通知》，要求对接近退休年龄的职工妥善安置，因年老不能坚持正常生产工作的，可以实行离岗退养，按一定比例发给工资，到了退休年龄时再办理正式退休手续，发放退休费。内退是由企业来承担该职工离岗后退休前的生活成本，当企业的竞争压力增大时，这种举措受到企业和职工双方的欢迎，内退成为一种解除富余职工最常用的方法，由此使当时有的企业开始过度使用该策略。为此，1994 年 6 月，劳动部又发出了《关于严格按照国家规定办理职工退出工作岗位休养问题的通知》，要对国有企业在内退方法上不合规的行为进行监督检查，提出坚决制止超出国务院规定办理内退的做法。

举措二是用从事特殊工种的名义办理提前退休。有些企业职工担心政策有变，企业正好也需要裁减职工，在双方目标一致的情况下，某些地方违规出台政策，放宽提前退休的条件，从而使不符合特殊工种退休的职工能够办理提前退休。

举措三是政府兜底策略。国有企业改革还出现了破产、被兼并等现象，部分国有企业职工要么失业，要么被新的企业以更低的工资录用。有些企业因为改制发不出工资，缴不了养老保险费，部分在岗职工生活困难，退休人员领不到养老金。针对此种情况，1996 年 10 月，中共中央办公厅和国务院办公厅联合下发了《关于进一步解决部分企业职工生活困难的通知》，要求各地退休职工的养老金必须按时足额发放，对于未参保企业的退休职工先由企业自筹基金，若有困难可由其主管部门和财政部门提供帮助，以保证企业职工养老金按时足额发放。

此阶段，国家在提高企业退休职工养老保险待遇的同时，也提高了机关事业单位职工的退休待遇。例如，国务院决定从 1992 年 3 月起适当增加机关事业单位的离退休和退职人员的费用，由此增加的财政支出由中央和地方的财政按比例负担。

(四)管理机构

养老保险基金管理最初由企业负责，33 号文则规定养老保险基金统一转到社会保险管理机构在银行开设的养老保险基金专户上。1991 年，国家体改委、民政部、劳动部发布的《关于城镇和农村城镇职工养老保险分工的通知》强调，凡城镇户口并由国家供应商品粮的国营、集体、“三资”和私营企业的职工及其他劳动者的养老保险，由劳动部负责；凡非城镇户口且不由国家供应商品粮的公民（含乡镇企业职工）的城镇职工养老保险由民政部负责。机关事业单位职工由于还没有实施养老保险，退休基金主要来自财政，养老事务仍由人事部门负责。

劳动部作为全国养老保险的业务管理机构，对地方劳动部门具有政策制定和业务指导的权力和责任。地方的城镇职工养老保险管理机构归地方政府，并被定性为非营利性的事业单位，经办基本养老保险和企业补充养老保险备案的业务。在管理费用上，城镇职工养老保险管理机构可从企业和职工所缴纳的养老保险基金中提取一定比例的管理服务费。地方各级政府设立养老保险基金委员会，对城镇职工养老保险管理机构的工作进行指导和监督。养老保险基金委员会由政府主管领导任主任，劳动、财政、计划、审计、银行、工会等部门的负责同志参加，办公室设在劳动部门。1995 年，国家提出养老保险基金管理要求实行行政管理和基金管理分开。

总之，全面铺开后的城镇职工养老保险改变了传统国家企业的责任主体，重新确定了养老事务中企业与个人主体责任。但由于在之前没有养老基金的积累，1991 年之前的国有企业退休职工的退休金需要支付，在此情况下，国家就成为基金支付最终的责任主体。与此前不同的是，国家成立了专门的养老保险管理机构。

二、城镇职工养老保险政策逐渐完善（1997—2011 年）

自 1991 年政策全面铺开后，由于当时国家并没有推行统一政策，故随着时间的推移，社会保险又出现了新的问题。例如，全国各县或市出现多种养老保险实施办法并行的状态，各地区职工之间存在待遇水平差异过大的问题，在待遇发放方面各地区之间开始进行相互攀比，个人账户的效率功能也没有体现出来，基金统筹层次以县级统筹居多，市级统筹较少，省级统筹更是少之又少，基金管理的不安全问题开始出现。针对新产生的一系列问题，国家开始对城镇职工养老保险政策进行完善。

（一）覆盖范围

完善期内，城镇职工养老保险政策的覆盖范围不断扩大，从企业职工扩展到城镇职工。1997 年 7 月，国务院发布了《关于建立统一的企业职工基本养老保险制度的决定》（国发〔1997〕26 号，以下简称 26 号文），其中规定，城镇企业职工的养老保险覆盖范围为城镇各类企业及其职工、城镇个体劳动者。1998 年，城镇职工养老保险把农民工纳入覆盖范围内。2000 年国家开始对部分面向市场的事业单位和职工实施城镇职工养老保险政策。2001 年国家对流动职工和农民合同制职工的参保提出了明确要求，并制定了转移接续和领取待遇的相关规定。

随着劳动者就业形式多样化，2005 年国务院颁布了《关于完善企业职工基本养老保险制度的决定》(国发〔2005〕38 号，以下简称 38 号文)，其中规定，除城镇各类企业职工和个体劳动者外，灵活就业人员或非正规就业群体都可以参加城镇职工养老保险。此时，还把非公有制企业和职工、城镇个体工商户和灵活就业人员作为扩大覆盖面工作的重点，对参保有困难的群体提供帮助。

2011 年的《社会保险法》规定，中华人民共和国境内的用人单位和个人均应参加养老保险，其中无雇工的个体工商户、未在用人单位参加基本养老保险的非全日制从业人员以及其他灵活就业人员可以自愿参保。此时，机关事业单位职工退休规定依旧没有发生变化。但此法的推行却使机关事业单位职工退休政策的改革提上日程，并在 3 年后并入城镇职工养老保险政策体系中，实现了我国城镇职工养老保险政策的全部统一。

城镇职工养老保险政策是以劳动关系为主要参保依据，户籍、民族、性别、国籍、用人单位性质、用工性质等因素均不再成为能否参保的重要依据，这是一种政策公平性的体现，也是公民公平意识的一种体现。

(二)责任主体

城镇职工养老保险政策的责任主体为用人单位和职工，此规定现在基本达成共识。完善时期需要对责任主体的缴费比例进行统一，并根据经济发展状况进行实时调整。例如，1997 年的 26 号文要求企业的缴费比例一般不得超过企业工资总额的 20%，少数省份因离退休人数较多、养老保险负担过重，确需超过企业工资总额 20% 的，可报劳动部、财政部审批，具体比例由地方政府确定。此规定设置了企业缴费的上限比例，没有设置下限，由此形成的我国养老保险缴费比例目前还存在地区差异。东部沿海的一些地区，因退休职工人数少，基金支付压力小，为了促进招商引资，政府设置了较低的养老保险基金的征缴比例。与此形成对比的是，东北地区，作为老工业基地，退休职工人数多，养老负担重，地区经济又不够活跃，为了保证基金收支平衡，不得不提高比例，从而又进一步抑制了当地经济发展的活力。

在个人缴费方面，26 号文提出，职工个人的缴费比例不得低于 4%，有条件的地区和工资增长较快的年份，个人缴费比例可适当提高，但不能超过本人缴费工资的 8%。为了增强养老保险的效率或激励机制，当时规定个人账户的养老金中由单位划转，即用人单位缴费部分划转一部分到个人账户中，个人账户的比例以缴费工资的 11% 进行积累。个人账户的储存额每年参考银行同期存款利率计算利息，并只用于职工养老。个人账户的基金可以转移，个人缴费部分可以继承，但不得提前提取。26 号文执行了 8 年后，2005 年的 38 号文又调整了个人账户的比例，即从 2006 年 1 月起，个人账户的积累率统一由本人缴费工资的 11% 调整为 8%，单位缴费不再划入个人账户。之所以发生如此改变是由于多个统筹区的基金支付出现压力，过高的个人账户积累率使地方政府管理和支付压力加大，有些地方还出现养老保险基金收不抵支的现象。

对于自愿参保的个体，政策规定参保者依据户籍进行参保，缴费比例为当地上年度在岗职工平均工资的 20%，其中 8% 记入个人账户。

2005 年 11 月，劳动部颁布了《关于扩大做实企业职工基本养老保险个人账户试点有关问题的通知》，其目的是做实个人账户，实行差异化管理，基本积累原则是：老中新分开和东部、中部、西部分开。所谓“老中新分开”是以实行个人账户做实政策为分界点，之前已经退休的人员，个人账户不再做实；已经参保尚未退休的人员，以前没有做实的个人账户不再做实，以后的缴费逐步做实；之后参保的人员，个人账户从参保缴费开始就逐步做实。所谓“东部、中部、西部分开”是指：东部沿海经济发达地区要依靠当地的力量做实，中央财政对中西部地区、老工业基地和新疆生产建设兵团仍予以适当补助。此通知与之前最大的不同就是统一政策规定中的差别化对待，国家对历史遗留问题和地区经济发展不平衡承担再分配的责任。

为了解决各地区基金支付压力，国家实行多种办法来提高基金的支付能力。例如，2000 年 10 月，党的十五届五中全会通过的《中共中央关于制定国民经济和社会发展第十个五年计划的建议》，提出养老保险要资金来源多元化，即城镇职工养老保险基金除了用人单位和职工个人缴纳的保费外，还可以有国家财政的支持、国有资产的部分变现、社会保障基金的投资和开发新税种等。

国家一方面确定企业与个人的缴费责任，另一方面加大对改革过程中困难群体的投入，进行差别化对待，目的是期望地方政府有能力统一执行政策规定，保障退休职工的养老权益。

（三）待遇标准

城镇职工养老保险政策在完善期对待遇标准调整得更加统一，主要表现为三个方面：第一，统一支付标准，强化激励机制；第二，照顾弱势群体的利益，保证社会的公平性；第三，建立基本养老金正常调整机制。

1. 统一支付标准，强化激励机制

1997 年的 26 号文统一了养老保险待遇计发办法，把退休人员分为老人、中人和新人三个类别。对于 1997 年之后参加工作的新人，要求缴费年限不少于 15 年，比之前退休工龄多了 5 年；对于 1997 年之前参加工作之后退休的中人，缴费年限还保持 10 年，但因缴费年限短，其个人账户累计额低，为此设计了过渡性养老金。

在待遇构成上，新人一般有三部分构成，即基础养老金、个人账户养老金和综合物价补贴。基础养老金与当地的经济发展水平相关，具体标准为退休时所在统筹区的上年度在岗职工月平均工资的 20%，个人账户养老金月标准为本人账户储存额除以 120，综合物价补贴由地方政府确定。若新人缴费年限不够 15 年的，退休后不能享受养老金待遇，达到退休年龄后根据缴费年限发放一次性待遇。

经过 7 年的实施，国家发现 26 号文规定的计发办法存在不合理的地方，需要加以完善。2005 年的 38 号文对待遇计发办法再次进行了完善。此次变动的原则是更加注重激励或效率。具体内容为：第一，新人（1997 年以后参加工作）的基础养老金标准以当地上年度在岗职工月平均工资和本人指数化月平均缴费工资的平均值为基数，缴费每满 1 年发给 1%。个人账户养老金月标准为个人账户储存额除以计发月数，计发月数则根据职工退休时城镇人口平均预期寿命、本人退休年龄、利息等因素确定，全国统一标准。第二，此后退休的人员，无论中人（1997 年以前参加工作 2006 年以后退休）还是新人均需要 15 年的缴费年限。

对 2005 年 38 号文与 1997 年 26 号文的计发办法进行比较，多缴多得的效率原则体现得更加明显。现以 A、D、E3 名职工为例进行说明。A 职工以上一年职工所在地的社会月平均工资（简称社月平，用 $C_{平}$表示。）的 60% 作为缴费基数，D 职工以上年社月平为缴费基数，E 职工为 3 倍上年社月平作为缴费基数，各缴费 15 年，并且均在 60 岁退休，在其他条件都不变的情况下，利息抵消通货膨胀，那么计算过程与结果如下：

养老保险待遇的基本计算公式

38 号文：J+ 个人账户累计额 / 国家规定的计发月数

注：$J=（C_{平}+C_{平} \times Z_{实指数}）\div 2 \times N_{实+同} \times 1\%$

26 号文：上年市月平的 20%+ 本人账户储存额 /120

养老保险待遇的计算：

38 号文：A 职工退休时的退休金 =（$C_{平}+C_{平} \times 0.6$）$\div 2 \times 15 \times 1\%$+（$C_{平}0.6 \times 0.08 \times 12 \times 15$）/139=$C_{平} \times 18\%$

26 号文：A 职工退休时的退休金 =$C_{平} \times 20 \times 1\%$+（$C_{平} \times 0.6 \times 0.11 \times 12 \times 15$）/120 =$C_{平} \times 30\%$

A 职工退休时以退休金的 38 号文 /26 号文 =60.9%

38 号文：D 职工退休时的退休金 =（$C_{平}+C_{平} \times 1$）$\div 2 \times 15 \times 1\%$+（$C_{平} \times 1 \times 0.08 \times 12 \times 15$）/139=$C_{平} \times 25\%$

26 号文：D 职工退休时的退休金 =$C_{平} \times 20 \times 1\%$+（$C_{平} \times 0.11 \times 12 \times 15$）/120=$C_{平} \times 37\%$

D 职工退休时的退休金的 38 号文 /26 号文 =69.5%

38 号文：E 职工退休时的退休金 =（$C_{平}+C_{平} \times 3$）$\div 2 \times 15 \times 1\%$+（$C_{平} \times 3 \times 0.08 \times 12 \times 15$）/139=$C_{平} \times 61\%$

26 号文：E 职工退休时的退休金 =$C_{平} \times 20 \times 1\%$+（$C_{平} \times 3 \times 0.11 \times 12 \times 15$）/120=$C_{平} \times 70\%$

E 职工退休时的退休金的 38 号文 /26 号文 =87.9%

E 职工的缴费工资 /A 职工的缴费工资 =3/0.6=5 倍；

E 职工的缴费工资 /D 职工的缴费工资 =3/1=3 倍

38 号文：E 职工退休时的退休金 /A 职工退休时的退休金 =3.35 倍

E 职工退休时的退休金 /D 职工退休时的退休金 =2.41 倍

26 号文：E 职工退休时的退休金 /A 职工退休时的退休金 =2.32 倍

E 职工退休时的退休金 /D 职工退休时的退休金 =1.9 倍

横向比较，26 号文计发办法中，A、D、E 职工在缴费 15 年后所得养老金分别约为上一年社月平的 30%、37%、70%；38 号文计发办法中，A、D、E 职工在缴费 15 年后所得养老金分别约为上一年社月平的 18%、25%、61%。退休人员群体内部的差距拉大，由原来的 2.3 倍拉大到 3.4 倍。

纵向比较，用 38 号文计算的待遇除以 26 号文计算的待遇，A 职工的比值为 60.9%，D 职工的比值为 69.5%，E 职工的比值为 87.9%，即退休金整体标准均比原来有所降低，但缴费基数越高时退休金降低得相对少些。

2. 照顾弱势群体的利益，保证社会的公平性

城镇职工养老保险政策曾被作为国有企业改革的配套措施之一。在国有企业改革过程中，部分国有企业的职工养老待遇利益受到了损害，为保证社会的公平性，劳动部门出台一系列相关政策来照顾这部分群体。

首先，对下岗职工进行特殊的照顾。1998 年 6 月，党中央、国务院颁布了《关于切实做好国有企业下岗职工基本生活保障和再就业工作的通知》，其中规定，下岗职工过去的连续工龄和养老保险缴费年限均被作为缴费年限，因为下岗职工与企业还存在劳动关系，因此该职工的养老保险还由企业或本人继续缴纳，国有企业下岗职工的缴费基金来源于政府财政、企业和社会三方，但缴费水平可能会低于在岗时期的水平，待遇因此而受影响。

其次，党中央、国务院要求各地必须保证离退休人员的养老金能够按时足额发放。此决策一方面保障已离退休人员的权益，另一方面也是增强城镇职工养老保险政策的吸引力，即政策具有真正的保障功能。

此时的这些举措与过去特殊人员的养老政策相比，公平性更强，受照顾的群体规模大并且处于弱势地位，实现了社会保险政策的公平性，有利于政策的可持续发展。

3. 建立基本养老金正常调整机制

2005 年的 38 号文确定了养老保险待遇将根据职工工资和物价变动等情况，适时调整企业退休人员基本养老金，具体调整的标准全国并没有做统一的规定，各地政府可以根据本地实际情况提出具体调整方案，只需报劳动保障部、财政部审批后即可实施。

（四）管理机构

当国家把城镇职工养老保险事务划归到劳动部门后，城镇职工养老保险事务就成为一个专门机构管理的专业事务。2000 年，国家把城镇职工养老保险确定为社会公共事业，

政府承担管理职责，从此城镇职工养老保险就不再是企业内部的事务。2000 年，党的十五届五中全会通过的《中共中央关于制定国民经济和社会发展第十个五年计划的建议》中提出了城镇职工养老保险的管理服务要社会化，实行政事分开的原则，把从用人单位分离出来的社会保险事务交由专门的社会服务机构承担。用人单位只需要缴纳各项社会保险费用，配合政府职能部门为职工办理退休业务。除此之外，可不再承担其他养老事务。职工个人参加社会保险并由用人单位代缴纳保险费来履行缴费义务。

2005 年 38 号文再次明确提出，各街道或社区建立劳动保障工作平台，建设公共老年服务设施和服务网络，开展老年护理服务，服务于脱离企业的离退休老人。政府在基层设置社区级的服务平台，服务内容也不再局限于仅仅提供养老金，还包括为退休老人提供养老服务，把原来单位制下的老年人服务转移到政府所设立的职能机构中。

为了增强对养老保险基金的管理，1997 年 26 号文提出管理机构应强化基金的安全性管理，实行“收支两条线”管理，要保证专款专用，全部用于职工养老保险，严禁挤占挪用和挥霍浪费。在基金保值增值方面，除预留相当于 2 个月的支付费用外，剩余基金应全部购买国家债券和存入专户，严格禁止投入其他金融和经营性事业。但随着基金积累额增加、保值增值压力逐年上升，国家决定设立城镇职工养老保险基金的投资运营机构。2000 年 8 月，国家设立了管理全国社会保障基金的理事会，负责管理运营全国社会保障基金，国务院财政部门、社会保险行政部门、审计机关对全国社会保障基金的收支、管理和投资运营情况实施监督。2015 年国务院印发了《基本养老保险基金投资管理办法》，明确各地方管理机构在本统筹区有节余基金时可委托全国社会保障基金理事会进行投资运营。2018 年 3 月，全国社会保障基金理事会以国务院管理调整为由财政部管理，承担基金安全和保值增值的主体责任。

城镇职工养老保险政策统一后，管理变得日益严格，各种违规行为得到一定程度的控制，参保主体的权益也得到有效保障。

总之，在发展完善期，城镇职工养老保险政策立足于市场经济，围绕着国有企业改革而推进，政策发展目标是为国有企业改革提供配套服务、增强企业活力。政策内容的基本框架确定为：城镇职工养老保险实行缴费模式，用人单位、个人和国家均应承担一定的责任，养老保险事务被定性为社会公共事业。为了激发地方活力，发展期内的城镇职工养老保险政策在各地方呈多样性，但完善期则统一了政策内容，强化了效率原则，解决了完善期之前所遗留的一些问题。

第三节 发展完善期的城镇职工养老保险政策的实施情况

一、发展期的城镇职工养老保险政策的实施情况（1991—1996年）

在创新期，城镇职工养老保险政策在试点过程中出现一系列的问题。例如，养老保险政策的覆盖范围小，养老保险事务管理的专业性不强，一些社保机构只管收钱而不管事，各地的养老保险待遇标准不合理，保险基金征缴困难等。为此，国家决定采取新的举措以解决这些问题。

（一）参保主体以公有单位及职工为主

为了改变整个国有性质单位的经济发展困境，保障企业退休职工的基本生活，解决企业退休费用负担过重的难题，国家继续扩大养老保险政策的覆盖范围，优先照顾经济基础不好的企业。依据33号文的规定，城镇企业职工均被纳入养老保险政策的覆盖范围，参加城镇职工养老保险的职工人数应逐年增多，实际情况也如此。1991年，全国基本养老保险的参保人数为5653.7万人，到1996年达到8758.4万人，参加城镇职工养老保险的人数以年平均9%的速度增加，整体上升速度非常快。“到1992年底，集体企业统筹面已达到1759个县市。”“轻工行业到20世纪90年代初，基本实现退休费用县市统筹。”

虽然政策规定覆盖了所有城镇企业及其职工，但并非所有企业及其职工均在发展期实现参保。在公有性质单位就业的人数占总就业人数比重逐年下降，由1991年的81.5%降到1996年的74%；非公企业的就业人数则逐年上升，但是城镇职工中参保人数占总就业人数的比重只是略有上升。由此可知，发展期内，参保主体主要以公有性质的企业及其职工为主。养老保险的参保率由1991年的32.4%上升到1992年的43.5%，1996年参保率也只有44%，具体见图5-11。

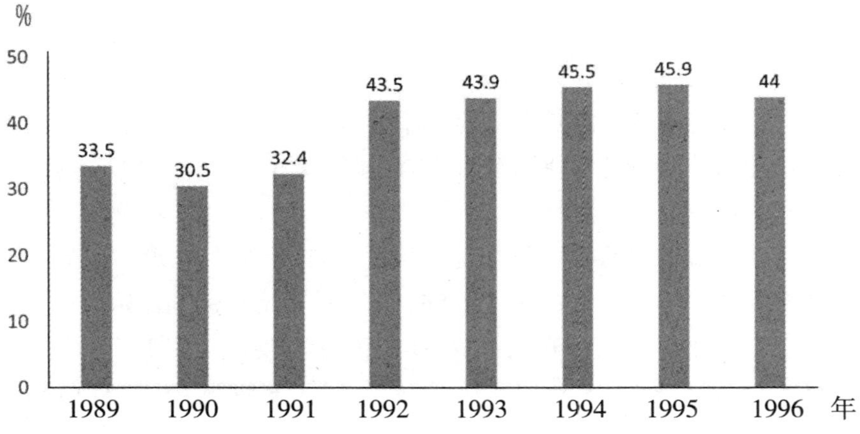

图 5–11 1989—1996 年参保人数占城镇就业人数的比重（%）

此阶段，政策覆盖范围与实施之间出现差距，原因有以下四个方面：第一，政策的落实和推行需要时间；第二，刚成立不久的管理机构在落实政策方面执行能力达不到要求；第三，城镇职工养老保险政策的激励性不够；第四，政策推行过程中受到国有企业或部分事业单位的阻力，这些单位的职工把实施城镇职工养老保险政策理解为国家不再为职工负责，感觉曾经优越于合同工的固定工身份受到贬低，对参保采取抵制的态度。

（二）责任主体参保积极性不高

随着社会统筹面的扩大，养老保险基金也不断增长，但由此而产生的基金管理问题逐渐增多。最突出的问题就是责任主体不尽责。据劳动部统计，全国养老保险费征缴率，1992 年为 94%，1993 年则降到 86%，有的省降到 80% 以下。一些市或县出现了养老保险资金收不抵支的困境。

在发展期内，企业不缴费的原因有多种，其中最主要的有：第一，企业因经济效益不好，没有经济实力去缴纳，从而拖欠费用。第二，经办机构对非公企业管理不到位，对大的央属企业管不了。尽管国家已经规定央属企业和行业系统的企业都应参加地方统筹，但当时有少数央属企业和行业系统的企业不愿参加地方统筹，地方社保机构对此无能为力。第三，参保主体认为城镇职工养老保险政策存在不公平，参保积极性不高。城镇职工养老保险政策实行企业和个人缴费以后，养老负担重的企业承担不起缴费责任，养老负担轻的企业能够承担起责任却不愿意承担，政策实施的结果就是责任主体承担不起或不愿意承担所应尽的责任。负担轻甚至没有负担的企业要为负担重的国有单位退休职工承担历史责任，这让前者感到不公平。在代际公平方面，老人的退休金直接源于在职职工或新人所缴纳的费用，当时这被认为是代际的不公平。老人或退休职工的退休费被认为是国家应偿还的历史债务，而非新参保者应负担的债务或义务。第四，在待遇核算上，颁布了两种养老计发办法，结果全国各地区之间开始相互攀比。例如，全国有5个地区的个人账户积累率为工资的3%～5%，有20个地区和行业的个人账户积累率则为工资的10%～14%，还有7个地区账户积累率达到工资的16%～17%。个人账户占工资的比例越大，政府未来应给予个人的退休金承诺额将越大，即养老保险产生的隐性债务就越多。这种隐性债务需要在国有单位与非国有单位之间、中人与新人之间、社会统筹与个人账户之间进行平衡。

从城镇职工养老保险基金的收缴情况来看，1991年33号文颁布以后，基金收入在1992年就有了较大增长，比上年提高了69.6%，随后其增长速度开始放缓，具体变化见图5-12。城镇就业人员不断增加和职工的平均工资上升使城镇职工养老保险基金保持连续增长。从已有的数据推算，除1992年外，其他时间城镇职工养老保险基金的增长率与城镇就业人员或平均工资增长率比较接近，而非二者共同作用之和。

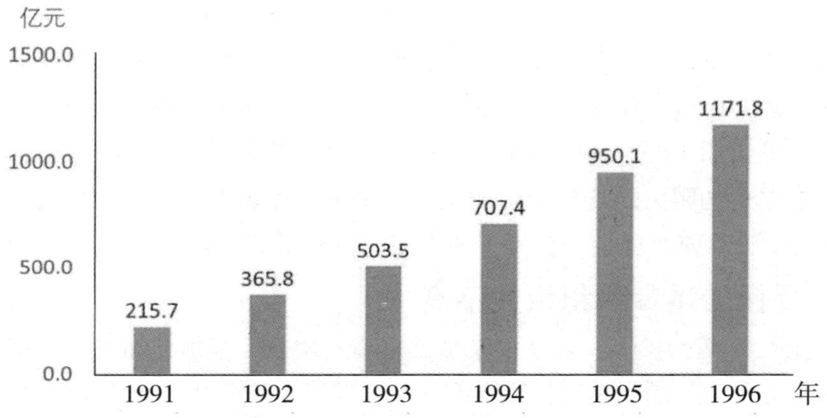

图5-12 1991—1996年基本养老保险基金收入

企业缴费率因经济类型、经济效益、企业主管部门、地区、行业等不同而有差别。通常，城镇集体企业的缴费率比国有企业低，非公企业的缴费率比公有制企业低，经济效益不好的企业缴费率比经济效益好的企业低，央属企业的缴费率相对也低，养老负担轻的地区或行业缴费率较低。企业缴费率不同，受损害的不仅仅是城镇职工养老保险基金收入受影响，还由于职工参保缴费是由企业代扣代缴，企业不缴费个人就无法缴费，个人的缴费年限就受影响，最终受到伤害的是参保人。

（三）费用支付压力逐年增大

1. 总支出的基本情况

从1992年开始，城镇职工养老保险费用支出比之前有较高的增长。养老保险费用总支出占总离退休费用的比重不断上升，33号文颁布前的1990年该比值为37.7%，到

1996 年上升至 66.5%。养老保险费用总支出占总福利费用的比例也逐年上升，由 1990 年的 60% 上升至 1996 年的 75.3%。养老保险总支出与 GDP 的比值也不断上升，由 1990 年的 0.2% 上升至 1996 年的 1.5%，具体变化情况见表 5-3。

表 5-3 1990—1996 年养老保险总支出情况

年份	养老保险总支出（亿元）	养老保险总支出 / 总离退休费（%）	养老保险总支出 / 福利费用（%）	养老保险总支出 /GDP（%）
1990	149.3	37.7	60.0	0.2
1991	173.1	37	57.0	0.3
1992	321.9	55.6	57.3	0.5
1993	470.6	62	55.6	0.7
1994	661.1	63.3	72.4	1.0
1995	847.6	64.9	73.8	1.2
1996	1031.9	66.5	75.3	1.5

1991—1996 年，全国养老金的替代率不断下降，具体变化见图 5-13。1991 年的养老金替代率为 84%，1996 年下降到 79%。企业养老金替代率也由 1991 年的 78% 下降到 1996 年 74%，低于全国平均水平。

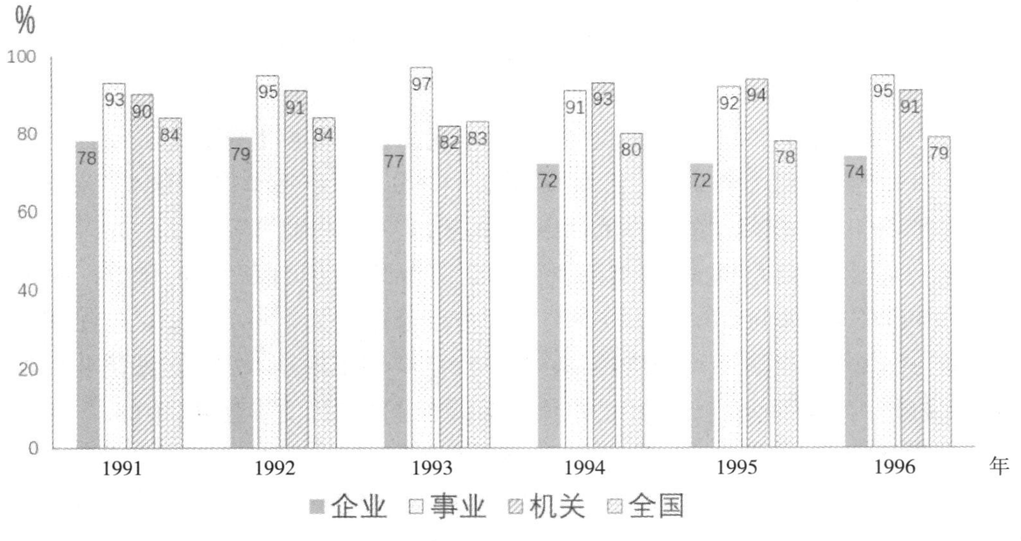

图 5-13 1991—1996 年全国养老金替代率

虽然从 1984 年国家开始为非公单位的退休人员支付养老金，但到 1996 年时非公单位的养老金支出占养老金费用总支出的比值仍只有 2.6%。城镇集体单位的费用支出从 1991 年的 18.1% 下降到 1996 年的 13.1%。国有单位退休人员养老金支出则逐年上升，占比一直超过 80%。具体变化如图 5-14 所示。

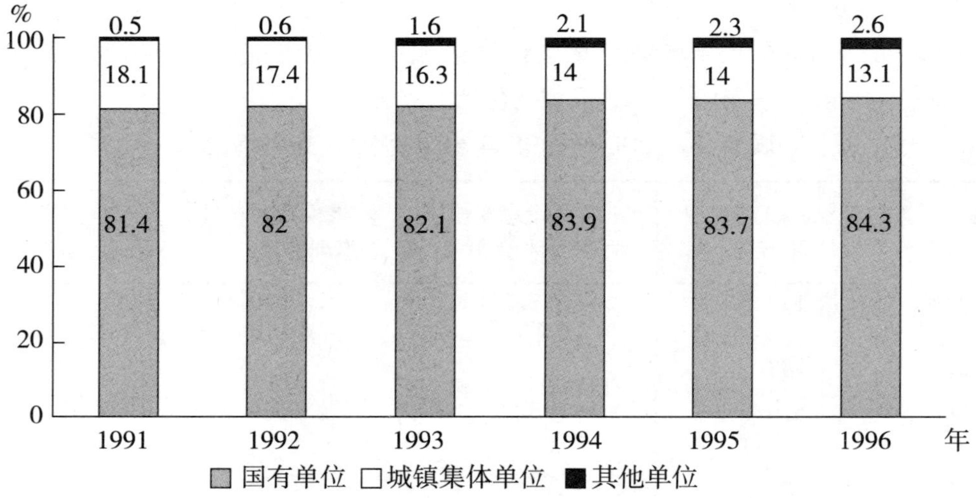

图 5-14 1991—1996 年全国不同单位性质的离退休费用支出情况

2. 待遇标准的比较分析

养老金待遇标准因不同单位性质、不同经济类型、不同地区而存在差别。现以单位性质为例，从图 5-14 中可以看出，1991—1996 年，因退休前单位性质不同，其待遇会存在差别。机关和事业单位职工的平均工资从 1993 年以后高于企业职工的平均工资，机关和事业单位退休职工的退休金与工资挂钩，因此机关和事业单位的养老金替代率就不断上升。1990 年，机关离退休、退职费用支出占全部离退休、退职费用的比重为 6.7%，到 1995 年该值上升到 8.7%，上升了 2 个百分点。事业单位离退休、退职费用支出占全部离退休、退职费用的比重值，1990 年为 15.8%，1995 年达到 21.1%，上升了 5.3 个百分点。企业的离退休、退职费用支出占全部离退休、退职费用的比值，1990 年为 77.5%，1995 年则下降到 70.1%，下降了 7.4 个百分点。企业职工离退休、退职费用的平均值在 1990 年是全国平均费用的 94.5%，1995 年则下降到 91.7%。城镇职工养老保险政策发展期内，企业离退休职工的退休待遇标准是低于机关事业单位的。

企业退休职工的养老金待遇标准因经济类型不同而存在差距。国有企业职工养老金待遇高于集体和非公企业职工。同一企业的职工，也会因退休类别不同影响养老待遇。若是退职、病退、提前退休等，退休时其待遇要低于一般正常的退休。若退休前的职务、职称高于一般职工，退休时其待遇也要高于其他职工。这种差别从制度设计层面来讲是合理的，体现一种效率原则。

（四）管理机构的专业性有待提高

为了推动城镇职工养老保险服务社会化，国家要求地方建立专门的城镇职工养老保险事务管理机构，负责城镇职工养老保险基金的收缴、管理和支出，其管理费用从所收缴的基金中支出，管理费用的多少由地方确定。例如，1991 年江西省对管理费用是这样规定的："省级统筹前，劳动合同制工人养老保险的管理费按 5% 提取，国营和集体的管理费按 1% 提取。各市、县提取的管理费 10% 上缴省。省级统筹后，从劳动合同制工人中提取的管理费全部留在地、市、县，国营企业职工退休费用省级统筹的管理费按 2% 由省直接提取，其中的 50% 返回地、市，50% 由省掌握在全省调剂使用。"

为了让用人单位按时足额缴费，地方的社会保险机构也努力采取多种措施进行收费。例如："九江市社会保险局，领导带头，分片包干，责任到人，强化收缴办法，保证收缴率每月都达到 98% 以上。景德镇市社会保险局在费用收缴率不高的情况下，成立基金清理办公室，抽调干部，配备车辆，像征税一样上门收缴，使收缴率明显回升。新余市社会保险局以派人蹲点的形式，蹲在银行和部分欠缴单位，及时托收养老费用。""在银行和企业聘任了一批社会保险代办员，协助社会保险机构收缴。"部分基层执行机构实施这种上门催逼缴纳的方式或方法在一定程度上缓解了当地养老保险收费难的问题，但并没有从根本上解决企业拖欠养老保险费的难题。

为了改变有些企业有意放松对职工退休手续审批的管制，劳动部于 1993 年 2 月发布了《关于严格按规定办理职工退休的通知》，要求职工的退休审批工作需经所在单位报经主管部门同意，当地城镇职工养老保险管理机构审核后，由当地劳动部门批准。凡未按规定审批程序报批的，城镇职工养老保险管理机构不予支付其退休金和其他待遇。

在发展期内，社会保险管理机构也出现一些新问题。第一，管理基本养老保险基金的机构隶属于劳动部门，因成立不久，职位级别低，管理权限不大，由此成了机关和事业单位安置富余人员的机构。"有的把它看成养闲人的地方，硬把一些不能胜任社会保险工作的人安插到社会保险机构。"第二，基本养老保险管理机构的人员素质和能力不高，影响了基金收缴力度，基金安全受到威胁。有些地方的基金就被挪作他用或者贪污，为部分人员搞特殊政策等。第三，城镇职工养老保险基金虽由专门的社会保险机构负责，但社保机构的人财物配备不到位，遇到企业经济效益不好等情况时，就无法及时催缴企业缴纳养老保险基金。一些地区虽然实现了职工退休费用由社会保险机构统一筹集和统一管理，但退休金的发放仍委托退休职工原用人单位代办。结果就出现职工退休金难以按时足额发放，资金严重短缺的企业甚至挪用退休职工的退休金和应缴纳的养老保险基金。第四，随着国家放松对公有企业的管理，一些国有或集体企业被转包或分包给私营企业主甚至个人，跟着被转包的职工其养老费也由承包方缴费或发放。这些承包方为了盈利，在缴费上常用最低标准缴纳，退休金随意克扣或少发退休金和补贴，任意损害职工的利益。有些企业还对代发退休职工养老金的职责产生不满，"认为：钱由我们出，活儿由我们干，包袱还要我们背。" 1996 年 11 月，财政部发布《企业职工养老保险基金财务制度》的通知，规范了社会保险经办机构办理企业职工基本养老保险基金财务行为。该通知对养老保险基金的基金预算、基金筹集、基金支付、基金节余、资产负债、基金决算和监督检查等问题都做了规定。从此，这些管理方面的问题才得到了一定程度的解决。

二、完善期的城镇职工养老保险政策的实施情况（1997—2011年）

1997年后，国家继续对城镇职工养老保险政策进行完善，体现为加强政策的全国统一性和强制性，寻找多种方案解决前期所存在的问题。1997年26号文的目标就是加强统一管理，缩小差距。

（一）养老保险基本实现全覆盖

在城镇职工养老保险政策覆盖范围上，1997年后能够参加城镇职工养老保险的群体类型不断增多。例如，自1997年起城镇非公企业及其职工和城镇个体劳动者均可以参加城镇职工养老保险，2000年部分事业单位及其职工也加入其中，2001年农民工可以参加城镇职工的养老保险，2005年城镇个体工商户和灵活就业人员也可以以灵活就业人员的身份参保，2010年外籍人员可以参加中国的养老保险，2015年机关事业单位及其职工也均需要参与此险种。至此，城镇所有职工均被政策所覆盖。

在城镇职工养老保险政策覆盖范围不断扩大的同时，养老保险基金也开始从县、市级统筹向省级统筹发展。1998年8月，财政部和劳动保障部用8天时间，完成行业统筹移交地方统筹管理的交接工作，行业内的职工转到地方社保经办机构参保。

从1997年到2011年，参保人数是逐年增长的。1997年基本养老保险参保人数为1.12亿人，2011年已达2.84亿人，年增长率约为6.9%。城镇个体工商户和灵活就业人员从2001年的535万人增加到2005年的1930万人。但城镇职工养老保险的参保率提高速度却并不快。通过图5-15可以看出，1996年城镇职工养老保险的参保人员占城镇企业就业人员的44%，1997年下降到41.7%，1998年下降到39.2%，1999年后才开始缓慢上升，到2011年时达到60%。此后，参保率继续上升，2021年时此值为74.7%。

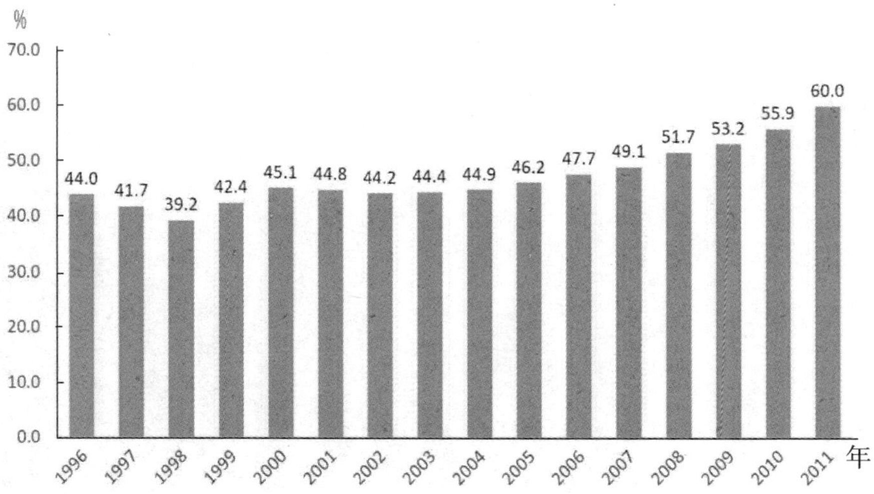

图 5-15 1996—2011 年养老保险参保职工与城镇就业人数的比值

参保率在 1997 年、1998 年有所降低，之后又逐年上升，其中重要原因就是国有企业改革。国有单位的就业人数自 1997 年起逐年下降，城镇职工养老保险的参保率在 2011 年之前增长缓慢。2011 年《社会保险法》颁布实施，因养老保险由政策转性为法，社保管理机构在基金管理上有法可依，从而推动了养老保险参保率的上升。

随着越来越多的人认识到城镇职工养老保险的有利之处，养老保险政策的实施效果越来越明显，非公企业的参保人数不断增加，城镇职工养老保险基本实现了应保尽保。

（二）企业和个人的责任被强化

1997—2011 年，国家的 GDP 以年 14% 的平均速度增长，财政收入年平均增长速度超过 GDP 的增速，城镇的第二、第三产业的 GDP 增长速度更高，这成为企业及职工能够参保的经济基础。国家开始加强基金的征缴力度，以增加基金收入，增强支付能力。养老保险基金从 1997 年的 1337.9 亿元增加到 2011 年的 16895 亿元，年均增长速度为 18.4%，有些年份的基金收入增长速度超过 20%，具体增长情况见图 5-16。

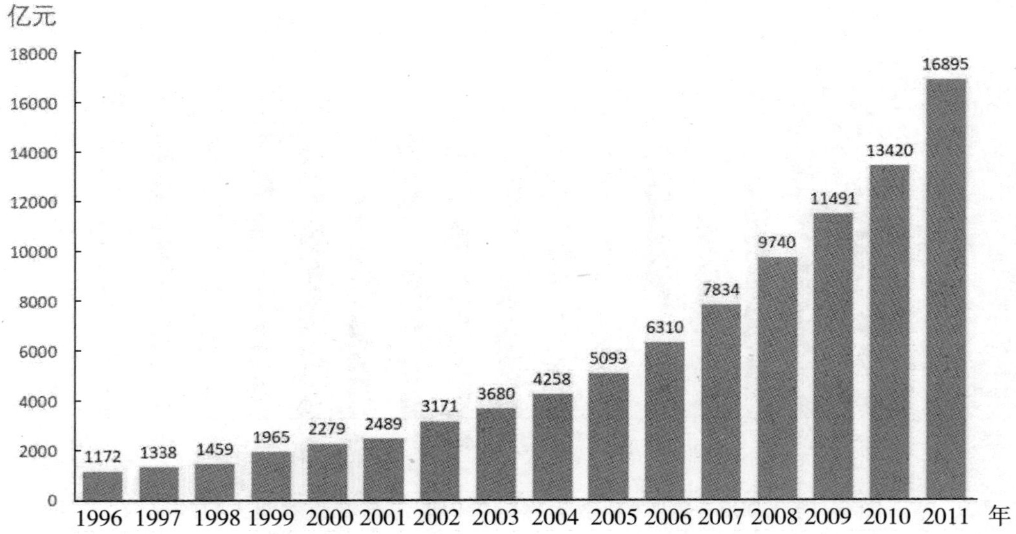

图 5-16 1996—2011 年城镇职工养老保险基金收入

除不断加强企业和职工的缴费外，中央和地方财政也出资，加大对城镇职工养老保险基金的投入。政府各级财政积极调整支出结构，不断加大对基本养老保险的投入力度。中央财政对中西部地区和老工业基地养老保险的专项转移支付资金，从 1998 年的 24 亿元增加到 2005 年的 500 多亿元，地方财政也增加了相应的投入。2018 年 5 月，中央实施企业职工基本养老保险基金中央调剂制，当年调剂比例为 3%，调剂基金总规模 2400 多亿元；2021 年调剂比例上升到 4.5%，调剂金的总规模达到了 9300 余亿元，其中中西部地区和老工业基地省份净受益金额超过 2100 亿元。

为增强基金的支付能力，2000 年国务院开始设立全国社会保障基金作为战略储备，到 2021 年已积累 30198.10 亿元。

完善阶段，养老保险基金收入呈现三个特征。第一，2007 年之前，基金收入的增长主要来自工资的增长。1997—2007 年，城镇职工的就业人数平均增长速度为 3%，企业职工的平均工资增长速度约为 14.4%，在缴费率不变的情况下，平均工资增长对养老保险基金收入的增长作用明显，即基金以 18% 的速度增长有很大一部分是因为职工工资的增长。参保职工仅仅增加了 4% 左右，这 4% 更大程度上是国有企业从不参保转为参保，部分事业单位参保而增加的参保人数。第二，多地个人账户只能空账运行。1998 年之前，城镇职工养老保险基金目标是建立社会统筹和个人账户。但在实际运行中，全国多地参保职工的个人账户均在空账运行。所谓的“混合模式”更大程度上是政策设计和个人账户的数字记载，并没有实质意义上相对独立的个人账户基金积累。为了解决个人参保积极性不高、个人账户空账运行的问题，国家从 1998 年开始统一养老保险政策，扩大个人账户比例，但 2005 年 38 号文又把个人账户比例降低到 8%。即便如此，许多统筹区个人账户空账运行的问题仍旧没有得到解决。第三，劳动力市场中的弱势群体成为《社会保险法》颁布之前养老保障权益最易被损害的群体。在国家加强对企业征缴力度的情况下，企业和职工的参保率都有提高，但在缴费上并非及时足额地缴纳，其中受伤害最大的是就业中的弱势群体。经常发生的现象就是企业不给低收入的员工缴纳养老保险，这种现象经常发生在劳动密集型企业中，如饭店、洗浴中心等。对于入职门槛低、收入低、职工人数多和流动性强的工作，许多私营企业主就不给从事此类工作的员工缴费或少缴。缴费主体尽责才能保障参保主体的根本利益，长期不缴形成高额欠费反而使企业主逃跑或破产，由此架空城镇职工养老保险政策。随着《社会保险法》的普及，社会保险经办机构不断提升管理水平，此种现象才逐渐减少。

(三)养老保险待遇不断调整

在发展期，退休职工的养老费用负担有一定缓解，但离退休、退职费用构成中，国有单位职工支出所占比重偏大。在完善期，由于各地区经济发展存在差异，各地城镇职工养老保险政策实施的力度不同，全国的养老保险待遇标准也不统一，存在明显的地区差异。

1. 总体情况

在 1998 年以前，由于存在历史欠账，退休职工养老金不能及时足额发放的问题比较严重。“1997 年末，全国共拖欠养老金 37.5 亿元，涉及 241 万人。”“1998 年 5 月底，全国共拖欠企业离退休人员养老金 87.03 亿元，涉及 356 万人。”“尽管 1999 年中央拨款 83 亿元用来帮助各地补发拖欠的养老金，但 1999 年底累计拖欠仍达 160 多亿元。”“全国除了北京、西藏、厦门、青岛、深圳 5 个省市和民航、银行、电力、水利、邮电、石油、交通等 7 个行业反映无拖欠外，其余省市都有不同程度的拖欠。”多个地区和行业欠缴的情况见表 5–4。

表 5–4 1997 年养老金拖欠情况

地区和行业	涉及人数（万人）	拖欠金额（亿元）
黑龙江	35.5	13.13
吉林	16.1	3.45
辽宁	20.6	2.14
煤炭	20.7	1.86
湖南	22.9	1.08
四川	16.5	1.9
新疆建设兵团	14.1	2.31
江苏	11.4	1.5

从表 5–4 中可以发现，拖欠养老金较为严重的地区主要集中在东北三省及湖南、江

苏、四川、新疆建设兵团和煤炭行业 7 个地区和 1 个行业。养老金收不抵支省份呈现逐年增加之势，1997 年有 16 个省份，1998 年有 21 个省份，1999 年达到 25 个省份。产生拖欠的原因有：第一，养老基金被挤占挪用。当时全国养老金社会化发放的比例很低，多由企业直接发放，当部分企业生产经营困难或企业资金紧张时，就会欠发或减发应由本企业支付的养老金。第二，有账却无钱，无法发放。当时多地基金征缴困难，参保单位欠费情况严重。“1997 年全国养老保险基金平均征缴率为 90.7%，1998 年上半年则下降到 82.69%，有 17 个省当期基金收不抵支；1998 年第三季度则下滑至 77%，当期基金收不抵支的地区增加到 25 个。”“1997 年底，全国累计欠缴基本养老保险费达 290 亿元，到 1998 年 9 月底欠费高达 365 亿元。”此外，各地或企业负担能力不同，有的地方没钱兑付，有的地方无力按政策调整养老金，造成一些地区难以落实国家出台的养老金正常调整政策。一方面基金收缴不上来，另一方面退休人数却在不断增长。这些因素共同作用的结果就是无钱支付养老金。第三，统筹层次低，基金不能调剂使用。截至 1997 年，除了北京、上海、天津 3 个直辖市和福建省实现省级统筹外，其余地区大多以市、县统筹为主。全国 11 个行业的养老保险自成系统，资金虽有结余，但不能同地方互济。

为了解决城镇职工养老保险费的欠发和企业基金欠缴的问题，国家开始颁布新措施。1998 年《关于切实做好国有企业下岗职工基本生活保障和再就业工作的通知》提出，必须按时足额发放养老金，不但不得发生新的拖欠，而且还要求对过去拖欠的应逐步予以补发。地方政府必须做到“两个确保”，以保证基本养老金发放额能够被补发和及时发放。国家的要求和地方政府的重视使退休职工养老金拖欠问题得到解决。自 1998 年起，基本养老金的费用标准年年提高，基本养老金当期拖欠的情况也逐年减少。“1998 年平均每月拖欠 6 亿多元，1999 年每月拖欠 3 亿多元，2000 年每月拖欠 1 亿多元，到 2003 年全年拖欠 1.32 亿元，2004 年和 2005 年全国已连续两年无当期拖欠。各地还积极采取措施，补发过去的历史拖欠，到 2005 年共补发 240 多亿元，16 个省份已全部补发了历史拖欠。”其后，各地的养老金均做到了及时发放。其中，需要强调的是，若没有国家财政兜底和强有力的政府执行力，拖欠养老金的问题是很难解决的。

2. 养老保险基金支出不断增长

退休职工养老金的支付政策可谓实施到位，但从长期特征来看基金的支出形势不容乐观。1996 年养老保险费用总支出占总离退休费用的比重为 66.5%，养老保险总支出占福利费用的比重为 75.3%，养老保险总支出与 GDP 的比值为 1.5%。到 2005 年，相应的三个值分别是 81.6%、73.5% 和 2.2%。除养老保险总支出占福利费用的比重有所下降外，另外两个值都是上升的。从图 5-17 中可以看出，养老保险基金的总支出呈现上升的特征，从 1997 年的 1251.3 亿元增加到 2011 年的 12765 亿元，年平均增长速度为 18%。2021 年，养老保险费用支出为 60197 亿元，比 2011 年又增长了 4.7 倍。

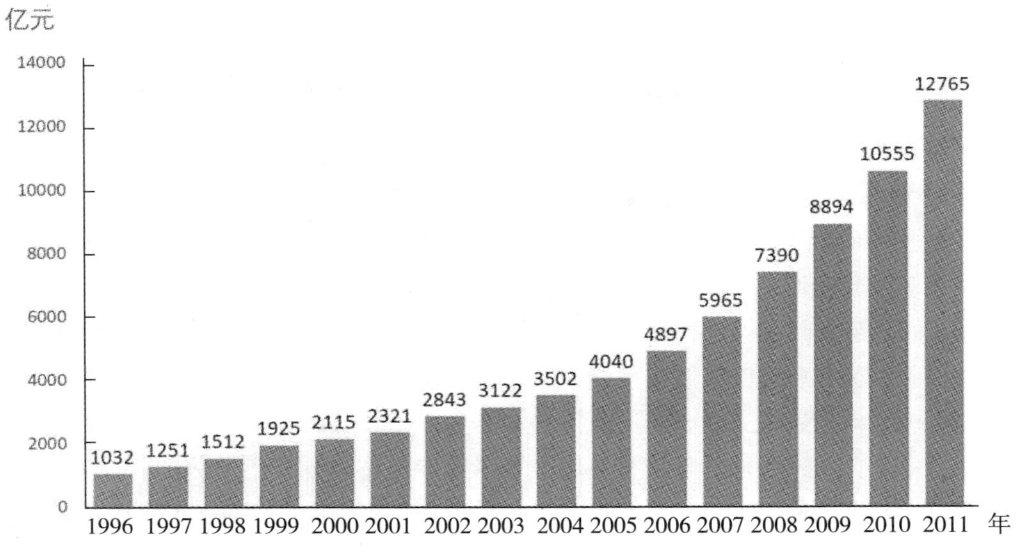

图 5-17 1996—2011 年基本养老保险费用支出（亿元）

尽管养老保险基金的总支出在不断增长，但从图 5-18 中可以看出，随着职工工资水平的不断上涨，全国养老金的替代率继续下降，2011 年下降到 45%。养老金替代率的下降意味着待遇标准的相对降低。

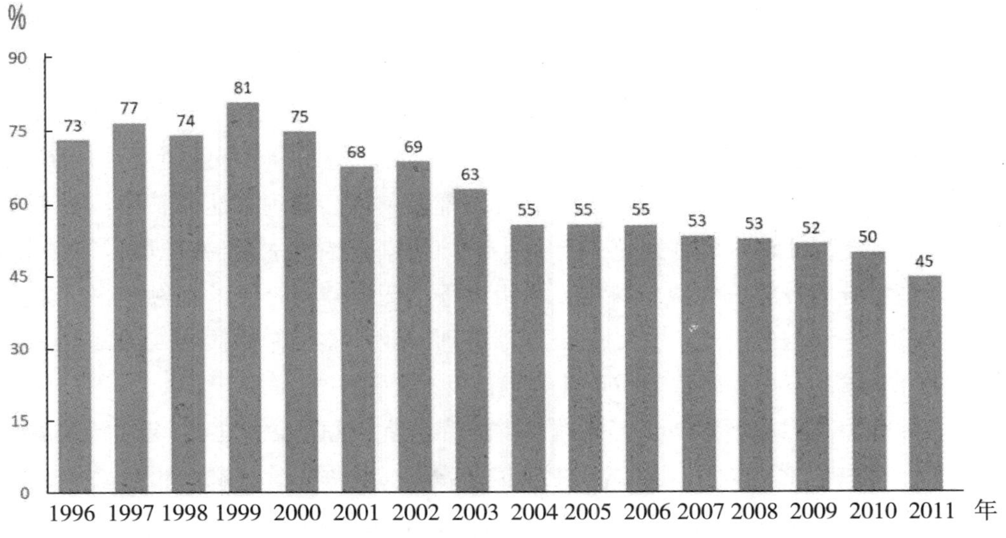

图 5-18 1996—2011 年全国养老金替代率

2005 年 38 号文确定了养老金要根据物价变动情况实施历年调整的机制。从近十几年的执行情况来看，国家统一确定每年的调整比例，各地基本落实了该政策，调整速度逐年减缓。2005—2015 年养老金待遇的调整比例为 10%，2016—2017 年的调整比例为 6.5%，2018—2020 年的调整比例为 5%，2021 年的调整比例为 4.5%。待遇调整的具体标准各地可能存在差别，但调整机制实施的统一原则就是提低稳高，即优先照顾养老金水平过低、缴费年限长、身份特殊的弱势群体。

3. 养老保险待遇水平存在差异

虽然 1997 年和 2005 年的政策极力推行统一的养老保险计发办法，但养老保险待遇还因不同人群或地区而产生差距，主要表现为以下三种差距。

第一种差距为因在不同性质的用人单位退休而产生的差异。2014 年之前，机关事业单位和企业的职工平均工资差距不断扩大。机关事业单位的退休金当时与退休前的工资待遇直接挂钩，企业职工的养老保险待遇与企业职工个人的工资和参保地的社会平均工资挂钩。由此产生的结果就是：企业职工养老保险金待遇与职工退休前所在的企业、所在地区的经济发展水平高度相关，机关事业单位的职工则不受这些外在因素的直接影响。另外，企业的效益和工人自身的劳动贡献都影响了工人的工资水平。企业职工的年龄与其贡献呈现抛物线的特征。特别是从事体力劳动的工人，年龄越大，对企业的贡献就越少，工资水平就越低。计划经济体制下的工资分配体制和工龄对年龄大的工人有保护作用，但市场经济体制下以按劳分配和按资本分配为主的工资分配方式弱化了工龄对年龄大的企业职工工资的保护。机关事业单位职工的工资却受按劳分配或资本分配的影响相对较小，工资随工龄、职位级别和年龄呈“J”形特征，即随着年龄、级别和职务等的日益提升，工资收入也会相对静止或逐步上升，若没有特殊意外的情况发生，该职工到退休时工资是不会降低的。

第二种差距是机关事业单位的补差机制。例如，有些在 2014 年之前就加入城镇职工养老保险的事业单位性质的职工，退休时若依据城镇职工养老保险待遇计发办法核算，其养老保险金就低于原核算办法。为此，这些事业单位会在内部建立补偿机制来弥补因养老金改革而产生的差距。例如，有些事业单位的退休金补贴标准按照职位等级来确定，职位等级主要分为局级、处级、科级、科级以下，职位越高补贴的金额越多。享受补贴的人员一般是编制内的固定工，若是公开招聘到事业单位工作的社会人员其退休金同企业职工完全一样，不享受事业单位退休金内部补贴待遇。

第三种差距是因在不同地区退休而产生的待遇差。地区经济发达，退休金就相对高；反之就低。2009 年之前，职工退休地主要依据户籍，外埠参保人员虽可以参保，但却不能在参保地区退休或养老。当时外埠参保人员回户籍地时只能带走个人账户部分的资金，而个人账户总额约占整个养老保险基金的 1/3。户籍地的政府接受一个参保人员缴费工资 8% ~ 11% 的基金，却要在该职工退休时发缴费工资的 45% 左右，这对部分省份的城镇职工养老保险基金产生了较大压力，由此形成了地区剥夺，即经济发达地区的养老保险基金夺走了本属于经济不发达地区的养老保险基金。为了改变这种困境，2009 年，国务院出台了《城镇企业职工基本养老保险关系转移接续暂行办法》（国办发〔2009〕第 66 号），其中依据年龄把参保职工分为拥有一般账户和临时账户两种类别。临时账户是指在非户籍地第一次参保时男达到 50 周岁及以上或女达到 40 周岁及以上时建立的账户，此类账户的人群不能在参保地退休。一般账户则为非临时账户者。外籍人员或组织调动人员则不受参保年龄的限制，无论何时何地参保均为一般账户。若一般账户的人群只要在非户籍地参保地缴费满 10 年及以上者就可以选择参保地退休，当然参保人员回户籍地退休不受缴费年限和年龄的限制。养老保险基金的跨地区转移除转移个人账户累计额外，还要转移用人单位缴费的 12%，从而实现区域转移之间基金的相对平衡。目前，一些经济发达的地区，跨区域转移没有限制条件；但有些经济相对不发达的地区，对跨区域转移养老保险办理退休设置有限制条件，比如退休前至少在本地缴费多少个月，以减轻本地基金支付压力。

总之，养老待遇水平的差距除因退休政策内在属性产生外，它还会因单位性质、地区等因素而产生差距。目前，职工缴费工资是直接影响养老保险待遇水平的重要因素，其次是退休地的在岗职工月平均工资水平，最后是缴费年限。对于机关事业单位的中人而言，退休金待遇水平的高低还与本人退休时的职务级别、岗位虚实、专业技术等级或工人技术等级等因素相关。

（四）主管机构也被不断调整

完善期内城镇职工养老保险事务管理机构经历了由两种方式管理统一为一种管理方式的过程，基金的征缴能力日渐增强，对退休人员的管理日渐被银行和街道替代，管理的专业性也不断提高。

在管理机构上，养老保险基金的管理经历了两次大的改变。第一次改变为管理经费的变化。最初，社会保险经办机构可提取管理费，1999 年后社会保险经办机构统一不再从社会保险基金中提取管理费，经费由同级财政负责支付。由于管理费与征缴费用的多少不挂钩，在取消管理费的短时期内曾影响过征缴机构征缴的积极性，但很快这种情况就发生了改变。基金征缴在 2019 年后全国实行统一由税务部门征缴，并逐步推行个人纳税、缴费和公积金相统一的管理模式，提升了基金征缴的监管能力。

在基金发放上，社保机构推行离退休人员基本养老金由银行、邮局等机构发放，用人单位逐渐从养老金发放的工作中抽离出来，2001 年全国基本上实现了养老保险金的社会化发放。自 2002 年起，近 40% 的企业退休人员因原企业的关闭、破产、改制等原因，已没有单位提供管理服务，这批人员就被纳入户籍所在地的社区进行管理。目前，多数企业退休人员的养老保险待遇均通过银行或邮局进行发放，除少部分国有企业或机关事业单位退休人员外，大部分退休人员均被归到户籍所在地的社区进行管理。

养老保险基金管理被纳入财政专户，实行“收支两条线”管理，专款专用。但在实施初期，基金的监管仍存在少缴、漏缴、断缴、欺诈冒领、挤占挪用等问题。早期的问题出现在政府的管理方式不合理和不守规矩上。例如，基金管理早期不实行专户管理，结余的基金进行违规投资，挪用积累的基金用于弥补财政的其他支付缺口，用养老基金来建办公用房，社保经办机构内部管理混乱，基金账目不全。地方政府是早期基金管理不善的主体。随着养老保险基金管理规模日渐扩大，管理人员增加，参保主体对养老保险的日益重视，社保经办机构日渐的专业化和规范化，目前基金主管机构的问题逐渐减少，尤其是地方政府的问题越来越少，参保主体则成为违规或违法的主体。

在完善期内，城镇职工养老保险基金在保值和增值管理方面有所变化。自2015年起，全国社会保障基金理事会被纳入养老保险基金管理中，全国目前至少有25个省、自治区、直辖市均通过全国社会保障基金理事会进行基金的投资，基金规模上万亿元。

另外，城镇职工养老保险覆盖范围扩到全部城镇职工，参保人数和基金收支逐年增加，这时期非公单位及其职工、农民工和灵活就业人员成为重点关注的参保对象，城镇职工养老保险各地差异缩小，政策统一成为一种必然的趋势。管理机构的专业化水平和规范性也日渐提升，国家在基金的保值和增值方面也实现了重大突破。

自1991年至今，城镇职工养老保险政策基本实现了政策目标，并被作为一种法律确定下来，日渐深入人心。城镇职工成为受益主体，维权意识也日渐提升。每一次政策的完善都被社会成员关注，政策设计和落实日益追求公平、公正而非平等，从而使养老保险政策不再是少数人的权益保障，成为用人单位职工和愿意参保人群的一项社会权利。

第四节　总　　结

一、政策改革体现明显的公平性

城镇职工养老保险政策在发展完善期最典型的特征就是日趋体现社会的公平性。此阶段城镇职工养老保险政策从创新期的劳动合同工扩大到公有制单位的固定工、农民工和自愿参保的灵活就业人员，2015年机关事业单位的城镇职工也被纳入其中，曾经的用人单位性质、企业规模、户籍等因素均被破除，企业养老保险政策真正转变为城镇职工养老保险政策。

除了对参保主体进行公平性改革外，城镇职工养老保险还推行区域之间的公平性改革，主要体现在职工流动方面。户籍甚至国籍在城镇职工养老保险政策制度中的作用日渐减弱。随着目前推行全国养老保险统筹，户籍将可能从城镇职工养老保险政策制度中消失。

二、养老保险待遇差日渐被拉大

城镇职工养老保险政策的发展完善期正是我国大力发展社会主义市场经济体制的时

期，此阶段任何政策的改革都会效率优先，城镇职工养老保险政策的改革也不例外。在发展期曾出台过纯粹积累制的养老保险政策，但由于存在基金历史欠账，最终确定实行社会统筹与个人账户积累相结合的混合模式。

在待遇核算上，完善期时确定实行与参保主体缴费年限和缴费水平挂钩的待遇核算方式。2006 年以后，处于经济发达地区的高收入群体不但缴费工资水平高，缴费年限一般也比较长，养老保险待遇将会与低收入地区的低收入群体拉开差距，随着时间的推移，养老保险待遇的差距可能会加大。

国家推出的企业年金或职业年金计划、个人储蓄式养老金也成为工作相对稳定的高收入群体的退休待遇组成部分，这两者的加入进一步拉大了养老保险的待遇差距。

三、个人账户的积累制推行困难

城镇职工养老保险政策确定为社会统筹与个人账户相结合的混合模式，即社会统筹实行现收现付，个人账户实行积累制。但这种混合模式目前在一些统筹区遇到难题，即用人单位所缴纳统筹基金不够支付当前退休人员的养老金。为此，“养老金个人账户自 1995 年建立以后，由于同社会统筹基金混在一起管理，为了确保当时的养老金发放，就被归大堆使用了，个人账户仅仅被当作记载工龄，有账无钱。到 1999 年底，全国已为 7266 万职工建立账户，建账率为 76.5%，个人账户记账额累计达到 1914.2 亿元”。个人账户曾被认为是城镇职工养老保险政策所需兑换的巨额支票。

随着人口红利的逐渐消失，20 世纪 50—60 年代婴儿潮群体已经或将要领取退休金，城镇职工养老保险基金将遭受巨大的冲击，做实个人账户将面临更大的挑战。

第六章　结　　论

第一节　中国社会结构与养老保障

艾斯平－安德森认为，所有的福利国家都会涉及社会阶层化的过程，但是，由于保守主义、自由主义、社会主义的基本原则在不同的国家已经形成了相应的政治文化传统，并且已经制度化了，“结果类聚成一些不同的体制”。中国社会保障制度拥有其独有的特征，其发展过程也是从资源分配相对不平等逐渐走向更加公平的过程。

作为社会保障制度的重要内容之一，中国的社会养老保障政策的变革与中国的社会结构变化联系紧密，在改革开放过程中部分持续了传统社会结构，后根据市场的需求进行了相应的变革。“中国是从社会主义计划经济体制改变为市场经济体制的过程中改革社会保险体系，所以我们今天的社会保险体系既带有计划经济时期的烙印，又具有了自由竞争的市场经济色彩。”

社会养老保障政策服务于国家的经济改革。国家用自己的“有形之手”来推动市场经济迅速而稳定地发展，社会政策的变革也是为了适应市场经济政策的变化。根据国际经验，与市场经济体制相适应的政策追求的是效率，能够壮大中间阶层的社会政策则应当以公平为目标，国家通过强有力的再分配手段能够在合理的限度内缩小各层级之间的差距，防止社会出现过于严重的两极分化，从而减少社会冲突或矛盾。目前，中国社会结构随着市场经济的发展在不断改变，需要不断完善社会保障政策来阻止过度的两极分化。

一、中华人民共和国成立初期的分配制度

中华人民共和国成立前，企业中的福利多以生活资料为根本内容，不存在所谓的社会保障体系。中华人民共和国成立初期至1966年之前，中国政府缩小了城镇企业内部高低收入群体之间的差别，其后曾不断地提高工人地位和工资福利。中华人民共和国成立初期，工人人数增加。在工人内部，高低收入差距虽然不大，但却存在差距。小企业工人的工作辛苦并且收入较低，与此形成对比的是，大的国营企业的工人福利待遇好、社会地位高，是小企业的工人所向往的。工作单位或职业成为确定社会地位的重要影响因素。

中华人民共和国成立初期，政府对一些企业进行了社会主义改造，在分配方式上实

行由政府控制的按劳分配制度，工人之间存在报酬差别。工人的地位和福利待遇同工人的工作成绩、工作态度、思想意识和政治觉悟等均有关系。若是工会成员或模范工人，其福利待遇相对高，反之就低。对工人的考评一般由工作单位的管理人员来决定，工人对工作单位存在依附性，工人与干部存在差别。工作单位之间从收入和福利待遇方面有高低好坏之分。虽然工人内部的福利待遇存在差别，但此差别在当时并非两极严重分化。此时，国家本就处于发展困难期，为了发展经济，工人福利待遇低，涉及的人群范围小，不平等虽然存在但对社会结构并没产生深刻影响。

1966—1976 年，劳动者的福利待遇并没有发生根本性的变化，国家强化了对用人单位福利资金的控制，用人单位原有的劳动保险管理机构被架空，革命委员会决定员工的福利预算，由其报给国家，国家再以此做单位预算。“工作单位控制着一切福利、劳动保险、集体福利和劳动津贴。”用人单位与职工之间的关系更加紧密。

1976 年后，经济发展受到重视，工作单位的福利由用人单位党委或党支部负责。用人单位福利的直接管理者工会的地位虽得到恢复，但要接受用人单位的党委领导。用人单位的劳动保险福利基金仍依据单位需要由国家统一配置。管理机构和用人单位内部的福利分配再次变得统一和正规，城乡的福利差别依旧存在，国有企业、集体企业之间存在差别，社会结构决定着福利模式。

总之，改革开放前社会保障政策存在明显的城乡差距，城镇工人基本都拥有社会保障。工人的福利待遇虽然在内部存在差别，但当时我国城市的收入不平等为世界不平等差距最小的国家之一。

二、改革开放初期的分配政策

改革开放后，国家的财富不断增长，家庭财富开始呈现差距扩大的特征。传统计划经济体制对经济发展的限制被政府管理者作为需要改革的“痛点”，政府开始改变“计划”的发展方式和“大锅饭”的分配方式，经济上实行包干制，推行按劳分配以摆脱平均分配，减轻企业负担，以提高效率为导向。

企业对职工不再实行终身负责制，员工的福利保障制度开始推行社会化方式，社会养老保险政策作为国家保障制度是最先被触动的，可谓顺应经济改革的目标而诞生。试图“通过减轻国有和集体企业的社会福利负担，来刺激经济增长，提高效率。社会养老保险从国有性质的单位内转出，由企业主、雇工和国家共同负责。为了改变计划经济体制下的无效率，许多社会公共福利被推向了市场，一些群体在改革过程中却大大受益。”但改革总受到传统利益分配制度的影响，福利待遇水平越高的用人单位，其社会保障制度改革就越难。有研究者认为，“韩国的经济快速发展，消除贫困人口并减少了不平等，而中国虽减少了贫困却增加了不平等，这一点类同于巴西、墨西哥和印度尼西亚”。国家把城镇地区的穷人、非国有企业人员、失业人员都抛向了市场，对国有单位和集体企业的富余职工采取下岗制度和内退制度，国有单位和集体企业的福利制度虽与市场接轨，但是逐渐市场化和商业化。与此同时，城镇用人单位通过改革用工制度、引入低成本的农民工、不提供与城镇工人一样的福利待遇等举措来降低国家和用人单位的用工成本，提高企业的利润率。处于中间位置的城市居民拥有一定的社会保障，农村居民则缺少来自政府或村集体的保障。在城镇中“有工作的人所享受的社会保障比没有工作的人所享受的好，工资水平高的人所享受的社会保障比工资低的人所享受的好，有城市户口的职工享受的社会保障比农民工所享受的好”。社会保障成为研究社会结构的重要指标之一。

经济改革对社会结构中弱势群体的利益并没有给予充分的保障，处于权力中心或利益分配中心的群体在改革过程中极易获得原始的资本积累，弱势群体的社会保障则需要通过私有化或商业化来实现，如商业保险或企业年金等。其中，企业年金也是在拥有社会养老保险的基础上才能够获得，没有缴纳社会养老保险的企业也没有企业年金。虽然国家最先在城市建立了最低生活保障，但弱势群体的社会保障仍要由市场来决定。“这一切以前是由去商品化的社会服务，对穷人和接近贫穷的人来讲，这种去商品化将产生新形式的排斥和剥夺。” “1990 年，社会保障费用全国人口平均只有 97 元，按劳动力平均只有 197 元，大大低于西方国家。当然，这一低水平的平均数，也掩盖了少数人过多地占用社会保障资源，而这少数人，恰恰是社会上的强势群体而非弱势群体。所以，有人指责这种社会保障体制是‘不保穷人保富人’。”

政府因受计划经济体制的伤害，在改革开放初期对国民财富的再分配重视程度不够。传统的社会福利结构虽有变革，但变革中直接受损的却是边缘群体的利益，初期变革的结果就是持续扩大原来存在的不平等。国家虽然不再抑制消费，但是在增进生产的同时，却扩大了贫富差距，再分配主义并没有很好地被引入经济体制改革。Khan 和 Riskin 发现，中国城市的不平等的趋势从 1995 年后虽然呈缓慢下降的趋势，但基尼系数不断上升。健康津贴、社会福利在 2002 年以后仍实行的是消极分配，它导致了家庭最终收入差距的扩大。城市不平等呈下降的趋势更大程度上是由于市场经济作用的结果，社会福利再分配此时被边缘化。

从市场发展和社会收入再分配的关系来看，社会收入再分配是改变不平等收入的关键力量，若国家和社会在其中能发挥重要作用，就能够强化或消除相互影响。“如果市场改革扩宽了收入的差距，社会收入消极分配，收益将会强化市场效应，加大社会间隙。相反，如果社会收入积极分配，将会消除市场影响，缩小收入差距。” Riskin 认为，在中国的经济发展过程中，社会保障本应抑制中国城镇越来越大的不平等，但中国早期的经济改革者偏重于对市场效率的关注，社会收入转移的再分配角色几乎不被考虑。Gao 发现，尽管特殊的城市社会福利（主要是现金转移，有养老金、最低生活保障金和失业金等）在 1988 年似乎弱化了收入的不平等，但是它们在缩小不断增大的收入差距的作用却是非常有限的。

我国市场经济和社会保障政策的关系比较复杂。经济改革是在政府指导和调控下进行，市场经济也不是推行放任主义或自由主义原则。社会养老保险政策不是纯粹的国家计划经济或以平等为宗旨的再分配主义，社会养老保险政策改革更多地体现的是市场效率。在国家管理下的市场经济发展中，社会养老保险政策处于被动的地位，再分配呈现消极的状态，以家庭为单位的收入差距呈现不断扩大的特征。

三、强化再分配功能的变革

强化社会政策的再分配功能就是改变发展中国家对发达国家的依赖性。庞大的社会保障政策必须以充满活力的经济基础为支撑，这反过来又在很大程度上依赖国内和国际有利的经济和政治状况。改革开放后的中国经济增长主要依赖于投资和出口，被经济学家比喻为拉动中国经济发展的“三驾马车”（消费、投资和出口）发生失衡。过度依赖投资与出口，导致长期的贸易顺差过大，国内经济发展受制于出口国状况。2008 年美国的次贷危机引起的国际金融危机更是加剧了这种不平衡所带来的危机感，中国的经济发展继续依赖投资与出口的发展模式需要改变。为了保持经济持续的增长，缓解国内就业压力，有学者认为国家应该刺激国内消费，其中一个方式就是增强国家在再分配中的作用，缩小贫富差距，发展社会保障体系，完善社会保险政策。

强化社会保障政策的再分配功能是为了减少或摆脱市场经济危机。党和政府已经开始注重经济发展和社会保障的关系。随着市场经济的发展和政治体制的完善，国家已经从具体的经济管理事务中逐渐退出，转向社会公共服务，即发展和完善社会保障政策。有学者认为，从西方市场经济的发展规律来看，国家应保障市场能以相对公平开放的竞争机制发展，即不但存在自由的资本市场，也要拥有更自由的劳资关系市场，国家在市场体制中最需要做的就是建立社会保障体系，解决市场失灵，提高经济效率，保证社会稳定。

强化社会保障政策的再分配功能就需要刺激消费。从中华人民共和国成立后一直到改革开放前，国家都积极地以促进生产为主，消费位居次级地位。社会主义市场经济体制改革改变了传统的国家负责就业、单位提供完善保障的普遍福利体制。人们的衣、食、住、行、教育、健康、养老等都与工资直接挂钩，无固定工资收入或失业人员处于社会结构的下层。“失业福利系统的破坏以及生活成本的急速增加使人们对未来产生失望、恐惧和不安全感。”市场中的劳动者生存压力比之前增大，导致了改革开放后城镇居民依然重积累轻消费。对社会主义国家的传统福利体制的变革给社会带来了不安全感，产生了消费与积累关系的失衡，国家需要重新建立居民生存的安全感，改革这种不平衡，完善的社会政策体系由此形成，养老保险政策体系的改革发展就是其中一个代表。

第二节 城镇职工社会养老保险制度变化特征

一、国家与国民关系的变化

当一个政策融入人们的思想认知体系中并转化为自觉的行动，需要时间、压力、环境等因素的共同作用。城镇职工养老保险政策成为我国城镇职工的一项社会制度，用了将近百年。城镇职工养老保险政策最初产生于对西方国家有意识的模仿，这种模仿有来自有意识觉醒的工人发起的斗争，有政府管理者或企业管理者自觉地学习，但这一切产生的基础是我国早期城市工业经济的兴起。

我国城镇职工养老保险政策的实施对象早期为什么只有城镇企业职工？为什么机关事业单位的职工实行社会养老保险还不到 8 年？这与我国的国情存在一定的关系。城镇企业职工在我国曾属于新生事物，是一个独特的存在，它应该属于我国近代城镇工业经济的产物，其身份和社会地位从产生时就不同于农民和公务员。

在城镇企业职工出现前，养老一直属于家庭的主要责任。但城镇企业职工的养老已不能执行传统的家庭模式，也不能实行公务员的养老模式。传统的家庭养老需要依赖于土地，无论是中华人民共和国成立前进城的破产农民，还是自改革开放后大批进城的农民工，他们均是在农业已经无法为其提供生活保障的情况下才进城的，土地已经无法为他们提供养老的保障。公务员无论是过去还是现在，在整个社会结构中都属于少数群体，其养老保障基金源于财政支撑，财政不可能为大量的城镇企业职工提供养老基金。在此情况下，我国城镇企业职工就只能学习西方采取养老保险的模式。

我国的养老保险模式并非一帆风顺，而是经历了多次变化。中华人民共和国成立后，曾在一段时期内实行过养老保险模式，但很快保险模式就调整为保障模式。虽然养老基金并非源于财政支出，但实施效果却与公务员的养老保障模式相差不大。城镇企业职工在 1969—1991 年享受着同公务员相同的政策待遇，虽然这被认为是模仿苏联，但实际上是当时国家和国民对企业职工身份的一种情感认知——国家的人。若政府官员保障了国家机器的正常运转，企业职工则是保障这架机器运转的发动机。

企业职工与国家命运和经济发展紧密相连，在国家经济实力有限的情况下，企业职工的养老就由国家保障。改革开放后，国家经济发展不再仅仅只依靠城镇公有性质单位一支力量，并且需要改革国家保障模式，建立保险模式。经济体制的改变和非公经济的发展改变了国家与企业职工的关系，国家为国民的国家，代表了所有的人民，城镇企业职工失去了其独特的地位，成为普通公民的一分子。城镇企业职工养老保险政策成为我国社会主义市场经济提供的一种类公共产品，只要国民愿意均能够享受。最终，机关事业单位的固定工也失去其独特地位，成为普通大众一部分，共同参加城镇职工社会养老保险。养老成为个人需要对自己负责的保障模式，用人单位职工均会自觉地参加并用法律的武器维护自己，这种认知逐渐深入人心。

二、家庭养老走向社会养老

养老在经济不发达、社会分工不明确的社会往往依靠家庭，中华人民共和国成立前，我国大部分国民均如此，中华人民共和国成立后很长时间内我国大部分非城镇职工也如此。部分正式的城镇职工虽然有退休金，但由于整体待遇水平相对不高，家庭在个人养老方面的作用是不容忽视的。

养老逐渐从家庭应承担的责任走向社会则是从改革开放后开始的。这个改变与国家计划生育政策也存在相关性，即城镇比农村更有效地推行了计划生育政策，家庭子女数基本不超过两个。少子化、双职工家庭结构、“失独”家庭、“空巢”家庭等均使家庭无法再承担养老责任。与西方纯粹工业化促使少子化不同，我国的计划生育政策推动了城镇职工养老保险政策的发展完善。

除此之外，我国不但出现家庭养老难以为继的现象，还曾出现过退休老人承担照顾下一代责任的现象。在20世纪80年代，城镇公有性质单位为推行强制退休，推行过子女接班等照顾弱势群体的政策；在20世纪90年代，国有企业改革使部分职工下岗导致家庭生活困难，有些国有企业职工没下岗但却因企业经营困难导致在岗职工的工资降低甚至被拖欠。这时一些退休职工的养老金甚至高于在岗职工的工资。有些老人用自己的退休金来支撑子女下岗后的基本生活支出。进入21世纪，退休老人退休后不但用自己的退休金支撑孩子买房买车，还要出力甚至出钱帮助照顾子女的下一代，即城镇双职工家庭不但很难去承担养老的责任，有时反而需要老人继续付出。在整个过程中，养老保险基金对每个家庭的重要性就日益凸显。正因为退休职工的养老金对退休老人的生活具有重要支撑作用，国家才不遗余力保证每位退休职工的养老金及时全额发放，并强有力地执行年年向上调整的机制。

我国老龄化现象日益严重，特别是从2022年起，今后15年将进入每年有2000万~3000万人退休。中国的城镇化率也从2000年的36%上升到2021年的64%。城镇职工养老问题将必然从家庭中被转移到社会，城镇职工社会养老保险基金将成为这批“婴儿潮”退休后的重要经济基础。立足于此，家庭养老、社区养老和养老机构等组织就不得不发展起来，社会养老保险政策体系的构建、养老保险基金的保值和增值就变得日益重要。

三、养老政策目标基本实现

若从政策制定的角度研究我国城镇职工养老保险政策会发现，它最初应该是作为一种政治理想而制定的。官方正式成文应是在北洋政府统治时期，国民党政府立足西方的政策内容重新成文。中华人民共和国成立后，党和政府继承和整合了原有的政策内容，学习苏联，形成了城镇企业职工的养老保险政策。

在执行层面上，国民党政府制定的政策内容因财力不支和战乱等原因并没得到真正的执行，我党早期制定的政策也因工业发展不成熟而没有真正落地，城镇职工养老保险政策真正得到实施是在中华人民共和国成立后。中华人民共和国成立后，城镇企业尤其大企业或重工业企业的职工由于其特殊地位，养老保险政策尤先得到落实，并作为一种特殊的优待政策被国有企业职工所欢迎。但很快，企业职工养老保险政策就因社会环境的变化而发生了改变，即不再执行保险政策，而采取国家单位保障模式，一直到 20 世纪 80 年代。

20 世纪 80 年代，因传统的国家单位保障制度不能满足个人和企业的需求，有些行业或企业开始发挥个人的主动性，解决企业职工无法养老的问题，从而探索出了新型的、统筹式的养老保险政策，这种由下至上的创新机制推动了新型城镇职工养老保险政策的产生。

在执行上，由于城镇职工养老保险政策涉及众多企业职工的权益，故在政策落实方面实行小群体范围内逐步推行的策略。首先，养老保险政策先在公有性质单位内的劳动合同工中推行。五年后扩展到公有性质的固定工，但有些国有企业职工不愿意执行此政策，养老保险政策在各企业中推行的有快有慢。在国家强力推行下，截至 1998 年底，所有的城镇公有性质的企业职工基本实行了统一的城镇职工养老保险政策，但其中比较特殊的企业仍旧保留在机关事业单位体制中，直到 2015 年，全国所有机关事业单位职工纳入养老保险体制，这些企业职工才加入。1986—2015 年，城镇职工养老保险政策从制定到最终全面被执行，用了 30 年，贯穿了整个中国的改革开放。

按照最初城镇职工养老保险政策的目标来评估，目前的政策目标基本实现了全覆盖，实现了由用人单位和参保个人主要负责养老，养老金待遇标准与个人缴费直接挂钩，效率与公平兼顾，全社会成员目前基本都遵守此政策规定，并用此政策来指导自己的参保行为，但存在的偏差却是城镇职工养老保险政策目前的社会性还需要进一步提升。

2022 年，国家开始着力推行全国统筹，一方面是为了解决养老基金的收支压力，实现最大范围的调剂或统筹能力；另一方面将使养老保险政策成为一项国家提供的统一的类公共产品，成为国民的一项权利固定下来。国家强力打破身份、职业、户籍等樊篱的限制，推行统一的城镇职工养老保险政策，呈现出公平正义的价值理念，政策成为公平制度的社会事实。新时期，国家不但不可能恢复到过去相对不统一的政策状态，而且所制定的政策会更加公平，城镇职工的基本养老保险政策成为一项公平性较强的社会养老保险制度。我国城镇职工养老保险政策转化为制度的过程也是我国公民践行公平与正义的实践过程，城镇职工养老保险待遇最终可能会成为每位公民的一项基本福利，而非维持退休人员生活的全部收入。

第三节 城镇职工社会养老保险与社会结构的关系

一、社会养老政策镶嵌在社会结构中

每一个阶段城镇职工的养老保险政策既是当时社会结构关系的一种反映，也是国家力量的一种体现。

（一）政策最初适用于少数群体

在国民党政府统治的时期和区域，虽然国家工业经济发展有所提升，但由于当时西方和官僚资本的控制，国民党政府无财力和能力执行企业职工养老保险政策。革命根据地的企业因为企业少而小，经济基础薄弱，社会养老保险的标准较低，对私营企业要求也低。中华人民共和国成立前，无论是在国民党统治区还是共产党统治的区域，城镇职工养老保险政策都仅在极少数国营性质的企业得到落实，受益群体应该属于社会结构中上层群体。

中华人民共和国成立后，在国有企业和一定规模的私企工作的职工受到《劳动保险条例》的保护。此条例刚开始并未普及城镇所有企业职工，但很快因企业转变所有制性质城镇职工就成为养老保险政策的保障群体。

中华人民共和国成立初期，老年人作为一个群体并没有同青年人一样在国有化或集体化的改制中受益，相当多的老年人的养老依旧依赖于自身的劳动和家庭。在一些大的或效益不错的集体企业，一些老年人可以拿到一些退职金，但退职金最多不超过 3 年，并只给予那些病残离开原来的企业后无法再找到其他工作的老人，属于救济性质的。1951—1958 年，从企业提取的福利金主要用来支付工伤、生育津贴和抚恤金等，满足当时国有企业工人的直接需求。无论是因为传统养老文化使然还是国家亟须发展经济的原因，职工退休问题并不是当时关注的重点。政策制定初期，能够满足《劳动保险条例》所规定的退休条件的企业职工也只有很少的一部分。“在一些个案中，退休金能够按月给付，但往往不超过最后工资的 50%，几乎不超过 25 元。由于退休金太低，一些职工不愿意退休从而能够获得津贴。还有一些由于健康问题被迫退休的往往会迁往农村或郊区，在那里他们能够获得与城市相比相对较高的生活水准。由于工业和政府职工比较年轻，被批准同意退休的人员规模较小，因此很少有城市职工退休时拥有退休金。1957 年统计全国 632 万城镇人口中，只有 6.7 万个职工拥有永久的退休金。”当时的退休手续也相对复杂一些，职工退休后还要受原单位管理。

在 20 世纪 60—70 年代，退休职工的工作受到冲击，退休执行的难度加大。一方面，管理退休事务的组织被解散，管理上的混乱导致退休人数减少。另一方面，由于害怕经济和政治的不稳定，一些职工推迟了退休。一些老年人因害怕被批判为缺少革命热情或害怕家庭经济受损从而拒绝退休。总之，改革开放前，能够享受退休待遇的人较少。

对于办理了退休的少数人也会由于工作单位性质和所有制形式的不同而导致养老待遇有差距。能够享受到养老金的老人在经济上和社会地位上好于那些没有这些待遇的老人。在1951—1978年，《劳动保险条例》修订过六次，条例的修订使受益群体增加，享受退休待遇的标准被降低。由于新的规定不适用于已经退休的人员，故当退休金支出增加，退休金不断提高时却没有激发企业职工退休的积极性；反之，有些即将退休的人员会故意推迟退休几年或几个月，直到提高养老待遇的政策颁布。这一系列问题导致了1978年强制退休政策的出台，即退休成为政府强制推行的一种行为。

（二）市场经济扩大了受益群体规模

改革开放催生了社会结构的变化，第二、第三产业的从业人数和工资结构均发生了较大的变化，由此带来了城镇职工养老保险政策的改革和受益群体规模的扩大。

为了解决职工不愿意退休的问题，国家颁布了一系列放宽退休条件和提高退休待遇的政策，这使退休职工的经济条件都有不同程度的改善。为了进一步激励应退人员退休，除提高待遇外，还允许其子女接班，而顶替或接班在改革开放以前仅仅适用于那些没有主要收入从而生活可能困难的家庭。这些刺激因素导致大量的应退职工纷纷退休，退休人数有了较大规模的增长。

市场经济使国有企业面临改革。当时国有企业改革主要通过下岗分流、减员增效等途径来适应新形势下的市场经济。在这次改革浪潮中，受到冲击的人群不但有在职的中老年职工，而且还有已经退休的老年人。对于一些经济效益不好的老国有企业（主要分布在东北三省和内陆一些城市），不但在职职工的岗位不保，而且退休职工的养老金被欠发。对于一些经济效益好的国有企业，如电力、电信、烟草、石油和石化等行业，在岗职工的工资不断增长，企业退休职工的退休金也能够得到保障。有些家庭因为子女接替父辈的班，当企业效益不好进行改制时，全家两代人都受到影响。这种状况推动有些企业开始探索改革举措。改革主体先是国有单位的合同工，很快扩大到固定工；政策先适用于公有制企业，很快推进到私营企业；先从企业开始，然后扩展到部分事业单位，最终扩展到所有用人单位，甚至包括军队。

（三）机关事业单位改革历经波折

国家在对国有企业养老保险政策进行改革的同时，也同时着手对机关事业单位进行养老制度的改革，但是，由于机关事业单位职工的身份比较特殊，从而使机关事业单位改革历时30年才完成。在机关事业单位中，事业单位及其职工是一个比较特殊的存在，一方面，它的人员规模大；另一方面，它是政府公务员与企业职工之间的过渡，这些单位聚集着大量的知识分子和专业技术人员，事业与机关单位之间经常发生职工的借调行为。“历次政府机构改革都把事业单位作为安置机关人员的场所，公务员规模在缩小，事业单位工作人员的队伍在壮大。”自 2005 年以来，我国事业单位的职工已超过 3000 万人，政府公务员才 700 多万人。但“在大多数地方领导看来，事业单位更像个‘财政累赘’，越到基层，这个问题越突出，光中小学教师就要吃掉财政收入的一大块”。在国有企业减员增效的改革氛围中，国家对事业单位进行市场化改革就成为一种必然的选择。“1998 年提出事业单位‘三年断奶’的口号，部分地区和行业便对事业单位进行改革。”改革的具体方式主要有了断式和管理式。了断式身份置换就是转制单位通过支付经济补偿金同职工了断劳动（人事）关系，人们习惯上称为“买断工龄”，个人同原单位不存在任何关系，身份由“单位人”转变为“社会人”，属于人员分流；管理式就是转制单位将在岗职工的无固定期的身份关系变为合同聘用关系，合同期限由无固定期转变为固定期，若离开就领取经济补偿金。

1998 年后，对于在市场中有经济效益的事业单位，养老政策的改革推行得相对顺利。这部分单位在性质上属于事业性质，但其内部无论是管理方式还是工资分配方式都同企业一样，企业职工因此均参加了养老保险。但有部分事业单位的经费主要源于财政，他们虽然在用工模式上进行了改革，但在养老保障上仍实行传统的退休制，退休后的待遇仍旧高于一般的工人。这部分事业单位与机关有着很大的相似性，如学校、公立医院等机构，许多事业单位又与机关有着紧密的联系，有些事业单位直属机关管理。国家对这些事业单位进行劳动关系改革并实行社会养老保险政策就变得困难。即便已经进行养老保险改革的事业单位，单位整体属性仍旧是企业性质，但在实际操作中，事业单位自身还得出钱来弥补因改革导致退休职工养老待遇产生的损失。2008 年，国家又在山西、上海、浙江、广东、重庆 5 省市展开试点，当时引起了事业单位一些职工的恐慌。又经过 7 年准备，2015 年全国才真正统一实施了机关事业单位养老保险。从机关事业单位社会养老保险改革的过程可以看出，养老政策一旦确定下来，在没有出现严重问题时，若进行改革都是步履维艰。

二、养老保险政策推进社会结构分化

（一）社会统筹对群体待遇差距的影响

近 30 年来，退休职工的退休金主要由社会统筹与个人账户两部分组成，其中社会统筹部分来自企业缴费，属于资源再分配的重要组成部分。社会统筹部分的养老金占整个退休金的比重越大，养老金的公平性就越强，从而改变社会结构的可能性就越强。

首先，1969—2021 年，社会统筹养老基金部分均属于地方，最初是以企业为单位，后扩展到县，然后再扩展到市，接着又提高到省级统筹，直到 2022 年才向全国聚拢。这 50 年里，社会统筹养老金的再分配功能受到限制。

其次，养老金中社会统筹部分一直与每个地区的在岗职工平均工资挂钩，由此导致经济发达的东部地区职工的退休金待遇水平就比西部地区、贫穷地区和老工业区的退休金待遇高。

最后，市场经济体制的改革促使劳动力在全国范围内流动，经济发达地区成为劳动力流动的重要目的地。人均 GDP 越高的城市，就业人员占总常住人口中比重就越高，老龄化问题就越不严重，反之，则就业人数少，老龄化问题严重，社会养老保险基金的收支就越不容易平衡，从而产生待遇差。

更高层次的统筹是实现风险互担、调整地区贫富差距和改变退休职工收入差距的重要途径之一，接下来的全国统筹将会使社会养老保险基金改变社会结构的能力增强。

（二）效率机制对群体待遇差的影响

城镇职工养老保险政策自 1951—2011 年经历了多次改变。早期养老保险待遇是同工龄直接挂钩，中间时期则实行养老待遇与工龄、缴费工资挂钩，但工龄在其中的作用相对较弱，2005 年以来的改革则完全实行多缴多得、长缴长得的计发办法。养老保险待遇的效率机制激励了参保主体的缴费积极性，但却拉开了退休职工之间养老金待遇的差距。

首先，个人账户养老金积累制有利于高收入者。个人账户本质上是一种强制性的个人储蓄，它应划归到工资收入分配中，属于国民收入的第一次分配。单纯的个人账户基金规模不断扩大的过程实质上是养老保险不断倾向于私有化。在建立个人账户养老金时，利率曾实行当年存入用活期、历年存款用一年定期的标准，但在 2017 年后发生了改变，全国采取统一的记账利率。近五年的记账利率远高于银行一年定期利率 5 倍多，这对于缴费基金较高水平者而言，不但少缴了税，而且还获得了远高存款甚至一般理财产品的收益，从而把高低收入人群的差距进一步拉开。

其次，在基本养老金构成中，部分企业有企业年金及利息收益，机关事业单位职工有职业年金和利息收益。补充养老金拉开了职业稳定性强、规模大、效率好的员工与职业流动性强、企业规模小、效益不好的员工之间的差距。对于灵活就业人员，因没有企业年金或职业年金及利息收入，与有这些收入的群体在养老保险待遇上的差距再次被拉开。

再次，个人账户积累制度不利于低收入者发展。在经济不断发展、通货膨胀的情况下，对于穷人而言，当前可支配的金钱价值要比将来的价值大。“个人账户不能保障基本老年生活，不能消灭老年贫困，无助于解决人口老龄化危机，甚至扩大了老年贫富差距。”个人账户还可能导致低收入者缴费困难，强制储蓄性的缴费会增加他们的贫穷。低收入者所在的企业大多是一些私营企业，多数中小私营企业的财政管理体制相对不严格，社会养老保险征缴过程存在缴费工资与实际工资存在差距的情况。企业上报的工资与真实员工工资存在较大差距。一些私营企业对员工的基本养老保险存在不缴、少缴或漏缴的现象，但低收入者与企业的博弈又增加了个人的支付成本。

最后，目前的待遇计发办法对非参保者不公平。城镇中具有稳定工作的就业者和退休者的待遇支付主要依赖于就业者曾经的社保缴费记录来进行统筹分配，就业的稳定性将有利于获得相对较高的养老保险。这种缴费确定型的待遇支付方式不同于原来的待遇确定型，养老保险待遇的高低直接与职工个人收入的高低相关。无资格领取社会养老保险的群体将无法分享社会统筹部分，只能依靠家庭养老。若家庭经济困难无法承担其养老责任，国家将辅助以补救式的城镇居民最低生活保障，以此保障老人的生存问题。享受城镇居民最低生活保障的老人和其家庭往往处于社会底层，政府的补助很难改变他们社会地位的作用，只是维持其基本的生存所需。

（三）制度路径依赖影响了制度公平

城镇职工养老保险政策内容是公平的，但在实际效果上却产生了不公平，其中根本原因就是待遇标准与缴费工资挂钩，并由企业代扣代缴。

首先，自中华人民共和国成立后到2014年10月之前，机关事业单位养老金一直都同工资挂钩，企业养老金自1991年起开始与缴费工资挂钩，因前者工资增长速度快于后者导致前者的养老金水平高于后者。2015年机关事业单位养老政策的改革统一了机关事业单位与企业退休人员的养老金政策，但本着老人老办法、中人过渡和新人新办法的改革策略，机关事业单位养老金水平在改革开放后仍旧高于企业却是一个真实的存在。这是制度路径依赖留下的，需要时间去进一步改变。

其次，大量农民工应该是从20世纪80年代开始出现，但农民工可以缴纳养老保险费的时间却是从2001年开始的，中间时间差有将近20年。企业依据城镇职工养老保险政策规定依法为农民工缴纳保险的时间是在2011年社会保险法颁布之后。这30年间，大量农民工的城镇职工养老保险参保经历因政策落地较晚而变成少数有、多数无的状态，从而导致农民工无法享受到应有的待遇。

最后，从目前世界劳动力市场的特征来看，非正规就业（不与固定单位建立长期的劳动关系）将是就业的发展趋势，灵活就业将不仅存在于次级劳动力市场，也存在于初级劳动力市场中。由企业、个人和国家三方共同承担社会养老保险费的缴费方式将可能不太适应将来的用工发展趋势。资本全球化导致各国劳工地位下降，使我国劳动力将受到外来压力的影响。地方政府若过分地强调发展社会养老保险会影响地方的就业市场，从而给职工带来更严重的失业问题。经济的全球化浪潮，给中国正在推行的城镇职工养老保险政策带来了冲击。

三、新时期应强化养老保险的功能

（一）政策应成为一种社会权利制度

随着社会主义市场经济的不断发展，国民经济第一次分配所产生的贫富差距在扩大，城镇职工社会养老保险应增强对社会结构的影响，而不是社会结构的一种表现。

城镇职工养老保险应作为一项基本的公民权利而被固定下来，成为依据公民资格而拥有养老的社会权利。随着社会的发展，城镇职工养老保险政策还需要进一步提升，与城乡居民养老保险相结合，最终成为所有公民年老时的基本收入，即一种公共产品。养老保险的效率机制体现在补充养老保险和个人储蓄式养老保险上，而非城镇职工基本养老保险。

（二）增强养老保险的再分配功能

发达国家把社会养老保险待遇与社会成员的收入联系起来，一般的分配原则就是享受到的基本社会养老保险待遇与其财富成反比，收入越高享受到的基本社会养老保险待遇就越低。只是在各个国家，具体的分配方式存在差异而已。基本养老保险金对于低收入群体实行保险费免缴制度，基金基本源于国家税收。

西方国家的养老保险改革除国家强制性的养老保险基金外，还建立补充养老保险基金的筹集模式。如在英国、瑞典和澳大利亚等发达国家，已经普遍建立了职业养老保险计划和个人养老计划。虽然退休者的退休金仍旧以社会公共养老金为主，但在职者却认识到职业养老保险计划和个人养老计划的重要性，很多在职者都加入其中。这些国家的政府除进行宣传外，也通过税收政策来鼓励个人参与其中。职业养老保险计划和个人养老计划往往适用于职业稳定者和高收入阶层，不适用于职业不稳定和低收入阶层。发达国家提倡富人参加职业养老保险计划和个人养老计划，这样做的好处就是国家可以集中更多的养老保险资源向穷人转移，来减轻国家的养老负担。

也有些国家，如新加坡和智利，在社会养老保险的资金筹集方面，倾向于个人储蓄，国家只负责对基金进行管理和运营。这些国家进行个人储蓄式的养老保障制度改革，根本原因就是因为当时国家经济落后，财力有限，政府没有经济能力完全解决所有社会成员的养老问题，只能让社会成员对自身的养老进行负责。为了改变社会成员年轻时的短视行为，无论是在新加坡还是在智利，个人储蓄式的养老保险都是由国家强制执行的，新加坡的个人不可以自由选择管理机构，而智利的个人可在政府提供的运营机构中进行选择。

世界银行曾在 1994 年提出，养老保险体系中第一支柱属于公共支柱养老金，用来保障老年人的基本生活，缓解贫困，属于基本的保险产品，应具备再分配功能。故城镇职工养老保险应弱化当前的效率机制，强化公平机制。

我国的国情不同于西方发达国家。西方发达国家在实行多年的社会保险制度以后，整个社会虽然存在贫富差距，但社会结构则是菱形的，处于中间位置的群体规模相对庞大，这种社会结构对社会养老保险的再分配功能要求不高。中国的国情也不同于拉美国家和新加坡，所以也没有必要进行拉美式的改革。我国过去社会养老保险主要集中在正规单位，城镇的非就业人口和农村人口参保人数不多。现在虽然扩大了范围，但这些群体参保时间短，缴费基数低，新时期应关注此群体的养老保险待遇。

（三）打破制度的路径依赖

经济的全球化给整个市场经济带来了强资本弱劳工的状况。中国建立了社会主义市场经济体制，工人被放到了资本市场中，党和政府还需要继续发挥作用来保护他们的利益。

中国城镇职工养老保险政策的目标群体是城镇职工，由于经济、政治、社会结构、职工身份等因素的影响，目前的城镇职工养老保险政策仍然非显性地保留了原有占据优势地位群体的利益，政策的公平性被打折扣。2005 年的城镇职工养老保险政策改革充分体现了效率原则，但对曾经遭受不公平待遇的群体而言却照顾不够，国家应关注曾经的老工业基地的退休职工、农民工、下岗职工等群体的养老权益，他们曾为国家经济发展做出过贡献，却因养老保险政策改革的原因导致年老时无法享受到应有的养老保障。

（四）关注养老保障缺失的群体

彼得·德鲁克在 21 世纪初指出：铁路使人们掌控了距离，电子商务压缩甚至消灭了距离，这将使生产或教育都不再能立足地方或区域内，而是全球性的；电子商务的产生和发展将使产品和服务的供给模式发生重大变化。20 年后的今天，我国送货服务则如神经网络一般分布各地，即便是在交通不便利的山区也有物流公司和相关的从业人员，这一切对国家整个劳动力市场结构产生深刻的影响。据统计，2019 年末，我国物流岗位（既包括物流相关行业法人单位和从事物流活动的个体工商户从业人员，也包括工业、批发和零售业等行业法人单位的物流岗位从业人员）从业人员为 5191 万人。与传统的生产和服务行业的用工制度不同，电子商务时代的物流从业人员与用工企业或网络平台之前缺乏明确的劳动关系，伴随信息技术发展，新经济业态呈现更加多元化的发展，网络主播、共享用工、“影子工作者”等也逐渐进入非正规就业者的大军。

在信息技术不断发展、共享经济日臻成型的背景下，与传统的全日制、正规就业模式相比，“非正规就业者”的劳动呈以下三个特点。第一，“非正规就业者”需要身兼数职才能获得生存空间。信息技术实现了劳动力的规模化共享，从而使缺乏竞争力的大量劳动力在网络上经常竞争少数的工作机会。求职者的激烈竞争使劳动力价格被压得极低，结果出现一个劳动力做一份工作是无法保证基本的生存。为了活下去，一个劳动者经常要被迫从事多份工作或不间断地工作。与此同时，劳动者的生存环境因共享经济变得更加恶劣，因为在吃、穿、住、行、医等必需品的消费因全球竞争而价格不断攀升，其工资报酬却因网络共享而日益降低。“在美国传统的全职工作已经不再普遍，根据美国劳工统计局的数据，目前只有 52% 的雇主提供工作场所福利。稳定的劳动关系、薪酬待遇和劳动保护等均在这种虚拟网络和跨国际的用工而被瓦解。”一些传统工作也被转移到众包服务平台，由全球的求职者去竞争，导致有工作者也因劳动环境的恶化被迫辞职，形成“辞职潮”。第二，“非正规就业者”的工作日趋幽灵化。信息技术对工作类别的影响之一是，随着信息技术的发展，只需要人类简单参与的工作，或人类与智能软件协同操作的工作日渐增多。一家互联网公司的工作内容可能需要世界多地的工人来参与，这些工作内容通过网络用工平台发布分包任务。世界多地的工人可在平台上注册并接受用工资质审核，审核通过后提供收款账号就可以在网络上浏览和申领任务，以规定的标准和时限完成后，接受任务发包方的验收，验收通过后其收款账号上就能收到相应报酬。此类工作网上发布的时间不确定、工作收入不确定、工人不确定、参与工作的各方通过智能化交流平台进行沟通，参与工作的人员之间不见面、无互动，因此被称为幽灵工作。幽灵工作围绕远方未知的项目而启动，在全球劳动力市场中招工，竞争激烈，劳动力价格低廉。若求职者以此类工作作为主要谋生手段，就得长期处于时刻紧张的求职状态，否则生活就会面临危机。但幽灵工作却为世界多地生活在困境中的人提供了更多的选择和机会，例如印度某个受过良好教育的家庭主妇、加州某个需要居家照顾亲人的家庭工作者。新冠肺炎疫情加速了工作众包平台的发展，然而这种跨国际或跨区域的幽灵工作却还没有相应的社会保险。第三，“非正规就业者”承担着更大的劳动保障权益受损的风险。一个公司的生产、销售或服务等工作内容通过平台以项目或劳务形式分解外包给各地的众多独立微商，这些独立微商在工厂制时一般为本公司的正式员工，享受公司的社会保障权益，现在这些员工通过众包平台接受项目或任务转变为承包商，承包商与公司之间的关系也由劳资关系转变为项目合作关系。在美国，不少商业企业的“非正规就业者”申报税务时不使用雇用员工 W–2 表，而是选择以独立供应商的身份填报 1099 表，这种借助平台发展的经济称为“1099 经济”，是对当前共享经济、零工经济、碎片经济等的一种别称。在我国，劳动者以用工企业的“合作者”的身份参与劳动的现象已存在。用工企业在降低用工成本的同时，“非正规就业者”承担了更多劳动保障权益受损的风险。总之，信息技术发展使“非正规就业者”的类型越来越多样，而这部分群体成为不缴纳养老保险的主体，并且会对全职工作者及时全额缴纳养老保险者形成冲击。

新经济业态背景下，一些“非正规就业”中的劳资关系但因网络或平台的参与变得不确定。这种不确定的劳资关系带给资方最大的利益就是：不必支付劳方闲暇之时的工资，可以把用工成本降到极低，短期内能够快速竞争过拥有固定用工的企业，并可能垄断整个市场。对劳动者带来的巨大伤害就是：求职者不再拥有固定的工作时间，因竞争或生存所迫不得不长期处于一种紧张并时刻待命的求职状态中。加州大学伯克利分校公共政策教授罗伯特·莱许认为，这种共享用工或碎片经济模式把 20 世纪以来劳方通过劳工运动获得的劳工权利丧失殆尽，劳动者再次进入 19 世纪的“计件工资”模式。劳动力资源看似得到了充分的使用，但却以劳动者收入无保障为代价，需要整个社会来承担劳动者的生存成本。

曾经，西方一些企业主把企业迁往社会保障制度不完善的国家或地区，通过规避本国的社会保险成本来降低用工成本。从 20 世纪 70—80 年代开始，社会保障制度相对完善的工业化国家的工厂逐渐转移至社会保障制度不完善的发展中国家或地区。耶鲁大学教授蒂芬·罗奇把这种产业转移至劳动力价格低廉的地区，通过降低人力成本来提高利润的现象称为“全球劳动力套利”。资本的这种跨国界、规避社会保障制度的“剥削行为”，正是充分利用了社会保障制度地区发展不均衡的现实特点。对于无法进行跨国经营的企业，其降低用工成本则采取另外一种办法，那就是雇用处于次级劳动力市场的劳动者，如就业困难人员、女性、在校实习生等。这些被雇用的人员在劳动力市场中往往无谈判能力，可替代性强。企业与这些职工不建立长期稳定的劳动关系，实行非全日制用工，从而也无须承担被雇用者的劳动与社会保障权益。由此可见，劳动与社会保障制度有效覆盖的群体是主要劳动力市场的就业者，次要劳动力市场中的就业者的权益处于被忽视的境地。

新时期应关注这批日益增多而养老保险缺失的群体。第一，使养老保险制度跟上用工制度的变迁。世界各国的劳动与社会保障制度主要适用于工厂制下稳定的雇佣关系，在新经济业态大规模使用“非正规就业者”的背景下，政府需要改革制度以适用于新型的用工关系。例如，在劳动关系的建立和解除方面，政府可以采用正向的激励机制来鼓励企业愿意雇工并建立稳定的劳动关系，减弱非劳动关系的用工模式。此外，适当弱化既有劳动保障法律法规的“刚性”特点，将新经济业态下“非正规就业者”的养老保障需求纳入现有的城镇职工养老保障体系，建立多层次或多类型的养老保障工具，让非正规就业群体对养老保障具有选择权。第二，规范新业态企业对“非正规就业者”的用工行为。在全球竞争的环境下，政府应鼓励新业态经济或共享经济的发展，因为这不但能使一国保持先进的国际竞争力和促进经济发展，而且能够推进人类进步。然而，政府应该对共享经济模式带来的副作用确定责任分配机制，并要求平台经济参与者承担相应的经济责任，限制其无限控制或剥削的行为。例如，对诸如大规模的用工平台所使用的残酷算法政府应给予限制性管理或监控，以保障被雇用者被无底线地控制或剥削。第三，向使用“非正规就业者”成规模的企业收取特殊税或费。新经济业态下的“非正规就业者”为了生存被迫从事多份工作才能维持在生存的边缘，全球化竞争和移民使这些工作也变得雪上加霜。对此，政府可以考虑向使用“非正规就业者”的企业征收附加费。这些费用可以用来支付工人的养老保障费用。

总之，国家要让养老成为一项社会权利，社会养老保险基金成为一种公共产品，更好地发挥其资源再分配的功能，在不阻碍经济发展的情况下，调整社会结构，缓解贫富差距。

参考文献

[1][丹麦] 艾斯平 – 安德森 . 福利资本主义的三个世界 [M]. 古允文译 . 台北：巨流图书公司 ,1999：105.

[2][美] 边燕杰主编 . 市场转型与社会分层——美国社会学者分析中国 [M]. 上海：生活・读书・新知三联书店，2002：537.

[3][美] 戴维・格伦斯基：社会分层 [M]. 王俊译 . 北京：华夏出版社，2005：13.

[4][美] 费正清，费维恺编 . 剑桥中华民国史（1912—1949 年）（上卷）[M]. 刘敬坤等译 . 北京：中国社会科学出版社，1994：28,33–35，50,521,533.

[5][美] 弗朗西斯・福山 . 政治秩序的起源 [M]. 毛俊杰译 . 桂林: 广西师范大学出版社，2014.

[6][美] 哈罗德・D. 拉斯韦尔 . 政治学 [M]. 杨昌裕译 . 上海：商务印书馆，1999.

[7][美] 乔舒亚・格林 . 道德部落 [M]. 论璐璐译 . 北京：中信出版集团，2016.

[8][美] 乔治・萨拜因，托马斯・索尔森修订，政治学说史——城邦与世界社会 [M]. 邓正来译 . 上海：上海人民出版社，2015：53–55.

[9][英] 阿兰・瑞安 . 论政治 [M]. 林华译 . 北京：中信出版社，2016：281，283.

[10][英] 保罗・皮尔逊 . 拆散福利国家 [M]. 舒绍福译 . 长春：吉林出版社集团有限责任公司，2007：6.

[11][英] 吉登斯，迈克尔曼，郭忠华、郭台辉编 . 当代国家理论 [M]. 广州：广东人民出版社，2017：9.

[12][英] 雷蒙德・普兰特 . 当代政治理论 [M]. 张国栋译 . 长春：吉林出版集团有限责任公司，2015：1.

[13][英] 以赛亚・伯林，自由论 [M]. 胡传胜译 . 北京：译林出版社，2003：231.

[14] 安徽省劳动局 . 还是社会主义好 [J]. 中国劳动，1982（8）：29.

[15] 蔡幼林 . 石景山钢铁厂职工福利问题分析 [J]. 中国劳动，1958（1）：24.

[16] 崔伟 . 当前退休工作改革的重点 [J]. 中国劳动科学，1987（9）：48.

[17] 方明 . 为什么职工退休养老基金收缴难 [J]. 中国劳动科学，1990（4）：32.

[18] 冯慧娟 . 我国退休职工队伍的变化和退休制度的沿革 [J]. 中国劳动科学，1986（9）：24–25.

[19] 福综 . 上海闸北区部分合作社试行医疗养老保险 [J]. 中国劳动，1983（1）：29.

[20] 傅华中 . 关于职工退休费用社会统筹问题 [J]. 中国劳动科学，1987（6）：9.

[21] 高立 . 刹住提前退休风 [J]. 中国劳动，1981（2）：22.

[22] 高书生 . 社会保障改革何去何从 [M]. 北京：中国人民大学出版社，2006：27-79，105-159.

[23] 国家统计局 . 中国统计年鉴（2008 年）[M]. 北京：中国统计出版社，2009.

[24] 国家统计局官网，http：//www.stats.gov.cn/tjsj/tjgb/ndtjgb/index_1.

[25] 国家统计局人口和就业统计司 . 中国劳动统计年鉴（1997—2008）[M]. 北京：中国统计出版社，1997—2009.

[26] 国家统计局人口和就业统计司 . 中国人口与就业统计年鉴（1997—2008）[M]. 北京：中国统计出版社，1997—2008.

[27] 国务院 . 关于认真整顿招收退休、退职职工子女工作的通知 [Z].〔1984〕15 号 .

[28] 国营黎明机械公司 . 掌握政策坚持退休制度 [J]. 中国劳动，1980（11）：25.

[29] 韩升元，高恩福 . 职工退休费用统筹亟待解决的三个问题 [J]. 中国劳动科学，1991（10）：24.

[30] 河南省劳动厅 . 开封运输二公司统收统支退休金 [J]. 中国劳动，1982（8）：28.

[31] 贺潮清 . 不要盲目介绍农民进城找工作 [J]. 中国劳动，1958（2）：19.

[32] 侯瑞芬 . 退休职工拿高额工资合理吗？ [J]. 中国劳动，1981（2）：25.

[33] 胡鞍钢，程永安 . 中国就业制度演变 [J]. 经济研究参考，2003（51）：5.

[34] 黄汝接编写 . 德国社会阶级分析 [J]. 国外理论动态，2006（7）：28.

[35] 江春泽，李南雄 . 中国养老保险省级统筹以后的矛盾分析与对策研究 [J]. 改革，2000（1）94.

[36] 江陵县劳动局 . 退休职工有“娘家”[J]. 中国劳动，1982（9）：28.

[37] 江苏省劳动局 . 严格审查提前退休申请 [J]. 中国劳动，1982（4）：22.

[38] 江苏省劳动局保险处 . 江苏省对集体商业职工退休金实行统筹 [J]. 中国劳动，1981（9）：12.

[39] 江西省劳动厅 . 积极进取努力搞好退休费用省级统筹 [J]. 中国劳动科学，1991（10）：34.

[40] 劳动部保险福利司 .1988 年全国退休费用社会统筹的基本情况 [J]. 中国劳动科学，1989（11）：41.

[41] 劳动和社会保障 . 完善企业职工基本养老保险制度宣传提纲的通知 (劳社部发〔2005〕32 号)[Z].2005-12.

[42] 劳动和社会保障部 . 新时期劳动和社会保障重要文献选编 [M]. 北京：中国劳动社会保障出版社，2002：15.

[43] 劳动人事部 . 关于贯彻执行我部劳人老〔1983〕20 号文件中一些具体问题的答复 [Z]. 劳人老〔1983〕34 号 .

[44] 劳夫 . 怎样改进现行工人工资等级制度 [J]. 中国劳动，1958（3）：19.

[45] 李汉林，渠敬东，夏传玲，陈华珊 . 组织和制度变迁的社会过程 [J]. 中国社会科学，2005（1）：96–97.

[46] 李路路，制度转型与分层结构的变迁 [J]. 中国社会科学，2002（6）：105.

[47] 李路路，孙志祥 . 透视不平等——国外社会阶层理论 [M]. 北京：中国社会科学文献出版社，2002：2，11,14.

[48] 李路路 . 当代中国社会分层的制度化结构 [J]. 教学与研究，1996（3）：30–31.

[49] 李强 . 政治分层与经济分层 [J]. 社会学研究，1997（4）：41.

[50] 李毅 . 中国社会分层的结构与演变 [M]. 肖蕾，李毅译 . 合肥：安徽大学出版社，2008：49–90.

[51] 廉姆·H. 怀特科，罗纳德·C. 费德里科 . 当今世界的社会福利 [M]. 解俊杰译 . 北京：法律出版社，2003：14,88,111.

[52] 辽宁铁岭地区劳动局 . 退休职工管理应社会化 [J]. 中国劳动，1980（11）：19.

[53] 列宁 . 列宁全集（第 3 卷）[M]. 北京：人民出版社，1995：249,251，252.

[54] 林克雷，陈建利 . 当代中国分层研究中的制度主义范式 [J]. 社会科学研究 ,2005（1）：106–108.

[55] 刘春晴 . 天津市新办集体企业试行劳动保险 [J]. 中国劳动，1983（1）：32.

[56] 刘贯学 . 中华人民共和国劳动保障史话 [M]. 北京：中国劳动社会保障出版社，2004：11，56，64–67.

[57] 刘明逵，唐玉良 . 中国工人运动史（第一卷）[M]. 广州：广东人民出版社，1998：46，52，73.

[58] 陆学艺 . 当代中国社会阶层结构研究报告 [M]. 北京：社会科学文献出版社 ,2002：60.

[59] 马德普，霍海燕，高卫星主编 . 变革中的中国公共政策 [M]. 北京：中国经济出版社，1998：173.

[60] 马克思，恩格斯 . 马克思恩格斯选集（第 3 卷）[M]. 北京：人民出版社 ,1972：4，9，10，958，538，233–234.

[61] 马毓岗 . 热法热天的西北建筑三公司 [J]. 中国劳动，1958（2）：19.

[62] 毛泽东 . 关于《政治经济学教科书》笔记（1960—1962）[M]// 毛泽东文集（第八卷）. 北京：人民出版社，1999：117.

[63] 毛泽东 . 毛泽东选集（第 3 卷）[M]. 北京：人民出版社，1966：1082.

[64] 梅哲 . 列宁的社会保障思想研究 [J]. 马克思主义研究 ,2007（8）：113.

[65] 穆怀中 . 社会保障水平发展曲线研究 [J]. 人口研究，2003（2）：26.

[66] 裴世安 . 关于改革退休金制度的思考 [J]. 经济与管理研究，1986（5）：36.

[67] 企泉 . 关键在于按政策办：总结经验教训，做好退休补员工作 [J]. 中国劳动，1981（1）：10.

[68] 邱善圻 . 宜城县退休退职人员管理服务工作做得好 [J]. 中国劳动，1983（8）：29.

[69] 裘元伦 . 德国如何在大变革中保持社会稳定 [J]. 学习时报 ,2013（1125）：2.

[70] 屈祖荫，魏新武 . 试谈劳动保险的性质 [J]. 中国劳动，1981（4）：24.

[71] 上海市劳动工资委员会办公室 . 沪二商集体企业退休金统收统支 [J]. 中国劳动，1981（9）：15.

[72] 宋承先主编 . 西方经济学名著提要 [M]. 南昌：江西人民出版社，1998：361-364.

[73] 宋厚振 . 职工养老保险费征缴难题试解 [J]. 山东人力资源和社会保障，1999(5): 9.

[74] 宋时歌 . 权力转换的延迟效应 [J]. 社会学研究，1998（3）：24.

[75] 孙立平 . 总体性资本与转型期精英形成 [J]. 浙江学刊，2002（3）：100-105.

[76] 孙中山 . 三民主义 [M]. 长沙：岳麓书社，2000：188.

[77] 童星 . 社会转型与社会保障 [M]. 北京：中国劳动社会保障出版社，2007：22.

[78] 王广彬 . 中国社会保障法制史论 [D]. 中国政法大学博士学位论文，2000：77.

[79] 王金元 . 大连市加强对重新受聘退休人员的管理 [J]. 中国劳动，1982（11）：23，25.

[80] 王生升等编 . 国企改革二十年 [M]. 北京：中国审计出版社，1998：84.

[81] 王跃生 . 没有规矩不成方圆 [M]. 上海：生活・读书・新知三联书店，2000：93-94.

[82] 魏明康，姚海明，姜伟主编 . 中国近代企业家传略 [M]. 上海：上海人民出版社，1989：132-133.

[83] 吴亮平 . 目前苏维埃合作运动的状况和我们的任务 [J]. 斗争，1934（56）.

[84] 吴造时，兴城 . 黑山实行退休费统筹好处多 [J]. 中国劳动，1985（1）：29.

[85] 夏继禹等 . 对钢铁系统贯彻执行国务院"关于工人、职员退休处理暂行规定"的意见 [J]. 中国劳动，1958（6)：10.

[86] 夏瑛 . 中国城市贫困人口的社会资本研究 [D]. 复旦大学博士学位论文，2007：87-88.

[87] 严忠勤主编 . 当代中国的职工工资福利和社会保险 [M]. 北京：中国社会科学出版社，1987：41-77，102-294.

[88] 颜鹏飞 . 中国保险史志（1805—1949）[M]. 上海：上海社会科学出版社，1989：217-218，237.

[89] 杨生茂．保障离退休人员待遇的探讨 [J]. 中国劳动科学，1990（3）：31.

[90] 杨伟民．当前中国的社会保险在社会分层中的作用 [J]. 社会学研究，2005（5）：126，128.

[91] 杨兴和．城镇集体所有制职工退休养老问题的思考 [J]. 中国劳动，1988（7）：25.

[92] 杨永芳．建立我国老年经济安全保障制度之研究 [D]. 国立台湾大学政治学研究所硕士论文，2004：6.

[93] 应奇，刘训练主编．公民身份和社会阶级 [M]. 南京：江苏人民出版社，2007：13.

[94] 于秀芝．关于改革全民企业职工退休费计算办法的探讨 [J]. 中国劳动科学，1989（1）：45.

[95] 俞可平．公正与善政 [J]. 南昌大学学报 (人文社会科学版)，2007.38（4）：1–3.

[96] 怎样说服老弱职工愉快地退休养老？ [J]. 中国劳动，1958（2）：26–27.

[97] 郑秉文．社会权利：现代福利国家模式的起源与诠释 [J]. 山东大学学报 (哲学社会科学版),2005（2）：2，4.

[98] 郑功成等．中国社会保障制度变迁与评估 [M]. 北京：中国人民大学出版社，2002：78.

[99] 中国共产党中央委员会向第八届全国代表大会第二次会议的工作报告、福利问题应当作出适合农村和半农材现在实行的那一套办法 [J]. 中国劳动，1958（14）：17.

[100] 中国劳动编辑部．必须坚决制止挖工行为 [J]. 中国劳动，1958（6）：16.

[101] 中国劳动编辑部．南京三五〇三厂清理退休职工重新受聘问题 [J]. 中国劳动，1982（11）：22

[102] 中国劳动和社会保障部组织编审．中华人民共和国劳动和社会保障事业 [M]. 北京：中国劳动社会保障出版社，2007：683–719，1250–1251.

[103] 中国人口情报资料中心．中国人口资料手册 [M]. 北京：中国人口出版社，1985：60.

[104] 中国人民政治协商会议山东省委员会．我所了解的宋棐卿和东亚毛纺公司，山东工商经济史料集萃第 1 辑 [M]. 济南：山东人民出版社，1989：31.

[105] 中国社会科学院，中央档案馆编．中华人民共和国经济档案资料选编——劳动工资和职工福利卷 [M]. 北京：中国社会科学出版社，1994：225，611–654.

[106] 中华全国总工会中国职工运动史研究室编．中国历次全国劳动大会文献 [M]. 北京：工人出版社，1957：17，112–113，211–214，288，379.

[107] 中国劳动统计年鉴 2012 年 [EP/OL]. 中华人民共和国人力资源和社会保障局官网，http：//www.mohrss.gov.cn/.

[108] 钟建鸣 . 退休金由原单位代发的做法亟待改进 [J]. 中国劳动科学，1991（9）：31.

[109] 周炳荣 . 在职养老费不应继续保留 [J]. 中国劳动，1958（2）：27.

[110] 周国良 . 上海城镇养老保险制度变迁和数值模拟 [D]. 复旦大学博士论文，2003: 9.

[111] 周建卿 . 中华社会福利法制史 [M]. 台北：黎明文化事业股份有限公司出版社，1992：76.

[112] 周太和主编 . 当代中国的经济体制改革 [M]. 北京：中国社会科学出版社，1984：18-19.

[113] 周修杰 . 对合同制工人和固定工两项退休养老基金合并运筹的探索 [J]. 中国劳动，1988（3）：33.

[114]Deborah，Davis-Fridemann.Long Lives-Chinese Elderly and the Communist Evolution[M].Stanford University Press,1991.

[115]DixonJohnE.The Chinese Welfare System[M].New York：Praeger Publishers，1981.

[116]John Dixon，David Macarov.Social Welfare in Socialist Sountries[M]. London and New York Press,1992.

[117]John Dixon.The Chinese Welfare System （1949-1979）[M].Praeger Publishing CBS Educational and Professional Publishing，1981.

[118]Robert L.Barker. The Social Work Dictionary[M].2nd ed. Washington DC.：116，201.